A Jesus Cristo,
meu Senhor e Salvador,
o Rei de todos os séculos,
que me amou
com tanto amor,
que me fez tremer.

É a ironia do Evangelho
que eu escreva um livro como este.

Anseio ver-te em breve.

🔥 → ♡

A CHAVE INDISPENSÁVEL PARA UMA VIDA COM DEUS

ESTÁ COM PRESSA?
TOME 2 MINUTOS PARA LER ISTO.

Sei muito bem o que você está pensando, porque isso sempre acontece comigo. Eu pego um livro na mão porque gostei da capa, e logo começa o debate: *"Devo ler este livro? Será que vale a pena?"*. Estas "perguntas frequentes" lhe darão uma visão geral do livro, e em 2 minutos você saberá se ele é para você.

Este livro é para *mim*?

Como autor, é óbvio que vou dizer que sim. Mas não se baseie apenas na minha palavra. Confira o que algumas pessoas que leram este livro têm a dizer:

Este livro **não** é para você se...

...você não aguenta uma conversa franca (Benjamin, 18);
...você não quer nenhuma mudança em sua vida (Mateus, 21);
...você está satisfeito em sua zona de conforto (Anna, 24);
...você não quer aceitar a Bíblia como uma autoridade soberana em sua vida (Steffen, 19);
...você não gosta de desafios (Isabella, 20).

Mas este livro **é** para você se...

...você anseia por um verdadeiro renascimento em sua vida pessoal (Tim, 23);
...você anseia por um reavivamento verdadeiro (Nina, 25);
...você quer se livrar daquele vício (Kayla, 26);

...você quer encontrar sua verdadeira identidade (Beverly, 20);
...você quer ser incendiado pela Palavra de Deus (Alex, 35);
...você precisa de motivação para ler sua Bíblia (Ann, 16);
...você quer saber como mudar a sua vida, e por onde começar essa mudança (Jean, 29).

"Mas não tenho muito tempo — Ainda devo ler isto?"

Sim, porque é um livro super fácil de ler que vai, na verdade, ajudar você a *poupar* tempo. Você pode ler este livro inteirinho em porções de apenas 5 minutos por dia. Os capítulos são curtos, e a linguagem é simples. Mas a mensagem deste livro o ajudará a evitar erros que podem lhe custar 5, 10 ou 25 anos de sua vida. Não importa quão rápido você consegue escalar uma montanha, se for a montanha errada, você perdeu seu tempo – é melhor ter certeza de que você está escalando a montanha certa. Este livro lhe ajudará a evitar esse erro.

"Não gosto muito de ler — o que devo fazer?"

Vou lhe contar um segredo: *eu também não gosto de ler.*
Sou uma pessoa muito visual. É por isso que você pode esperar uma linguagem bem simples e muitas ilustrações para facilitar sua experiência de leitura.
No início de cada parte, há uma introdução, e, para o ajudar a lembrar os pontos mais importantes, há uma pequena recapitulação no fim de cada capítulo. Talvez este seja o livro que lhe dará um gosto pela leitura.

I	**PROBLEMA** NÓS NÃO VEMOS A DEUS	
II	**ANÁLISE** POR QUE NÃO VEMOS A DEUS?	
III	**CHAVE** COMO PODEMOS VER A DEUS	
IV	**URGÊNCIA** A HORA DE VER A DEUS É AGORA	
V	**ESTRATÉGIA** COMO VER A DEUS NO DIA A DIA	

HIPÓXIA 9
IDEAL VERSUS REALIDADE 24
POR QUE OS MILLENNIALS NÃO FICAM NA IGREJA? 44

CONHECIMENTO INSUFICIENTE 63
POR QUE INCONSCIENTEMENTE EVITAMOS A DEUS 73
DISTRAÇÕES A QUALQUER CUSTO 84
ENSINO ANESTÉSICO 95

DEFININDO O TEMOR DO SENHOR 112
A CRUZ E OS PECADOS 138
A CRUZ E O PECADOR 167
A CRUZ E O PECADO 184
NOSSA CRUZ DE CADA DIA 202

100 SEGUNDOS PARA A MEIA-NOITE 218
O RETORNO 226
AME O VERDADEIRO REAVIVAMENTO 232
ODEIE O FALSO REAVIVAMENTO 241

ODEIE O MAL 253
FAÇA O BEM 270

PARTE I

O PROBLEMA:
NÓS NÃO VEMOS A DEUS

CAPÍTULO I

HIPÓXIA

ALGUMA COISA ESTÁ ERRADA — MAS O QUÊ?

Céu azul, morte silenciosa

"Estou ótimo", respondeu Ken, embora estivesse morrendo.

Como veterano da Força Aérea Americana, Ken estava acostumado a pilotar o caça F-16 Fighting Falcon, mesmo nas condições mais traiçoeiras.

Mas ali ele enfrentava um desafio que não poderia vencer.

Ele estava a beira da morte, e não sabia.

O que o matava *não causava dor* – mas nem por isso era menos fatal.

Enquanto a morte se aproximava silenciosamente, Ken continuava persuadido de que tudo estava bem.

Ken estava em estado de *hipóxia*.

Em poucas palavras (os médicos que me perdoem), hipóxia é quando o cérebro não recebe oxigênio suficiente. É como um apagão em câmera lenta: os sentidos ficam embaçados e os reflexos vão diminuindo até que a pessoa perde a consciência. Os sintomas normalmente se desenvolvem aos poucos, chegando a um estado crítico sem que a pessoa o perceba. É um perigo constante para os pilotos de caça, que cortam o céu quilômetros acima da superfície do nosso planeta.

Mais alguns segundos, e Ken desmaiaria. O resultado seria um F-16 de vários milhões de dólares despencando do céu, transformando-se em uma bola de fogo ao se chocar com o chão. Uma vida interrompida. Uma família ficaria sem pai.

O homem na torre de controle sabia que precisava agir com urgência. Ele pegou o microfone e gritou no fone de ouvido do piloto: *"Você está em hipóxia, Ken! Você não está no controle de seus sentidos!".*

Quase era possível ouvir o sorriso na voz de Ken, enquanto ele murmurava como um bêbado: *"Nããão... tranquiiiilo... estou beeem."*
Esse é o problema da hipóxia. A pessoa se sente muito bem. Ela não percebe o perigo em que se encontra.
O controlador de tráfego deu um último grito no microfone: *"KEN! KEN!"*
Tarde demais. Os monitores que mostravam os sinais vitais de Ken começaram a piscar com os sinais de alerta.
BOOM! Os injetores de oxigênio abriram-se com um estrondo ensurdecedor, dando um susto na plateia.
O simulador encheu-se de ar fresco e respirável, e a equipe de primeiros socorros que acompanhava o treinamento entrou em ação. Sim, era apenas uma simulação. Ken estava salvo. Ele não ia morrer. O espetáculo angustiante que acabara de acontecer era apenas um treinamento. Ao assistir a gravação, Ken ficou chocado, a boca aberta de espanto. Em uma caderneta, anotou tudo que fizera de errado. Não precisaria repetir o perigoso experimento duas vezes. Ele se tornou um autocrítico pelo resto da vida e passou a ouvir sempre a torre, <u>mesmo que tudo parecesse tranquilo</u>... e mesmo que estivesse se sentindo bem.

Tudo parece ótimo

<u>"Está tudo bem"</u> disse um ancião em uma conversa privada.
"Nós não temos problemas! Olhe para aquelas pessoas — *ELAS* têm muitos problemas. Nós nem tanto."
Como assim, está tudo bem? Será que vivo em um mundo diferente? Eu tentava harmonizar o que eu via ao meu redor (e na minha própria vida) com a declaração que acabara de ouvir. Pela minha interação com o grupo de jovens, eu sabia que havia uma *tonelada* de coisas que *não* estavam bem. Vícios, "desconversões", divisões, divórcios, evangelização simplesmente inexistente... mas o que mais me incomodava era a *realidade da minha vida espiritual!*

"Estou bem, obrigado!" eu respondia com um sorriso forçado toda vez que vinha aquele "tudo bem?" quase cultural.

Mas por dentro eu estava morrendo.

Não me interprete mal. Eu não era um descrente. Pelo contrário, eu era um jovem que semanalmente liderava atividades com os jovens. Estava ciente de que era visto por muitos como um modelo a seguir. Entregava folhetos nas ruas e me empenhava para pregar o evangelho. Conhecimento intelectual não era o problema. Eu conhecia a Bíblia de capa a capa.

Por fora, eu parecia ter tudo sob controle.

Mas estava morrendo por dentro.

Eu conhecia as palavras ditas pelo Senhor Jesus:

"*Se, pois, o Filho vos libertar, verdadeiramente sereis livres.*" (João 8:36)

Mesmo com todo esse conhecimento, eu não era livre. Eu era escravo da pornografia. Era como se estivesse acorrentado a esse vício. Essas correntes eram invisíveis para todos, mas não para mim. Eu sentia o peso terrível delas, mas não conseguia me libertar. Certa vez, procurando ajuda, me abri com alguém mais velho. Mas acabei traído. Até então, eu acreditava que mentores e conselheiros mais experientes poderiam me ajudar a crescer, mas então comecei a sentir que não poderia me apoiar na geração mais velha.

Talvez você pode se identificar com isso também. Talvez você, como eu, cresceu com a Palavra de Deus, e ela também é uma parte importante de sua vida. Ainda assim, você anseia por algo mais. A liberdade que Jesus prometeu em João 8 parece sempre estar "logo ali", mas nunca ao seu alcance. Você se sente acorrentado por algo que ninguém vê, mas que influencia todas as áreas de sua vida. Duvidar das palavras de Jesus já não é mais impossível, e a pergunta sempre volta: *Qual o propósito de tudo isso?*

Foi o que aconteceu com meu amigo Claude.

"Estou bem," ele me disse (percebe um padrão aqui?).
Estávamos na balsa que cruza o lago de Genebra, a caminho do trabalho. Depois de um breve silêncio, ele jogou a bomba:
"Não acredito mais em Deus."
Meu coração afundou dentro de mim. Fiquei em choque. Poucos *dias* antes, eu e ele havíamos passado longas horas orando juntos no meu apartamento. E agora... Claude era um "ex-cristão"!?
Ele não foi o primeiro. Outros dois amigos chegados também haviam virado as costas para a fé. E cada vez foi como uma facada no coração.
O que leva alguém a abandonar a fé?
Se o Espírito Santo habita em nós, como é possível abandonar a fé?
O que faltou à geração anterior que nos conduzia?
Essas perguntas me atormentavam e não saíam da minha mente.
Talvez esta história possa ajudá-lo a entender melhor as minhas perguntas.
Após outro "evento desastroso", procurei um conhecido que se ocupava bastante com os jovens. Ele tinha lido muitos livros e era alguém que estimava ser capaz de me dar respostas — ou pelo menos de entender meus problemas. Sentei-me no famoso "divã do analista" e abri meu coração:

- Por que tão pouca gente da minha geração frequenta a igreja?
- Por que tantos de meus amigos estão deixando a igreja?
- Por que quase todos os jovens que conheço têm problemas com pornografia?
- Por que tantos cristãos são escravos dos próprios pecados?
- Onde está a "vida em abundância" que Jesus prometeu?

Era a falta de respostas que me doía no coração — mas logo percebi que minhas perguntas eram percebidas como um ataque. Toda a simpatia foi dando lugar a um tom severo e às vezes crítico: "Natha, você está cheio de orgulho. Você deveria se humilhar." Fiquei completamente confuso. Magoado. Eu abrira o coração para alguém que agora usava minhas palavras contra mim. Eu tinha aprendido na escola que todas as perguntas eram permitidas. Mas naquele divã aprendi uma dolorosa lição: nem todas as perguntas são permitidas. Senti que aos olhos dele eu era um herege. Um jovem disposto a destruir a igreja. *Não podia estar mais longe da verdade!* Eu queria desabafar — porque amava a Igreja! Eu queria respostas porque amava a Igreja. Mas parece que eu havia entrado em uma área proibida — havia tocado a vaca sagrada. Ele continuou:

"Não seja tão crítico. Comece você mesmo a agir. Pregue a Palavra, dedique-se ao cuidado pastoral e verá como é exaustivo!"

É exatamente o que vou fazer, disse para mim mesmo.

Eu não ia mais passar a vida inventando desculpas. Minha geração estava indo a 140km/h contra um muro, a beira da morte, e eu não queria ficar apenas assistindo, sem fazer nada. Daria qualquer coisa para fazer pelo menos uma pequena diferença.

Oramos juntos, e eu deixei aquela sala.

Havia muito trabalho a ser feito.

Igreja com hipóxia

"Um problema bem formulado é metade da solução."
—CHARLES KETTERING, filósofo americano.

Você pode estar se perguntando por que estou conectando minhas histórias pessoais com o estado atual da Igreja como um todo. A resposta é simples: porque elas estão *intimamente* conectadas. Já faz mais de quinze anos que saí daquela sala, e estou mais convencido do que nunca de que ainda há muito trabalho a ser feito. Quer um resumo? *Minha geração está na pior!!*

Peço desculpas pela avaliação pouco elegante, mas está na hora de falar sobre as verdadeiras questões que atormentam nossa geração. O "elefante está na sala" há muito tempo, mas aprendemos a fingir que não há nada de errado. Se esse diagnóstico faz com que você queira fechar o livro, então provavelmente não é com você que quero ter esta conversa. Não quero abordar temas delicados com pessoas que não querem uma conversa franca. Foi justamente o desejo de evitar tensões, a "diplomacia do algodão-doce", que nos trouxe a essa confusão.

Diagnóstico: Estamos, coletivamente, sofrendo de hipóxia.

Ou não? Não estamos caminhando, felizes e às cegas, pela estrada que leva à morte? Não estamos *mais preocupados* com a escolha de palavras politicamente corretas em nossa pregação do que com a dor palpável dos ouvintes?

Quinze anos depois de ter me levantado daquele divã, minha análise não mudou. O problema continua. Estamos em crise. Mais do que nunca, nossa geração precisa de mentores que entendam a dor que sentimos e que se dediquem a fazer algo a respeito. Estamos em uma guerra invisível, e se não fizermos alguma coisa, logo será tarde demais.

Se você é alguém com o desejo de "fazer alguma coisa" por esta geração, então este livro provavelmente irá coincidir com muitas coisas que o Senhor já pôs em seu coração.

Tenho certeza de que não sou o único a perceber que algo está seriamente errado... talvez você também já tenha percebido que "alguma coisa" está no ar, mas você ainda não soube como colocar o dedo na ferida. Eu espero poder fornecer o vocabulário e os versículos bíblicos para traduzir toda essa "impressão" em palavras, e assim te ajudar a expressar seus pensamentos de uma maneira compreensível.

A Igreja está totalmente anestesiada.

Parece que fomos dopados. Não estamos nem aí para nada, a não ser que algo muito, muito, muito ruim aconteça. Se pudermos seguir nosso caminho sem ninguém nos incomodar, já estamos satisfeitos. Agimos como jovens rebeldes em um filme, com a ligeira diferença de que não vivemos uma ficção: é uma questão de *vida ou morte*.

Vivemos como nos dias de Sansão — quando Israel estava (outra vez) sob ocupação de povos estrangeiros. Nas invasões anteriores, eles clamaram a Deus... mas nos dias de Sansão... silêncio. O povo de Deus havia se acostumado à situação. Como um escravo que se acostuma com as correntes — eles *aceitaram* a escravidão, a ponto de não sentirem mais os grilhões!

Meu amigo, o cristianismo ocidental é a cópia perfeita da apática igreja de Laodiceia: não somos nem frios nem quentes. *Somos mornos.* Laodiceia era uma igreja em estado de hipóxia. Diziam: "Estou rico, adquiri riquezas e não preciso de nada". Mas o que foi que Deus disse a essa igreja?

> "Não reconhece, porém, que é miserável, digno de compaixão, pobre, cego e que está nu." (Apocalipse 3:17 NVI)

A boa notícia é que isso não é o fim. Deus ainda trabalha em Laodiceia. Ele bate à porta. Ele quer acordar as pessoas. Ele quer que a Sua igreja se conscientize da situação. Para isso Ele usa *indivíduos* que reconhecem o estado da igreja como *miserável, digno de compaixão, pobre, cego, e nu* — e isso é muito doloroso. Mas a dor é importante.

Por que a dor é importante

"Se você está contente, bata palmas
Se você está contente, bata palmas
Se você está contente e quer mostrar a toda gente
Que você está contente, bata palmas."
—CANÇÃO INFANTIL

"Agora todos são felizes! [...] Começamos a Impingir isso às crianças de cinco anos."
—DO LIVRO ADMIRÁVEL MUNDO NOVO

Admirável mundo novo é um romance fascinante de Aldous Huxley, publicado em 1932. O livro descreve uma sociedade futura, onde o conforto material e o prazer físico — proporcionado por uma droga chamada SOMA e pelo sexo recreativo — é o bem mais precioso.

Trata-se de uma sociedade em estado de hipóxia absoluta.

Bernard Marx é o personagem principal, um macho Alfa (pessoas com *status* mais elevado) que não se encaixa na sociedade devido à sua baixa estatura física. Insatisfeito com seu tamanho e com seu *status*, ele começa a questionar o Estado Mundial, onde "todos são felizes". Com o tempo, ele percebe que as pessoas naquele mundo não são mantidas reféns pela tirania da *força*, mas pela tirania do *prazer*. Bernard então deixa de tomar as drogas que instigam o prazer e se abstém do sexo recreativo, sabendo que isso aumentará sua dor.

Mas ele escolhe a dor. Porque a dor é sua porta de entrada para o conhecimento.

A igreja hipóxica precisa de mais "Bernards".

E talvez você seja um deles. Um jovem que sente a dor. Um jovem que, em um cristianismo "feliz", deixa de bater palmas, porque *não está feliz*. Você sente dor por causa da incoerência entre o que você lê na Bíblia e o que percebe em sua própria vida. Você lê do poder inquestionável da Igreja em Atos... em comparação, você não consegue nem mesmo acordar uma hora mais cedo para orar. A doutrina de um Salvador todo-poderoso não bate com à realidade de que na semana que vem você de novo estará assistindo pornografia ou se indulgindo em outro vício.

A percepção de que nada (ou ninguém) pode livrá-lo dessa situação é *muito* dolorosa.

Mas vou lhe dizer uma coisa: isso *não* é coincidência. O próprio Senhor está causando essa dor. Você provavelmente nunca pensou desta maneira, mas sua dor é uma *bênção*.

Ele está batendo à sua porta.

Ele está preparando um "Bernard".

Ninguém gosta de dor — no entanto, é uma necessidade. É uma necessidade porque a dor é como um <u>sistema de alarme</u>. Se você é alguém que sente essa dor e esse peso na alma, considere-se um privilegiado! Deus pode ter escolhido você para ser parte da solução.

Quando a dor vier, você terá duas opções: <u>encará-la</u> como uma oportunidade para agir ou <u>ignorá-la</u>. Concorda? Então posso afirmar que também está disposto a fazer algo a respeito.

Talvez tudo isto faça você pensar e você diz:

> *Isso não está errado. Me parte o coração olhar para algumas pessoas que conheço. Uns estão se afastando da fé e outros estão vivendo uma vida espiritual muito medíocre. Nunca tinha pensado na minha dor como um sistema de alarme. Mas agora sinto a dor e sei que algo está acontecendo aqui. Talvez Deus esteja falando comigo. Talvez Ele tenha um plano. Quero estar disposto e quero ver o que Ele tem em mente.*

Se isso se aplica a você, então continue lendo.

Entendo que você não tenha respostas para perguntas tão incômodas e profundas como essas. O medo, a dúvida e a insegurança podem estar obstruindo seus pensamentos — também já passei por isso... sinto essa dor há anos, mas sei que ela tem um lado bom. Vamos falar um pouco mais sobre isso.

Já sabemos que ninguém *gosta* da dor, mas não podemos negar que ela é *necessária*.

A dor é um indicador de que *algo está errado*.

Há uma doença rara, muito perigosa, chamada Insensibilidade Congênita a Dor e Anidrose (ICDA). As pessoas com essa doença *não sentem dor*. Parece um sonho não sentir dor, mas não é. Seus cérebros não os impedem de entrar em perigo. Por causa disso, tem uma expectativa de vida curta — eles não podem contar com seu sistema de alarme! Vivem uma vida muito desprotegida... Se machucam gravemente, sangram ou até mesmo quebram os ossos sem perceber!

A dor é um sistema de alerta natural de nosso corpo.

É ela que nos diz para ficarmos longe de coisas perigosas.

Da mesma forma, essa dor *espiritual* que você sente é um sinal de alerta. Como você faz parte da Igreja, do Corpo de Cristo, então a dor que você sente é um aviso *para* esse corpo, a Igreja.

Lembra do piloto? Ele não *sentiu* o problema e por isso quase morreu. O que pode ter começado como "um pouco de falta de ar" e "uma sensação inquietante" logo se transformou em um *novo tipo de normalidade*.

Em hipóxia, o corpo fica sem oxigênio, e o cérebro simplesmente embarca em um estado de euforia inconsciente até que tudo se desliga. Ken, o piloto, só foi capaz de reagir quando a voz da torre rompeu a névoa.

Portanto, se você *sente* e *vê* problemas, não os ignore!

Pare e busque a Deus.

Por onde começo?

Humanamente falando, a batalha está perdida. Você está lutando contra um oceano — e suas mãos estão atadas. Se você não consegue sequer colocar sua própria vida em ordem, quanto mais a da Igreja! Mas Deus pode. Só Deus pode. E Ele já elaborou um plano perfeito. Essa situação não é "novidade" para Ele.

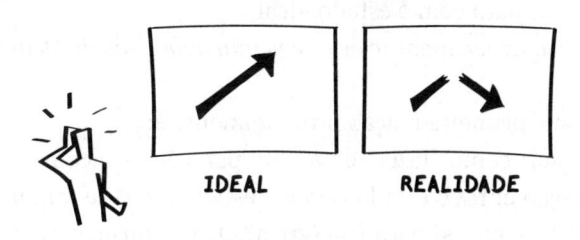

IDEAL   **REALIDADE**

Siga-me até as colinas de Ofra, onde vamos encontrar um jovem na mesma situação que nós: Gideão.

Gideão percebeu que havia um enorme problema em seu povo, mas não tinha fama nem habilidade para mudar a situação... porém ele tinha uma coisa valiosa: a dor. E sua dor o levou a esta incrível descoberta:

> "Se o SENHOR é conosco, por que nos sobreveio tudo isto? E que é feito de todas as suas maravilhas que nossos pais nos contaram, dizendo: Não nos fez o SENHOR subir do Egito? Porém, agora, o SENHOR nos desamparou e nos entregou nas mãos dos midianitas." (Juízes 6:13)

Mais tarde, Gideão obteve uma grande vitória, que não só mudou sua situação pessoal de miséria, como resultou em um avivamento de *todo* o seu povo.

Mas tudo começou nesse lugar de dor, e por isso precisamos entender o que se passou ali:

1. Ele não ignorou a dor.
   (Por que estamos nessa situação?)
2. Ele analisa o estado real.
   (Fomos abandonados e mantidos em cativeiro...)
3. E o compara com o estado ideal.
   (Quero experimentar as obras maravilhosos de Deus!)

Ok, a sua primeira reação provavelmente é:
"Não sei como fazer essa comparação — como fazer a comparação entre o estado *real* e o estado *ideal* de minha vida e, mais ainda, com a situação da Igreja? Quem sou eu para fazer isso com a Igreja!?"

Sei que parece uma tarefa difícil, mas vamos fazer isso juntos. Todos os dias, recebo mensagens de pessoas que já fizeram essa jornada comigo e que hoje dão testemunho que esse ensinamento *mudou a vida* deles.

Leia estes depoimentos como um pequeno incentivo antes de começar a próxima parte:

OLÁ NATHA!

Quero que saiba que suas mensagens mudaram radicalmente minha compreensão sobre o temor de Deus. Minha vida (quanto ao pecado sexual) mudou por completo. Agradeço a Deus por usar você como uma ferramenta eficaz. Não foi conversa fiada, e sim mensagem clara e compreensível!!! A série de vídeos O Temor do Senhor[1] é incrível: mudou minha vida! Obrigado, obrigado, e obrigado mais uma vez... continue o bom combate. Louvado seja o Senhor Jesus Cristo!
—B. Kenneth, 23

---

[1] Disponível no nosso site (crosspaint.tv) e no nosso canal no YouTube.

Depois de minha conversão, comecei a ter mais do que apenas "respeito" pelo Senhor. Sim — era medo, mas eu não sabia realmente explicar. Era como um medo misturado com amor. Infelizmente, eu me deixei convencer que aquele medo não vinha de Deus. Tentei viver com essa imagem de Deus... e me sentia tão miserável, mas agora super feliz, por ter (re)descoberto essa verdade. Especialmente por saber que há pessoas falando com coragem sobre o temor de Deus. Isso mudou tudo para mim. Obrigada!
—*Ana, 18*

Sua mensagem realmente abriu meus olhos. De repente comecei a perceber quem Deus realmente é. Acho isso tão assustador! Eu lia e orava o tempo todo, mas tudo de forma superficial e praticamente sem reverência.
—*Peter, 29*

Tenho 63 anos de idade e estou caminhando com o Senhor Jesus há mais de 35 anos. Há anos leio diariamente na Palavra de Deus e posso dizer: conheço muito bem a Bíblia. Também ouvi muitas pregações (provavelmente milhares já), mas essa mensagem sobre o temor do Senhor foi uma das melhores que já ouvi.
—*Donald, 63*

Vejo com frequência que esse assunto (o temor do Senhor) é muitas vezes subestimado, mal compreendido e mal ensinado! Estou ainda mais grato por esse ministério e por esses pensamentos. Agora entendo o temor de Deus segundo a Bíblia e posso também transmitir essas verdades a outros no lugar onde Deus me colocou! Você falou ao meu coração, porque meu chamado é levar os jovens cristãos (especialmente os que foram criados na Igreja) a se tornarem verdadeiros discípulos de Jesus!
—*Jorge, 32*

Até pouco tempo, minha vida era 90% games online e YouTube. Eu assistia a vídeos na minha cama até tarde de noite. Assistir seus vídeos mudou tudo. Eu joguei fora todos os meus jogos, excluí o YouTube e comecei a ler a Bíblia. De repente notei que não estava pensando mais em pornografia nem masturbação. Liberdade de verdade!!
— *Ryan, 17*

Estou muito feliz por ter encontrado o seu conteúdo online. Faço parte do movimento "Renovação Católica", e sempre tive muito orgulho de minha fé — num sentido negativo. Me irrita o fato de ninguém levar Deus a sério. Nenhuma igreja protestante prega a Palavra sem compromisso, por isso também não conseguem me dar alimento espiritual. Na Igreja Católica, você não tem o "Deus amigo" dos evangélicos. No entanto, falta "vida". Com crosspaint, encontrei as duas coisas: Deus levado a sério e a renovação do Espírito.
— *Teresa, 25*

Vocês são responsáveis por mudarem minha vida em 180 graus. Já passei por tudo, mas só agora, aos 34 anos de idade, entendi o que é o temor do Senhor. Antes tarde do que nunca! Aleluia!
— *Gary, 34*

Espero que estes testemunhos provoquem o seu interesse, e alimentem o desejo de ter a mesma experiência. Está tudo online, e de graça, no nosso site *(crosspaint.tv)*. Mas antes de chegar lá, precisamos comparar o estado *real* com o estado *ideal*.

PONTOS-CHAVE

① **Há um problema.** E quase ninguém percebe. O cristianismo (a Igreja) tem um problema grave, mas parece alienada a ponto de não perceber a realidade.

② **A dor é o sinal de alerta.** A dor é o alarme que soa quando o corpo está em perigo. Certas pessoas no corpo de Cristo sentem essa dor de forma muito mais intensa. Elas têm a responsabilidade de trabalhar com amor pela cura e pela proteção de todo o corpo.

③ **A dor precisa ser analisada.** Não podemos ignorar a dor. Precisamos analisar a situação. O primeiro passo é fazer uma análise: comparar o estado *real* com o estado *ideal*. (2 Coríntios 13:5).

ORAÇÃO

Por favor, Senhor, mostra-me em detalhes, de onde vem essa dor que eu e muitos outros sentimos! Amém.

CAPÍTULO 2

IDEAL VERSUS REALIDADE

ENCARANDO A REALIDADE

Uma estrela cai do céu

Em fevereiro de 2021, um terremoto sacudiu o mundo evangélico. O caso de Ravi Zacharias. Você deve ter ouvido falar. Ravi passou praticamente toda a sua vida como a voz da apologética cristã. Ele é autor de mais de trinta livros. Construiu uma organização de alcance (e respeito) mundial. Viajou o mundo como um embaixador de Cristo.

Em março de 2020, ele foi diagnosticado com câncer. Dois meses depois, a doença o levou. Mas isso está longe de ser o pior.

Em 9 de fevereiro de 2021, o ministério que levava seu nome divulgou um relatório independente de treze páginas com várias acusações de abuso sexual ao longo de décadas.

Se o câncer lhe tirou a vida; o relatório matou a sua reputação.

Levei uns quatro dias para voltar a pensar normalmente. Sentia uma dor profunda, porque me senti traído. Ravi era mais que um bom orador. Era um homem calmo e sábio. Era o pai que todo jovem desejava ter. Como muitos outros da minha geração, eu o via como um exemplo de como conduzir o mundo a Jesus.

Contudo, o que mais me abalou foi isto: como esse homem, cuja própria missão era mostrar Deus ao mundo, pôde ser tão hipócrita? Como podia subir ao palco para falar de santidade, enquanto seduzia mulheres em particular? Como podia expor as raízes da pornografia, enquanto ele mesmo era um escravo da luxúria sexual?

Havia um abismo entre o *ideal* que imaginávamos ver tão bem representado nele e na *realidade* retratada no relatório.

Uma lacuna imensa entre o estado real e o estado desejado. É assustador. Mas sabe o que é ainda mais perturbador? Nós temos o mesmo problema — você e eu. Há um verdadeiro abismo entre o "cristão" da Bíblia e o que você vive no dia a dia. Entre o que a Igreja *deveria ser* e o que ela *realmente é*. E o mais frustrante é que a sua vida cristã inconsistente não é exceção: é a regra. Você não é um peixe fora d'água. A Igreja como um todo sofre dos mesmos sintomas. Pastores caídos ou envolvidos em escândalos estão longe de ser uma anomalia — eles são apenas a ponta do iceberg.

E isso é um problema enorme.

Não apenas porque isso prejudica a reputação cristã... deixemos nossa imagem e nosso testemunho de lado por um momento: A distância entre o estado ideal e o real é a prova de um problema bem maior. Ela testemunha uma triste realidade: perdemos Deus de vista — *completamente*.

A questão é: por quê?

Isso pode ser explicado pelo "princípio do girassol".

O princípio do girassol

> Porque a vontade de meu Pai é que todo o que olhar para o Filho e nele crer tenha a vida eterna, e eu o ressuscitarei no último dia.
>
> — JOÃO 6:40 (NVI)

> ...não podemos deixar de falar das coisas que vimos e ouvimos.
>
> —ATOS 4:20

Você já viu um campo de girassol?

É uma visão impressionante. Um girassol pode crescer até 3 metros de altura. Seus "troncos" são o suficiente para sustentar a flor, que pode chegar a 30 centímetros de diâmetro. Um campo cheio dessas flores nos convida a parar para admirar a sua beleza radiante.

O que se percebe é que todas as flores "olham" na mesma direção.

Você sabe por quê?

Não é porque o agricultor usou estacas para direcioná-las dessa forma. Não. Isso acontece automaticamente, por causa de uma lei natural chamada *heliotropismo*. Antes que a flor comece a desabrochar, ela vai girando devagarzinho, até ficar de frente para o sol. Desse modo, consegue captar o maior número possível de raios solares, que a ajudam a crescer.

É uma bela ilustração que podemos aplicar à nossa vida.

Se você plantar um girassol, ele automaticamente se tornará para o sol e crescerá nessa posição.

E há uma lei espiritual semelhante: o cristão não cresce por ser obrigado a seguir certos princípios — ele cresce porque vive em um relacionamento com Deus.

Crescemos porque olhamos para Deus. Esse é o princípio do girassol, que também é encontrado na Bíblia.

2 Coríntios 3:18 diz:

> "...todos nós, com o rosto desvendado, contemplando, como por espelho, a glória do Senhor, somos transformados, de glória em glória, na sua própria imagem, como pelo Senhor, o Espírito."

Esse versículo mostra que somos transformados pelo simples ato de olhar para a glória de Deus. Não é incrível? Deixe-me mostrar como isso se aplica a três importantes etapas da vida cristã:

Etapa 1: Conversão[2]

Olhamos para Jesus, morrendo na cruz por nossos pecados, e recebemos a vida eterna. (veja João 3:14)

Voltemos ao princípio do girassol.

O agricultor planta as sementes no solo sem saber como (ou mesmo se) elas irão crescer. As plantinhas começam a sair da terra buscando o calor do sol, e, quando começam a florescer, giram até ficar de frente para o sol. Desse modo, estão sempre em uma boa posição para receber a luz solar — e continuar crescendo. Se elas não girassem, morreriam. E como isso se aplica a nós?

Como a semente, começamos na terra, separados de Cristo. Mas pela graça de Deus e pela Sua Palavra, recebemos um vislumbre do Senhor Jesus na cruz e temos de fazer uma escolha:

- *olhar* para Ele e permitir que Ele transforme nossa vida (além de direcionar o rumo da nossa existência) ou
- *ignorá-lo*, seguir o caminho que nós mesmos traçamos e enfrentar as consequências (vamos falar mais sobre isso mais tarde).

---

[2] **Conversão (início):** "E assim como Moisés levantou a serpente no deserto, assim também o Filho do homem deve ser levantado: que todo aquele que nele crê (os israelitas *olharam* para a serpente) não pereça, mas tenha a vida eterna". (João 3:14)

Etapa 2: Santificação[3]

Olhamos diariamente para Cristo Jesus, e somos transformados. *(veja 2 Coríntios 3:18)*

Voltemos aos girassóis.

Quando eles se voltam para o sol, recebem toda a luz e a potência que os raios solares proporcionam. A transformação ocorre dia após dia, à medida que a luz do sol se projeta ao redor e através das flores.

E é assim que somos transformados pelo poder do Filho. À medida que olharmos, diariamente, para Cristo, Ele irá direcionar nosso pensamento, nossas ações e nossas interações. Esse processo de transformação é lento, constante, e se desdobra ao longo de toda a nossa vida.

Etapa 3: Glorificação[4]

Nós O veremos e seremos como Ele (veja 1 João 3:2)

Os girassóis *não* são o sol.

Mesmo assim, é fácil ver porque receberam esse nome: têm uma forma circular distinta, pétalas douradas, e uma presença marcante... é fácil ver porque nos fazem pensar no sol.

Quando temos um encontro com Jesus, quando *olhamos* para Ele, somos mudados. Assim, nos tornamos cada dia mais parecidos com o Filho — até que um dia, em Sua presença, seremos perfeitos como Ele é.

---

[3] **Vida cristã diária (meio):** "Todos nós, com o rosto desvelado contemplando como num espelho a glória do Senhor, somos transformados na mesma imagem de glória em glória." (2 Coríntios 3:18)

[4] **Quando chegarmos ao céu (fim):** Quando Ele aparecer, seremos como Ele; porque o veremos como Ele é." (1 João 3:2)

Isso é o que chamamos de glorificação. Seremos tão perfeitos quanto o Filho de Deus, porque O *veremos*.

Que processo extraordinário! Se mantivermos os olhos nele, a glória de Deus transformará nossa vida.

Nessas três etapas, o que você *não* encontrou?

Simples: alguém que *olhe* para a glória de Deus e *não* é transformado. Veja, é impossível adorar o verdadeiro Deus sem ser transformado. Adoração sem transformação é fingimento.

ADORAÇÃO ⟶ TRANSFORMAÇÃO

ADORAÇÃO ⟶ ~~TRANSFORMAÇÃO~~ = FINGIMENTO

Ou você vê a glória de Deus e é transformado ou *não* vê Sua glória e não é transformado. Sei que é uma verdade difícil de engolir, mas é crucial para se entender o problema.

Vamos olhar o quadro completo para termos certeza de que eu e você estamos na mesma página, ok? Quero fazer um experimento bem simples, para ver se você está de fato em um relacionamento com o Deus verdadeiro.

Uma lacuna em nossa vida

Contemplai-o e sereis iluminados.

— SALMO 34:5

Quando desceu Moisés do monte Sinai... eis que resplandecia a pele do seu rosto; e temeram chegar-se a ele.

— ÊXODO 34:29-30

Todos conhecem o teste do reflexo do joelho. É *o teste* para as crianças em um check-up médico. Com um martelinho, o médico dá uma leve pancada em um ponto logo abaixo da patela, e a perna automaticamente salta para a frente. Trata-se apenas de um teste de reação, mas as crianças amam esse teste porque não dá para impedir o movimento involuntário da perna.

Isso acontece *automaticamente*.

Da mesma forma, quando nos tornamos conscientes da presença de Deus, há uma reação automática. Não dá para ficar indiferente, assim como não se pode ficar à beira das cataratas do Iguaçu sem ficar boquiaberto.

E *qual é a reação automática* de estar na presença de Deus? Para descobrir, vamos ver o que a Bíblia diz.

Nossa reação mostra quão distantes estamos

Qual é a reação humana à presença de Deus?
Vamos ver alguns exemplos bíblicos:

Adão vivia no jardim do Éden, e, logo após a queda, Deus veio visitá-lo. Adão confessa:

"Eu ouvi a voz de Deus no jardim e tive **medo***"*. (Gênesis 3:10)

Jacó estava de viagem, quando certa noite Deus se manifestou a ele em sonho. Sua reação?

"'Certamente o SENHOR está neste lugar, e eu não havia percebido!'. Contudo, também teve **medo** e disse: 'Como é temível este lugar!'" (Gênesis 28:16-17 NVT)

Moisés viu um arbusto queimando, mas o arbusto não se consumia... Curioso, ele pensou que era apenas um fenômeno estranho, até que Deus começou a falar. Sua reação:

"Moisés escondeu o rosto, porque teve **medo** de olhar para Deus." (Êxodo 3:6 NAA)

Jó era um homem íntegro e reto diante de Deus (Jó 1:1), a ponto de pensar que poderia se defender diante de seu criador (Jó 13:15). Deus então o tomou pela palavra e o encontrou... a reação de Jó?

"Eu te conhecia só de ouvir, mas agora os meus olhos te veem. Por isso, me abomino e me arrependo no pó e na cinza." (Jó 42:5-6)

Pedro, Tiago e João eram os mais próximos do Senhor Jesus. Mas quando a nuvem de Deus apareceu no monte santo:

"...eles estavam **temerosos** ao entrarem na nuvem". (Lucas 9:34)

Eu poderia continuar, porque a lista, tanto no Antigo quanto no Novo Testamento é longa, mas acho que você já entendeu o que estou sublinhando. *É um padrão.* Todos os crentes que chegaram perto de Deus a ponto de ouvi-lo e vê-lo tiveram a mesma reação: *TEMOR!*

Meu amigo, quero lhe fazer uma pergunta muito séria: você já experimentou temor na presença de Deus? Já mergulhou tão profundamente na Palavra de Deus ou se aproximou de Sua presença — em oração — de tal forma que se sentiu maravilhado e até um pouco desconfortável? Já ouviu um sermão que fez você "congelar" ao ouvir o que Deus estava lhe dizendo? Já leu passagens da Bíblia que o fizeram *tremer* por dentro?

Sei que essa pergunta pode ser dolorosa. Mas foi por isso que falamos sobre *"suportar a dor"*, lembra? A dor é benéfica.

Deus *quer* falar com você agora mesmo. Deixe de lado as desculpas que sua mente talvez esteja fabricando e encare a realidade. Lembre-se de Gideão: ele não tentou maquiar as coisas.

Pense bem: a Bíblia deixa claro que homens piedosos *sentiram medo* na presença de Deus... Por isso eu faço a pergunta: Você já sentiu esse tipo de medo?

Vamos a outro exemplo, talvez um pouco mais prático: uma baleia azul. Não sei quantos metros ela tem, mas *não* dá para nadar ao lado desse monstro azul e não se sentir desconfortável. Mesmo alguém que ama as baleias — vai sim sentir um frio na barriga. A "teoria da baleia" diz que ela nunca irá atacar... mas a baleia azul é o maior ser vivo do mundo! O tamanho desse gigante marinho é suficiente para fazer qualquer um tremer...

Querido leitor: Deus é *muito maior* que uma baleia azul!

Se você nunca sentiu medo em Sua presença, então talvez você nunca esteve face a face com o Deus vivo. <u>Largue o livro por um minuto</u>. Agora mesmo. Ponha-se de joelhos e deixe Deus falar com você — *Ele* está presente.

Nossa inatividade mostra quão distantes estamos

Há outra reação automática e *positiva* quando nos aproximamos de Deus. Deixe-me ilustrá-la com uma pequena história.

Há alguns anos, visitei a Nova Zelândia com um grupo de jovens. Certa tarde ensolarada decidimos mergulhar no mar. Durante uma pausa fomos surpreendidos por uma dúzia de golfinhos nadando pertinho de nós. Uau! Imagine a euforia. Imaginamos que eles iriam embora se entrássemos na água de novo. Mas como ficaram ali um tempo, tomamos coragem e pulamos na água —

nadando na direção deles. Chegamos cada vez mais perto... e logo estávamos nadando com os golfinhos! Os golfinhos passavam a centímetros de nós! Foi incrível! Uma sensação única. Nos dias seguintes, compartilhamos nossa experiência com todo mundo que encontramos. Só falávamos nisso. Mas quer saber?

Deus é *muito mais fantástico* do que golfinhos. Se um encontro com golfinhos nos deixa eufóricos, quanto mais um encontro com Deus! Se é impossível nadar com golfinhos e *não falar sobre isso*, então, como é possível que falamos tão pouco sobre nossos encontros com Deus? Talvez porque ainda não tivemos nenhum... ou já faz tanto tempo que, de alguma forma, esquecemos a sensação. Isaías viu Sua glória e falou dele (João 12:41).

Estar na presença de Deus resultou numa resposta automática e positiva de Isaías: ele *falou* dessa experiência. Ele *contou* às pessoas o que acontecera e exortou o povo a se reconciliar com Deus. Paulo viu a glória do Senhor e dedicou sua vida a *falar* a respeito dele. E vamos relembrar as palavras de Pedro:

"*Não podemos deixar de falar sobre as coisas que vimos e ouvimos.*" (Atos 4:20)

Eles viram e *falaram*.
Afirmamos que vemos... mas não temos nada para contar.
Por quê? Porque nunca vimos Deus do jeito que eles viram!
Voltemos à história dos golfinhos. Quando você vê golfinhos em um filme ou em uma foto, eles parecem amigáveis e fofos. Mas quando saltei na água e nadei na direção deles, de repente senti algo muito estranho: medo! Eu estava nadando com criaturas desconhecidas, maiores que eu e (acredite) com potencial para me matar — em casos raros, eles podem ser agressivos.

Isaías, Paulo e Pedro não viram Deus em um filme, nem em uma foto. Eles estavam na *presença* dele. Face a face com Deus. E ficaram aterrorizados.

Isaías gritou: "*Ai de mim! Estou perdido!*" (Isaías 6:5)

Pedro ouviu a voz de Deus no monte da Transfiguração, caiu por terra e teve *"muito **medo**"* (Mateus 17:6).

Paulo caiu ao solo e ficou cego por três dias (Atos 9:8-9).

Se você tivesse encontrado um deles minutos após essa experiência, poderia facilmente pensar que tinham acabado de sofrer um acidente de carro. Anos depois, Paulo declarou que era justamente esse o segredo:

"Conhecendo, portanto, o terror do Senhor, nós persuadimos os homens." (2 Coríntios 5:11)

Noé construiu a arca *"movida com temor divino"* depois de um encontro com Deus (Hebreus 11:7).

Isaías, Paulo, Pedro e Noé (e muitos outros) conheciam o *terror* de estar na presença de Deus. Não na teoria, mas por *experiência própria*.

E isso os levou a *falar* dele. O tempo todo e para todo mundo ouvir. Com coragem e convicção. Não estavam nem aí se eram ameaçados de morte ou ridicularizados. Eles *tinham* de fazer isso, porque viram Deus. Era automático. Como o reflexo do joelho.

Nosso mau comportamento mostra quão distantes estamos de Deus

Há uma terceira categoria com a qual devemos comparar nosso estado atual com o ideal apresentado na Palavra de Deus.

Já vimos que tanto o temor do Senhor quanto a urgência de evangelizar incrédulos estão *estranhamente* ausentes em nossa vida — a Bíblia apresenta ambos como a norma absoluta entre os cristãos.

E há uma coisa muito difundida: a pornografia. Sei que isso incomoda, mas, mano, precisamos falar sobre isso. Não estou puxando esse assunto delicado por gostar do tema, mas por ser talvez o alerta mais claro que algo está *muito* errado.

"Se dissermos que mantemos comunhão com Ele e andarmos nas trevas, mentimos e não praticamos a verdade." (1 João 1:6)

Pense nisto: se Deus — o mesmo que fez Isaías, Paulo, Pedro e João caírem aterrorizados no chão — aparecesse em seu quarto, você continuaria a assistir pornografia? Ou conscientemente desprezaria um presbítero (ancião) da igreja? Nunca. É impossível estar em conexão íntima com Deus e continuar a cometer esses tipos de pecado. Mas agora vem a parte assustadora. Alguns pensam que têm comunhão com Deus, mas vivem na escuridão. Certa vez, tomei um susto ao ler Mateus 7:22-23, onde Jesus diz:

"Muitos, naquele dia, hão de dizer-me: Senhor, Senhor! Porventura, não temos nós profetizado em teu nome, e em teu nome não expelimos demônios, e em teu nome não fizemos muitos milagres?Então, lhes direi explicitamente: nunca vos conheci. Apartai-vos de mim, os que praticais a iniquidade."

De fato, haverá pessoas que pensaram estar seguindo a Cristo, que até fizeram coisas incríveis em Seu nome... e ainda assim vão se encontrar no inferno! Isso é absolutamente assustador! Falaremos mais sobre isso no capítulo 6, mas já adianto a pergunta: *"Como eles poderiam saber que estavam no caminho errado?"*. Você já sabe a resposta: comparando o ideal, o alvo, com os fatos, a realidade.

O ideal era viver para Deus — e eles pensavam que viviam assim. Mas Jesus nos revela a realidade: viviam em iniquidade — eram perversos, "sem lei", *praticantes* do mal. Praticar o mal é passar do limite. É algo que pode ser medido. Essas pessoas *sabiam* que algo estava muito errado em certas áreas de sua vida, mas decidiram ignorar. O julgamento de Deus não é aleatório...

Então aqui vai uma pergunta para você:

Você tem um pecado habitual em sua vida?

Isso é sério. Se você se diz cristão, mas existe um pecado que religiosamente se repete em sua vida, tome como uma advertência a história de Hofni e Fineias, filhos do sacerdote Eli. Eles eram basicamente o que hoje chamamos de "filhos de pastores".

Hofni e Fineias trabalhavam no Templo, e cometiam adultério com as mulheres que vinham adorar. Poderíamos "traduzir" isso para os dias de hoje com alguém que lidera o culto pela manhã e assisti à pornografia à noite.

A Bíblia é muito clara sobre o motivo de agirem assim:

*"Não se importavam com o S*ENHOR*..."* (1 Samuel 2:12)

Ou seja: não tinham um relacionamento com Deus. Eles não sabiam que Deus é um terror para os pecadores — mesmo que ocupassem cargos importantes e sagrados. Seu pai os alertava sobre o temor de Deus, mas a Bíblia nos diz que eles *"não davam ouvidos à voz de seu pai"* (1 Samuel 2:25).

E o que Deus pensava sobre tudo isso? *"Foi a vontade do S*ENHOR *matá-los."*

Assim, o comportamento de Hofni e Fineias os traiu. Suas ações demonstram que eles não tinham nenhuma conexão real com o Senhor Deus. Nosso comportamento é um reflexo de nossa vida espiritual. Nosso comportamento após deixarmos a presença de Deus prova o que experimentamos durante nossa leitura da Palavra, no serviço na igreja ou em qualquer outro momento em que pensamos "estar com Deus".

Se suas ações forem más, como você pode dizer que vive com Deus?

Existe a possibilidade — que deve lhe dar arrepios — de que você não está vivendo na presença de Deus... que talvez você *não o vê*.

Se esta "autópsia" de nossa experiência pessoal não foi convincente o suficiente, deixe-me apresentar o quadro coletivo da Igreja.

O distanciamento coletivo de Deus

*Encare a realidade como ela é,
não como você gostaria que ela fosse.*

—ANÔNIMO

Há sinais de alerta em nossa vida *pessoal* que devem nos fazer parar e analisar a autenticidade de nossa fé. Percebemos esses sinais quando comparamos duas coisas em nossa vida: Nossa situação *real* com a situação *alvo/ideal* na Bíblia — o que é com o que *deveria ser*. E ao fazer isso, descobriremos três pontos em nossa vida que diferem radicalmente de nossos antepassados espirituais na Bíblia:

1. Nossa reação (à presença de Deus) — *sem temor*
2. Nossa inatividade (após experimentar a presença de Deus) — *sem testemunho*
3. Nosso mau comportamento (apesar da presença de Deus) — *sem santidade*

Quero apresentar alguns dados alarmantes de nossa vida *coletiva*, como Igreja, que devem nos arrepiar. Meu argumento principal será o terceiro ponto, a santidade, mas vamos analisar brevemente os dois primeiros, pois precisaremos deles mais tarde.

Isso é realmente a presença de Deus?

Jean-Louis, um colega ateu, certa vez me falou de sua "experiência cristã" nos Estados Unidos. Seu anfitrião — sem dúvida com as melhores intenções — levou-o a um concerto musical sem lhe dizer que era um evento "cristão". Jean-Louis foi criado na França, com educação laica (para não dizer secular) e nunca tivera o que alguns hoje chamam de "experiência com Deus". Mas naquela noite isso iria mudar. Sem saber, ele estava em um show gospel.

Veja o que ele me disse:

> Parecia um show de heavy metal como outros que eu conheci. Pulamos muito e nos divertimos bastante. De repente, tudo ficou quieto, e o vocalista começou a falar algumas coisas sobre Jesus. Acho que é o que você chama de evangelho. Eu ainda estava sem fôlego de tanto pular e fiquei muito surpreso. Eu pensei: "Você tá de brincadeira né? <u>Isso era pra ser algo religioso?</u>". Eu me diverti muito nesse evento, mas sei que minha avó — que era *temente a Deus* — teria ficado chocada.

Agora compare essa "experiência de evangelização" com outra, ocorrida na cidade de Enfield, nordeste do EUA, em 1741.

Um jovem começou a pregar o evangelho para uma multidão que vivia de forma particularmente indiferente a tudo que pudesse ser relacionado a religião. Mas, isso não o calou, e, à medida que ele pregava, as pessoas eram convencidas pelo Espírito Santo. A consciência do pecado gerava gritos, ao ponto de alguns soluçarem em seu pranto. Alguns choraram tanto sob o peso de seus pecados que o orador se viu forçado a interromper o sermão.

Era o Espírito Santo operando.

Ele parou de pregar, e as pessoas que o acompanhavam foram para o meio do povo e oraram com eles em grupos. Muitos nasceram de novo, e o perfil moral de toda a cidade mudou drasticamente. Foi o começo de um renascimento que ainda hoje influencia a cultura nos Estados Unidos. O título do sermão era:

"Pecadores nas mãos de um Deus irado".

Já sei qual a resposta no século 21: "Bem, isso funcionou naquela época. Hoje é diferente".

Sim, hoje é diferente. Hoje condenamos aqueles pregadores cujas mensagens eram "muito duras", mas que salvaram milhares de pessoas. E temos a coragem de fazer isso enquanto nós nunca levamos uma única alma ao Senhor! Que cegueira! Que arrogância!

Nós os chamamos de pregadores de "fogo e enxofre", mas esquecemos que o próprio "Jesus" que vendemos em nosso mercado *hipster* falou mais do inferno que qualquer outro. Camisetas e canecas com mensagens positivas são best-sellers nas lojas de artigos cristãos. Não duvido de boas intenções, mas é um testemunho de quem realmente somos: uma geração que perdeu o temor de Deus.

O que significa missão?

Já vimos como a falta de temor a Deus leva a uma falta de amor pelas almas e à inatividade crônica. Infelizmente, isso acontece também de forma coletiva. Muitos cristãos (bem como o resto da sociedade) se tornaram egocêntricos.

Vamos analisar alguns números. Segundo o *Missionary Portal* [Portal missionário],[5] para cada 100 mil dólares que um cristão recebe, apenas *107 dólares* são direcionados à obra missionária. Isso num mundo onde cerca de 3,1 bilhões de pessoas *nunca* ouviram falar de Jesus. São pessoas cujo acesso ao evangelho é dificultado pelo idioma, cultura, geografia, ou algum outro obstáculo. Desses 107 dólares, apenas 1% é destinado à evangelização dos povos não alcançados.

É de partir o coração. Acrescente-se a isso o fato de que o cristianismo está em declínio na Europa, na América do Sul, na América do Norte, na Austrália e Oceania... A nossa *inatividade* na presença de Deus é o oposto da ordem de Jesus: de *"ir e fazer discípulos de todas as nações"* (Mateus 28:19).

Esses fatos são bem convincentes, então pergunte a si mesmo: "Quando foi a última vez que falei do evangelho para alguém?". Você pode afirmar que está diariamente na presença do mesmo Deus das gerações anteriores, quando os números mostram uma realidade completamente diferente?

---

5 Disponível em: <http://missionaryportal.webflow.io/stats>

Isso é a verdadeira santidade?

"Eu gosto do seu Cristo. Não gosto dos seus cristãos."

—Mahatma Gandhi

Os dois primeiros pontos são de partir o coração, mas ainda não são o maior problema. O terceiro ponto mostra a extensão da crise sem qualquer parcialidade — você perceberá como estamos fora do rumo.

Logo no início da era da Igreja, um casal morreu por causa do pecado. Por quê? Porque os dois mentiram passivamente. Uma "mentira inofensiva" levou-os à morte. Jovens cristãos removeram os corpos caídos aos pés de Pedro.

Hoje, jovens cristãos assistem a vídeos e filmes de sexo explícito, a fim de se autossatisfazerem sexualmente... e não, isso não é apenas um problema de "jovens imaturos", mas também de pastores! Em um estudo do Grupo Barna intitulado *Porn Phenomenon* [Fenômeno pornográfico],[6] encontramos estas estatísticas... pesadas? Reveladoras? Não sei qual seria a melhor palavra aqui: 64% dos pastores de jovens admitem que tiveram ou têm problemas com pornografia. A imagem não fica melhor se levarmos apenas os pastores mais velhos em conta: 57% admitem ter tido problemas ou ainda ter problemas com pornografia. A instituição americana Covenant Eyes, que oferece *"responsabilidade e liberdade do vício da pornografia"*, diz que entre 15% e 20% dos pastores fazem uso frequente da pornografia e admitem ter sérios problemas com ela. Levando em conta apenas os Estados Unidos, são mais de 50.000 em posições de liderança na igreja, e simultaneamente escravos do pecado.[7]

Aonde vamos chegar?

A história da Igreja está repleta de pessoas que literalmente desistiram da própria vida a favor do rebanho. No século 19, a

---

6 Disponível em: <https://shop.barna.com/products/porn-phenomenon>
7 Disponível em: <https://www.covenanteyes.com/pornstats/>

expectativa de vida de um missionário na África variava de dois a oito anos — muitos morreram nos primeiros três a seis meses![8] Hoje, o trabalho pastoral — no sentido bíblico — é praticamente inexistente. Ninguém mais quer se sacrificar pelo outro.

Para os primeiros cristãos, o casamento era sagrado. Hoje, as taxas de divórcio entre os cristãos são as mesmas que entre os incrédulos... De acordo com o Pew Research Center [Centro de Pesquisa Pew], 74% dos adultos divorciados ou separados afirmam ser "cristãos"![9]

A oração costumava ser o pilar da Igreja. Hoje? Menos de 1 em cada 10 cristãos frequentam semanalmente uma reunião de oração. Como diz o evangelista inglês Leonard Ravenhill:

> *Nenhum homem é maior do que sua vida de oração. O pastor que não está orando está brincando; as pessoas que não estão orando estão se desviando. Temos muitos organizadores, mas poucos que agonizam; muitos que jogam, mas poucos que oram; muitos cantores, mas poucos convencidos; muitos pastores, mas poucos lutadores; muitos medos, mas poucas lágrimas; muita moda, mas pouca paixão; muitos curiosos, mas poucos intercessores; muitos escritores, mas poucos prontos a lutar. Se falharmos aqui, falhamos em todos os lugares.*[10]

Os jovens conhecem toda a história e o dia a dia de seu time de coração. Nas universidades, passam com as melhores notas em temas complexos como mecânica quântica. No entanto, mal sabem explicar as histórias bíblicas, nem conhecem as verdades doutrinárias do Novo Testamento... simplesmente desconhecem as grandes obras e a graça de Deus ao longo da história da Igreja.

---

8 Disponível em: <https://www.mcser.org/journal/index.php/mjss/article/view/2380/>
9 Disponível em: <https://www.pewforum.org/religious-landscape-study/marital-status/divorcedseparated/>
10 Disponível em: <https://www.goodreads.com/author/quotes/159020.Leonard_Ravenhill/>

No início, a Igreja era unida – compartilhavam tudo! Hoje a Igreja está dividida em mais de 45.000+ denominações. Ainda assim, poucos desconhecidos entram pelas nossas portas. Quando um grupo cresce, é porque uma família se mudou em busca de emprego ou devido a algum problema/separação onde se reuniam antes... Raramente é um resultado de evangelização ou de novas conversões. Resumo da ópera: as igrejas locais menores estão fechando as portas.

E nosso tempo? Passamos mais de 3,5 horas por dia online... desbloqueamos nossos celulares mais de cinquenta vezes por dia! Quantas vezes você pode olhar para alguma coisa antes que ela se torne um ídolo?

Você percebe como estamos longe do ideal?

Mas uma coisa é certa: o poder de Deus não mudou. O Espírito Santo está tão disponível quanto no dia de Pentecostes. O que mudou foi nossa conexão com Ele — *não há intimidade*.

Confessamos ver a Deus e ainda assim pecamos sem parar. Professamos ter intimidade com Deus enquanto somos viciados em pornografia. Afirmamos viver uma vida com Deus, mas não temos problema com filmes repletos de violência. Isso é uma impossibilidade espiritual! É um, ou outro — Deus, ou pecado.

Você tem de fazer uma escolha. Nossos olhos não podem olhar para dois lugares ao mesmo tempo. Para simplificar: você não pode ter uma Bíblia aberta em uma mão e um telefone cheio prazeres ilicitos na outra. Quando olhamos para o pecado, tiramos os olhos do Senhor. Quando tiramos os olhos de Deus, nós nos abrimos para o fascínio do pecado.

Não estou alertando que isso *pode* acontecer. Isso *já* aconteceu.

Se não mudarmos o rumo e não olharmos — agora — para a raiz dos problemas, perderemos uma geração inteira. Porque eles *já* descobriram que na Igreja de hoje, muitos estão *fingindo*.

Por favor, reserve 10 minutos e ouça o que eles têm a dizer... no próximo capítulo.

---

11 Disponível em: <https://www.gordonconwell.edu/center-for-global-christianity/research/quick-facts/>

PONTOS-CHAVE

① **Há um abismo.** Existe um abismo entre onde a Igreja se encontra hoje e onde deveria estar. Percebemos isso comparando o ideal com a realidade. Esse abismo deve ser fechado.

② **Quando olharmos para Deus, o abismo se fechará automaticamente.** De acordo com o "princípio do girassol", o abismo irá se fechar naturalmente se tivermos comunhão diária com Deus.

③ **Mas o abismo não está se fechando** — isso significa que há um problema. A Igreja como um todo está inerte (os números só provam isso). Mas, para os cristãos, isso representa uma oportunidade.

ORAÇÃO

Senhor, por que tanta diferença entre o que vemos na Palavra e o que vemos em nossa vida? Ajuda-me a enxergar esse abismo em minha vida, entre o ideal e o real, e faça a Tua obra em mim Senhor, para fechá-lo.

CAPÍTULO 3

POR QUE OS MILLENNIALS* NÃO FICAM NA IGREJA?

A RAZÃO QUE OS LEVA A SE AFASTAREM DA FÉ

Quando clamarem por socorro, não responderei; ainda que me procurem, não me encontrarão.

—PROVÉRBIOS 1:28 (NVT)

A tua malícia te castigará, e as tuas infidelidades te repreenderão; sabe, pois, e vê que mal e quão amargo é deixares o Senhor, teu Deus, e não teres temor de mim, diz o Senhor, o Senhor dos Exércitos.

—JEREMIAS 2:19

Um santuário vazio

No ano 70 d.C., o soldado romano Marco Quirino orgulhosamente caminhou através do santo Templo judaico. Para os judeus, foi uma visão terrível. Um pesadelo. Um pagão no templo. Jerusalém em chamas. Roma havia conquistado a Cidade Santa.

Marco parou diante da larga e bela cortina que separava o Santo dos Santos do resto do planeta Terra.

Atrás da cortina, estava a morada de Deus: a Sua Glória.

Qualquer um que entrasse ali morreria imediatamente. Apenas o sumo sacerdote tinha a permissão de Deus para entrar nesse recinto sagrado. Permissão, sim, mas com ressalvas. Até mesmo o sumo sacerdote morreria se entrasse sem antes se purificar de seus pecados.

Enquanto o soldado caminhava em direção à cortina, seus

---

* Também conhecidos como geração Y ou geração do milênio, o termo refere-se aos nascidos após o início da década de 1980 até o final do século, aproximadamente. (N. do R.)

passos ecoavam pelo chão de mármore. Ele não fazia ideia do terror que o aguardava. Com olhar arrogante, puxou a cortina e... nada aconteceu!

A arca não estava lá.

A glória do Senhor já deixara o Templo havia alguns séculos. Ano após ano, os judeus haviam trazido seus sacrifícios para um santuário vazio.

Deus não estava mais presente.

Não sei se foi *exatamente* assim que aconteceu, mas acho que ilustra bem o que acontece espiritualmente com os jovens cristãos hoje. Cheios de boas intenções, eles começam a se aprofundar em assuntos da fé e a fazer sérias indagações sobre suas crenças. Tudo isso para descobrir que muita coisa não passa de aparência. Muitas coisas *não são* como contaram. Deus não estava atrás da cortina.

O estudo do Grupo Barna mostra que quase seis em cada dez (59%) dos jovens que crescem em lares cristãos (ou famílias que frequentam uma igreja) se afastam da fé antes de chegar aos 30 anos de idade.

Pense nisso por um momento. Se você tem um grupo de dez amigos — seis deles vão abandonar a fé!

Se isso não for assustador, não sei o que irá nos abalar. As preocupações que expressei naquele divã quinze anos atrás eram cócegas em comparação à realidade que acabei de expor. Estamos falando de dados reais. Um tsunami que atingiu as praias evangélicas.

E o mais frustrante é que tudo isso poderia ter sido evitado.

Não se pode dizer que somente pessoas superficiais, com pouco conhecimento bíblico e sem firmeza na fé deixam a Igreja... seria um erro grotesco chegar a essa conclusão. É uma ideia simplista e, honestamente, bastante ignorante. Pelo contrário, a maioria dos que se afastam da fé tem uma boa compreensão das Escrituras e talvez sejam os mais preocupados com a apologética cristã. Joshua Harris, por exemplo, era um pregador, Rhett e

Link eram missionários, Marty Sampson e Audrey Assad eram cantores em grupos de adoração, Derek Webb um calvinista, e a lista continua... Cada um teve o mesmo fim: abandonaram a fé. Não podemos dizer que eles "não tentaram". Ou que eles foram oportunistas, procurando o caminho mais fácil. Não. Eles leram muitos e muitos livros sobre Deus e sobre a Bíblia, e fizeram isso justamente para provar que Deus *existe!* Queriam *defendê-lo!*
Mas algo deu errado. Muito errado!
Certas coisas simplesmente não faziam sentido.
Eles foram olhar atrás da cortina... e Deus não estava lá.

O céu vence a terra

Pois chegou a hora de começar o julgamento pela casa de Deus.

—1 PEDRO 4:17 (NVI)

Há duas opções: *ou a Igreja enfrenta a realidade, ou a realidade enfrentará a Igreja.*

A grande pergunta: existe uma conexão direta entre realidade e espiritualidade? O fato de que jovens estão deixando a Igreja tem algo a ver com o estado coletivo de fraqueza espiritual?

Resposta: Sim. Tem!

Deixe-me explicar por que tenho a coragem de fazer uma afirmação tão ousada: Deus está usando essa tendência para também, *ativamente,* disciplinar a Igreja.

Porque Deus é amor, e o amor não pode ver uma pessoa se desviar e NÃO intervir.

Imagine um cego caminhando em direção a um precipício. Se você tem amor no coração, você não vai ficar ali olhando para ver o que acontece, mas fará de tudo para salvá-lo. Irá correr atrás dele e até derrubá-lo, se for preciso, *mesmo* que isso lhe cause alguma dor momentânea, certo?

O mesmo se aplica a Deus.
É por nos amar que Ele intervém quando o perdemos de vista.
Ele o faz através da voz dos homens. Nós os chamamos de profetas — podemos ouvi-los na leitura da Bíblia ou nos sermões.

Quando Deus não pode mais nos alcançar espiritualmente, Ele nos toca fisicamente.[12] Mas muitas vezes há um certo tempo entre as duas "etapas" (a espiritual e a física). O problema é que, por não percebermos "o princípio de causa e efeito" em operação, ignoramos o problema real. Mesmo assim, permanece o fato de que Deus apelará para a *ação* se não nos alcançar por meio de *palavras*. Ele pode tocar nosso corpo, nossa economia ou até mesmo nosso planeta.

Deus usa o mundo físico intencionalmente para tocar nossa consciência e nos alertar sobre um problema *espiritual*.

O profeta Ageu não poderia ser mais claro:

"*Considerai o vosso passado.* **Tendes semeado muito e recolhido pouco;** *comeis, mas não chega para fartar-vos; bebeis, mas não dá para saciar-vos; vestis-vos, mas ninguém se aquece; e o que recebe salário, recebe-o para pô-lo num saquitel furado.*"

"*Esperastes o muito, e eis que veio a ser pouco, e esse pouco, quando o trouxestes para casa, eu com um assopro o dissipei. Por quê?* — diz o Senhor dos Exércitos; **por causa da minha casa, que permanece em ruínas,** *ao passo que cada um de vós corre por causa de sua própria casa. Por isso, os céus sobre vós retêm o seu orvalho, e a terra, os seus frutos.*" (Ageu 1:5-6, 9-10)

---

12 "Filho meu, não rejeites a disciplina do Senhor , nem te enfades da sua repreensão. Porque o Senhor repreende a quem ama, assim como o pai, ao filho a quem quer bem." (Provérbios 3:11-12)

O **problema espiritual** (minha casa, que permanece em ruínas) leva à **disciplina material** (Tendes semeado muito e recolhido pouco).

Esse não é um princípio exclusivo do Antigo Testamento. Em 1 Coríntios 11:29-30, o Espírito diz:

"Pois quem come e bebe sem discernir o corpo, come e bebe juízo para si. Eis a razão por que há entre vós muitos fracos e doentes e não poucos que dormem."

O **problema espiritual** (ausência de autojulgamento) leva a **disciplina material/ física** (fraqueza, doença e morte).

Precisamos abrir os olhos para o declínio do cristianismo, para o problema que nossa geração está enfrentando e orar com sinceridade para descobrir:

1. o que está acontecendo;
2. se encontramos nas Escrituras uma solução (falaremos disso no próximo capítulo).

Não veem Deus em ação nas igrejas

Em inúmeras conversas com jovens, três pontos foram frequentemente apresentados como razões que os levam a questionar se Deus realmente está operando:

- Falta de *força* **interior**, que resulta em vícios e falta de autodisciplina.
- Falta de **ajuda externa**, que os leva a pensar que ninguém quer ouvi-los.
- Falta de **unidade**, que resulta em disputas e divisões dentro do mundo cristão.

O que isso tem a ver com Deus? Muita coisa.

De forma indireta, questionam a Trindade, ou seja, a ausência do Deus trino. Se os pontos mencionados são invisíveis nas igrejas (para não dizer inexistentes), ninguém verá a Deus.

Deixe-me mostrar como isso acontece — mais uma vez, por meio da análise do "ideal versus o real". O que se diz aos jovens (ideal) não combina com o que eles percebem no dia a dia (realidade).

Jesus Cristo

Dizem aos jovens que eles têm um Salvador todo-poderoso, que os salvou no passado (justificação) e os salvará no futuro (glorificação). Mas... e *hoje* (santificação)? Eles não experimentam a santificação em sua vida. É muito difícil para alguém que é escravo da pornografia, que não consegue parar de fumar ou que é viciado em redes sociais ter a coragem de compartilhar a sua fé com alguém e afirmar que ele será *realmente*[13] livre. Um mensageiro quebrado dilui a mensagem.

Conclusão:
O Salvador não salva REALMENTE.
Ele não está atrás da cortina... pelo menos não para mim.

Deus o Pai

Dizem aos jovens que eles têm um Pai amoroso no céu, ensinam a eles que essa realidade deve ser refletida também na terra, e citam os belos exemplos bíblicos de relações pai-filho de Moisés e Josué, Elias e Eliseu, Paulo e Timóteo, e assim por diante.

Só que há um problema: essa situação ideal não nunca se realiza... pelo menos não no século 21. Para os jovens de hoje, a liderança da igreja local não se importa muito com as suas vidas. Só quando precisam pintar a igreja, ou quando alguém faz sexo

---

[13] João 8:36: "Se, pois, o Filho vos libertar, verdadeiramente sereis livres."

antes do casamento ou comete algum outro "pecado cardeal" é que recebem atenção.

>Conclusão:
>Se você teve um bom pai natural, sorte a sua, mas não existem pais espirituais. Pelo menos não atrás da cortina.

Espírito

O Espírito apareceu no dia de Pentecostes e uniu dois grandes grupos: judeus e gentios. Os jovens ouvem tais histórias cheias de entusiasmo e com os olhos arregalados. É uma pena que hoje o Espírito não seja capaz de unir as pessoas que ficam discutindo se devemos batizar crianças ou só adultos, se devemos se envolver com a política local ou não, ou se a música é "sacra" ou "secular".

E, enquanto os "pais" ficam brigando, os "filhos" morrem silenciosamente.

>Conclusão:
>O Espírito não cria unidade. Pelo menos não no século 21.
>O Espírito não está atrás da cortina.

Assim, os millennials que abandonam o caminho são, na maioria das vezes, justamente aqueles que eram mais envolvidos nas atividades da igreja. Eles viram em primeira mão a ausência de Deus na vida de seus líderes. O vazio "atrás da cortina" deixa uma impressão irreparável.

Sei o que você está pensando — o argumento perfeito: "Não olhe para o homem. Olhe para o Deus da Bíblia."

É justamente isso que vamos fazer, e começo com a pergunta: *Que definição de "Deus" foi ensinada aos millennials do mundo evangélico?* Talvez haja alguma esperança na doutrina, uma vez que ela é inexistente na aplicação prática.

Mas será que eles encontrarão esse Deus na Bíblia?

Eles não veem "Deus" na Bíblia

"O meu povo será levado cativo, por falta de entendimento; os seus nobres terão fome."

—ISAÍAS 5:13

"Então, me invocarão, mas eu não responderei; procurarão por mim, mas não me encontrarão. Porquanto aborreceram o conhecimento e não preferiram o temor do SENHOR.*"*

— PROVÉRBIOS 1:28-29

Rhett e Link[14] são youtubers muito famosos nos Estados Unidos. Muitos seguem seu canal *Good Mythical Morning*, mas poucos conhecem sua "história de desconstrução".

"Desconstrução" é um termo sofisticado usado quando alguém está questionando suas próprias crenças. Significa pôr em questão (de forma crítica) as formas tradicionais da fé, qualificar todas as evidências (geralmente contra padrões que julgam ser "verdade") e, na maioria das vezes, decidir afastar-se ou abandonar a fé.

É uma tendência trágica, porém muito comum entre os *millennials* (e continuará sendo na próxima geração também).

Escolhi a história desses dois jovens porque gosto deles e porque sua história nos dá uma visão importante da experiência que tiveram com Deus. Eles não deixaram a Igreja porque ficaram desapontados com ela. Rhett é muito claro a esse respeito:

"Muitas pessoas tiveram uma experiência espiritual traumática na Igreja. Não é o meu caso. Guardo apenas boas lembranças da Igreja".[15]

---

14 Se você nunca tinha ouvido falar de Rhett e Link, continue lendo. No restante desta seção, você conhecerá mais da jornada deles até a popularidade e saberá por que sua história de "desconversão" reflete sobre o que está acontecendo em nossa cultura.

15 Declaração no canal Ear Biscuits. Disponível em: <https://www.youtube.com/watch?v=1qbna6t1bzw>.

O que fez a fé deles naufragar foi algo diferente... algo que desejo analisar com você, porque, além de ser interessante, serve de alerta para nós.

Eles também olharam atrás da cortina e *não viram a Deus*. Ouvir a história deles foi como reatravesar o lago na balsa com meu amigo — é a mesma história de muitos outros também.

- A "desconversão" aconteceu na mesma época.
- Eles sentiram a mesma dor.
- Eles apresentaram os mesmos argumentos.

Não quero dizer que toda história de desconstrução seja igual, mas há semelhanças impressionantes entre os que pensam que viram a Deus, mas depois se afastaram da fé. Enquanto conto a história a seguir, tente ler as entrelinhas para entender o que está acontecendo espiritualmente. Quero que você entenda qual imagem de "Deus" foi mostrada a eles e como isso os levou *a rejeitar a Bíblia e o Deus* que esse ensino (e esse estilo de vida) representam.

Jesus, um recurso para fugir do "inferno"

Ironicamente, Link iniciou sua jornada de "desconversão" no dia de sua conversão. De uma maneira muito típica, tudo aconteceu em uma evangelização criada para que pessoas "tomassem decisões". Este é seu depoimento sobre a pregação que ouviu naquele dia:

> Minha igreja organizou uma série de "noites de reavivamento", com palestrantes de toda parte do mundo. Portanto, era algo ser levado a sério. E um deles começou a falar sobre o conceito de separação eterna de Deus. Tenho certeza de que foram mencionadas coisas como tormento eterno e lago de fogo. Bem, eu tinha 10 anos (imagine o Link

com 10 anos!) e ainda dormia abraçado com meu ursinho de pelúcia! Para mim, as coisas que foram ditas, eram enormes! Na verdade, sempre falavam desses assuntos em nossa igreja, mas naquela noite foi diferente. Você percebia que todos estavam realmente prestando atenção. Não é qualquer coisa ouvir uma pregação séria sobre isso. Sobre condenação eterna, e essas coisas. A gente fica mesmo com medo mesmo. Ainda mais quando um cara vem lá da Escócia ou da Irlanda para falar sobre isso.

Haviam apresentado a Rhett e Link uma imagem do inferno. Você pode pensar: "Bem, mas a condenação eterna num lago de fogo e enxofre é bíblico...". Sim, é verdade, mas se tratava de uma visão equivocada. Na cabeça deles, o inferno não estava associado ao caráter de Deus, e sim a um lugar projetado para motivar as pessoas a querer ir para o céu. Era como uma ferramenta de marketing: "Faça a coisa certa. Aceite Jesus em seu coração. Caso contrário, Deus reservou uma câmara de tortura para você!".

Isso está errado!

Eles precisavam saber que o inferno procede da justiça de Deus. Sem esse detalhe é impossível entender a verdadeira essência do inferno nem a verdadeira essência de Deus. Se ignorarmos a justiça de Deus, vamos começar a desconfiar de Deus — ainda que inconscientemente.

O pensamento será mais ou menos assim: *"Não entendo exatamente por que esse inferno é necessário, mas estou feliz que Deus me livrou dele"*.

E fez isso com um recurso poderoso: Jesus!

Para alguns cristãos, o inferno nada mais é que uma tática assustadora para seduzir as pessoas. E, uma vez convencidas, tudo é paz e amor.

Foi esse evangelho que apresentaram a Rhett e Link: uma Disneylândia evangélica, com muitas atividades legais, ótima música e uma programação bem bacana.

No centro das atenções

Rhett e Link eram muito talentosos e logo chamaram a atenção dos organizadores de eventos de jovens. Eles subiram muito rápido na "escada dos influenciadores cristãos". Mas é de partir o coração pensar que ninguém realmente se importava com o que acontecia dentro do coração deles. Eles haviam começado a seguir Jesus Cristo por razões pragmáticas, e ninguém percebeu. Rhett declara:

> *Há uma coisa que reaparece em toda a nossa história. Sempre que há uma aglomeração, não demora muito para nos tornarmos o centro de atenção desse público.*

Ou seja, Rhett e Link estavam sempre vendo oportunidades para estar no centro das atenções. Rhett conta a história de um cara chamado Garrett, que conheceu quando se juntou a um grupo de jovens de uma igreja:

> *Ele era muito engraçado. Conquistava o público sem esforço. Eu me lembro como se fosse hoje de quando vi Garrett pela primeira vez. Eu queria fazer a mesma coisa. Tudo que eu pensava era: "Quero ser aquele cara. Quero fazer isso."*

Rhett queria ter, como Garrett, a capacidade de cativar uma sala e influenciar uma multidão. E conseguiu. No momento em que escrevo esse livro, Rhett e Link contam mais de 5 milhões de inscritos no YouTube, e estão se aproximando de 1 bilhão de visualizações.[16] Link escolheu um caminho próprio, porém pelos mesmos motivos:

> *Pensei: 'Olha, há toda essa gente. Eu posso chegar até elas. Eu me sinto bem cantando na frente das pessoas'. Por isso,*

---

16 Dados divulgados por Social Blade. Disponível em: <https://socialblade.com/youtube/c/rhettandlink>.

juntei-me à equipe de música. Fiz tudo ao mesmo tempo e acreditava no que fazia. Mas não posso negar que me atraía estar diante daquele público.

Rhett e Link ficaram deslumbrados com os holofotes e sentiram a adrenalina de ter todos os olhares voltados para si. Isso se tornou uma força motriz em sua fé. <u>Foi uma intoxicação por influência externa, não pela influência do Espírito de Deus.</u>
Era o que *eles podiam fazer* por Jesus, e não o que *Jesus havia feito* por eles.
O ambiente evangélico talvez lembrasse o céu, mas por dentro eles se sentiam mais próximos do inferno.

Sem intimidade

Talvez você pense que exagerei ao chamar eventos focados em jovens como os que Rhett & Link conheceram de "Disneylândia evangélica". Talvez... mas veja o que conta o próprio Rhett:

> Certa vez, trouxeram um cara que basicamente veio fazer um talk show no estilo de David Letterman (ou Jô Soares). Durante as semanas seguintes, houve diversas atividades nesse mesmo estilo. Colocaram Garrett e um outro rapaz atrás de uma mesa e fizeram uma sequência de comentários, como em Saturday Night Live e Weekend Update, que todos nós conhecíamos e adorávamos.

Deixe-me parafrasear o que Rhett está dizendo aqui. A "igreja" se tornou um lugar de entretenimento. Encontraram um formato que funcionava: subiam ao palco, ligavam os holofotes e faziam com que as pessoas rissem — um ministério modelado de acordo com a receita do mundo. Eles atraíam todos os olhares da plateia.
Mas não o coração.
Externamente, Rhett e Link estavam voando alto.

Tornaram-se estrelas. Todos sabiam o nome deles. Todos os amavam. Mas ambos sentiam falta de uma coisa — e eles sabiam exatamente o que era. <u>Eles não tinham intimidade com Deus.</u> Rhett confessou que 90% do tempo sua mente estava ocupada com as meninas da igreja. Eles não estavam num "mundo paralelo". Eles sabiam que este era um problema comum entre os cristãos. Especialmente os líderes.

Terminávamos a primeira parte de nossas orações sempre desta maneira: <u>*"Senhor, nós não prestamos para nada, somos uns podres. E você nos deu tanta coisa! Você nos deu tudo que desejamos!"*</u>*. Nós sentíamos muita culpa. Sentíamos que estávamos progredindo, mas sem dar a Deus o crédito e sem consultá-lo sobre a Sua vontade. Isso fazia a gente se sentir muito mal.*

Então ambos tentaram preencher a ausência de Deus com regras.

Sem dúvida, éramos legalistas. Eu era crítico comigo mesmo, porque percebia que não tinha um relacionamento de qualidade com Deus. Sentia que não tinha motivação natural para me conectar com Ele, para orar ou ler a Bíblia. Então eu fazia tudo que, na minha imaginação, provava minha intimidade com Deus.

Enquanto Link é uma pessoa mais emotiva, Rhett é mais intelectual e explica como tentou preencher o vazio que sentia por não conhecer a Deus de fato:

Sempre fui muito cético. Mesmo tendo uma fé cristã vibrante, eu tinha minhas dúvidas.

Na época, ele buscou o conselho de homens mais velhos e estudados. Ele queria ter bons motivos para acreditar na Bíblia.

Então o que eu fazia era procurar alguém que considerava mais inteligente que eu, e eles diziam: "Veja, está escrito aqui. É muito lógico crer nisso. A base da nossa fé é irrefutável". E essas frases eram ditas com autoridade, na intenção de curar todas as minhas dúvidas.

Para Rhett, ter razões para crer era o mais importante. Queria usar a cabeça, a lógica, para entender as coisas de Deus. Ele "amava fazer isso".

Ser cristão foi explicado logicamente. Para provar que a fé é razoável e que os sábios também acreditam nela. Eu ia fundo nessas coisas!

Ele era inteligente, e tentava convencer as pessoas a se tornarem cristãs por meio da lógica:

Eu tinha lido todos os livros sobre a evolução como se fossem mentira. Então eu me sentava e convencia as pessoas de que a evolução era impossível. Eu adorava fazer isso!

Ele era um apologeta — um defensor da fé — sem coração. Quase um crente mercenário.

Assim, Rhett e Link eram cristãos que haviam "se decidido por Cristo", mas estavam lutando para sentir Sua proximidade real. "Cristãos" sem desejo de estudar a Bíblia e orar. Tudo isso, ironicamente, enquanto compunham novas canções de adoração e se destacavam por uma apologética convincente.

Mas então algo relevante mudaria a vida deles: *o público.*

Uma mudança histórica

Rhett e Link admitem abertamente que a mudança em sua visão cristã do mundo aconteceu ao mesmo tempo em que começavam sua carreira no YouTube:

De 2008 até 2011, iniciamos nossa carreira como youtubers. Na época, uma desilusão espiritual começou em mim. E havia dois mundos paralelos para mim. Um era o intelectual. O outro o das experiências, tudo que acontecia em meu coração e ao meu redor.

Qual era o principal problema? Link diz:

> Eu queria abandonar o ensino sobre o inferno e também a discriminação contra as comunidades LBGTQ+ dentro da igreja. Aquilo me perturbava já fazia anos.

Link não queria mais saber da doutrina do inferno, porque via um "novo inferno" se aproximando no horizonte: ser um influenciador cristão, em um mundo de pós-verdade.

Parecia mais que o inferno já era agora, e na terra. Um conflito interno e externo com a questão da homossexualidade.

Rhett e Link tinham amigos homossexuais, e essas amizades dificultavam a visão conservadora e bíblica sobre a sexualidade, a não ser que mudassem para uma igreja que tolerava esse estilo de vida. Rhett diz:

> Eu senti que era uma **traição contra meus amigos**. Também como uma contradição com as coisas que eu achava que acreditava, sabe? Então comecei a me afastar.

Devo insistir no fato de que para eles não era apenas a pressão de "pensar como todo mundo", mas também a preocupação com as consequências. Eles estavam cientes de que tinham de escolher entre uma carreira e o cristianismo bíblico. Um dos dois tinha de ser sacrificado. Rhett explica como a sua fé impulsionou a sua escolha:

Uma das razões principais pelas quais tantas pessoas estão deixando as igrejas é que essa tensão só está aumentando. Daqui a cem anos, ninguém, exceto algumas seitas talvez, será anti-LGBT. Se você olhar para a história e a forma como as coisas progridem culturalmente, eventualmente a igreja dirá: "Ok, vamos incluir isso também. Se não o fizermos, vamos desaparecer". Mas as igrejas estão demorando muito para fazer isso e isso está provocando uma crise existencial nos jovens e sua visão da Bíblia. Então os jovens apenas dizem: "Tô fora! Não quero mais fazer parte disso".

É uma declaração muito séria. Uma postura que não devemos ignorar. Trata-se também de uma lamentável falta de comunhão, de intimidade com o Deus da Bíblia.

Um coquetel mortal

Assim, Rhett e Link tinham diante de si essa decisão. Embora Jesus e a Bíblia tivessem sido o ponto de partida que os catapultou ao sucesso — agora eram um obstáculo. Uma barreira entre eles e o mundo dos "mega influenciadores".

Mas as coisas tinham começado a desmoronar muito antes: quando Rhett leu *A linguagem de Deus*, de Francis Collins. A leitura desse livro "meio que me abalou". Isso aconteceu em 2006, quando ainda não havia nenhuma pressão externa. Rhett e Link haviam conversado extensivamente sobre o conteúdo do livro, mas agora estavam seguindo uma carreira em que a visão conservadora era um empecilho. Os "dois caminhos" (as dúvidas intelectuais e a pressão social) se misturavam como um coquetel venenoso — e mortal. O pior era que eles ainda estavam ativos em seus ministérios. Link diz:

> Eu lembro de dizer à minha esposa todo domingo depois do culto: "Não sou quem eles pensam que sou. Eles pensam

que fecho os olhos porque estou tendo uma experiência significativa. Mas faço isso porque <u>não vejo nada... não tenho nenhuma intimidade com Deus.</u>"

E se houver uma terceira via — e melhor?

Hoje, Rhett e Link não têm (nem buscam ter) intimidade com Deus. Deus é algo que *era* importante para eles.

Eu poderia chorar escrevendo estas linhas porque conheço muitos "Rhetts" e "Links". A vida deles conta uma história. Uma história trágica, que não deve ser esquecida, que não pode ser reduzida a uma nota de rodapé.

Devemos ouvi-los, <u>porque os amamos</u>... e devemos ouvir se não quisermos ver nossa fé morrer também.

Vou fazer uma pausa, para que você possa respirar. É fácil desanimar e entristecer-se com essa tendência entre os *millennials* de "ir embora" — de se "desconverter".

Mas não é o fim. Longe disso. Embora muitos de nós, neste momento, não vejam o Deus vivo e verdadeiro, isso não significa que seja impossível vê-lo novamente. Mas não podemos parar o sangramento se não *entendemos* o problema.

Então é esse o nosso próximo passo. Vamos entender *por que* não vemos Deus e então *como* vê-lo de novo. Primeiro o porquê, depois o como.

Tudo que você precisa fazer é seguir o conselho do próprio Rhett. Ele encerra seu "testemunho de desconversão" com uma gota de esperança:

> *Vou seguir a verdade aonde quer que ela me leve, <u>sem medo de conclusões incômodas.</u> Mesmo se isso significa: "Quer saber? <u>Você terá um encontro com Deus,</u> que irá conduzi-lo a outro lugar ou mandá-lo de volta para onde tudo começou..." se for assim, que o seja!*

Amém. Então que assim seja!

PONTOS-CHAVE

① **Existe uma conexão entre realidade e espiritualidade.** Deus usa intencionalmente o mundo físico para nos tornar conscientes de um problema espiritual — é outra forma de vermos o abismo entre onde nos encontramos e onde deveríamos estar.

② **A realidade é que os jovens estão deixando a Igreja.** Se não admitirmos que há um problema, esta tendência continuará. Podemos fazer algo a respeito ou sofrer as consequências.

③ **Os jovens querem espiritualidade verdadeira.** Se não os ensinarmos sobre o verdadeiro Deus da Bíblia, eles irão embora. Eles têm fome de um encontro real e verdadeiro com Deus. Cabe a nós mostrar-lhes a direção.

ORAÇÃO

Senhor, Tu és o Deus vivo e verdadeiro. Mas muitos cristãos não te veem mais. Mostra mais uma vez a Tua glória a esta geração. Ajuda-me a ser uma luz que indica o caminho.

PARTE II

A ANÁLISE:
POR QUE NÃO VEMOS A DEUS?

CAPÍTULO 4

CONHECIMENTO INSUFICIENTE

EM UM MUNDO COM GOOGLE,
QUE CONHECIMENTO NOS FALTA?

Conhecimento é poder. Falta de conhecimento é...?

A empresa inteira estava paralisada.

Silêncio ecoava pelos corredores. Hackers haviam instalado um código malicioso que impossibilitava qualquer operação nos computadores ou nas máquinas. Os firewalls internos, que deveriam proteger contra esse tipo ataque, não foram suficientes para impedir o pesadelo. Como a maioria das empresas de hoje, tudo dependia inteiramente dos sistemas e computadores.

Os telefones começaram a tocar, as vozes dos diretores eram agressivas e a frustração só aumentava.

O departamento de TI passou horas aplicando protocolos de segurança, mas sem sucesso. Contataram um especialista após outro, mas nenhum foi capaz de descobrir como que o sistema fora invadido, muito menos como fazê-lo voltar a funcionar. O último fio de esperança virou fumaça quando uma mensagem dos criminosos cibernéticos exigiu um valor ultrajante como resgate.

O desespero era palpável. Ninguém sabia o que fazer.

Então um jovem estagiário ousou levantar a voz:

— Com licença... acho que sei como resolver a situação. Preciso talvez de uma hora, mais ou menos.

O gerente, convencido de que só um milagre os salvaria, respondeu em tom sarcástico:

— Se você resolver isso em uma hora, te devemos 10% do resgate.

— Negócio fechado — disse o rapaz, enquanto tirava o seu iPhone do bolso. Após uma rápida pesquisa em sua lista de contatos, ele encontrou o nome que procurava. Era de um amigo de infância, com um passado em crimes cibernéticos. A ligação for atendida.

O jovem sentia todos os olhares da empresa voltados para ele. Com calma, ele explicou o problema, as exigências dos hackers, os protocolos que já haviam tentado e como ninguém na sala conseguira resolver o problema. Após transmitir o login da rede interna a seu contato, dava para ouvir do outro lado da linha os dedos de seu amigo hacker batendo nas teclas com determinação.

Trinta minutos se passaram, e de repente as telas de todos os computadores piscaram. Primeiro azul e depois a tela de login. Os servidores voltaram a zumbir naquele tom suave. As máquinas na linha de montagem voltaram à vida, rompendo o silêncio. Os funcionários começaram a aplaudir.

"Sem mais nem menos", o vírus se foi. O malware fora eliminado. E a empresa, que no desespero já pressentia sua falência, de repente estava de volta como se nada tinha acontecido. Nenhum dado foi perdido. Nenhum resgate foi pago.

Na semana seguinte, o gerente recebeu um e-mail do jovem cobrando os 10%.

— O quê?! — murmurou o gerente — *ele não fez praticamente nada!*

Ele respondeu: *"Por favor, envie-nos a conta discriminada".*

O jovem então enviou os detalhes da conta:

Consultoria (1 minuto)...$ 1.00
Ligação telefônica...$ 1.00
Saber para quem ligar..$999,998

Claro que é apenas uma história inventada para ilustrar um ponto.

Você provavelmente já ouviu que "o conhecimento é ouro", e que a falta de *conhecimento* pode ser desastrosa. Seja durante um ataque cibernético, seja na hora de aplicar os primeiros socorros, seja na prova final — se você não souber o que fazer as consequências podem ser catastróficas.

Se a falta de conhecimento no mundo natural pode causar grandes problemas — inclusive ruína financeira — quanto mais a falta de conhecimento espiritual! Curiosamente, a Bíblia nos diz que foi exatamente a falta de conhecimento que levou o cristianismo ao caos atual. Nos capítulos anteriores, apresentei outros motivos para nossos problemas, mas a Bíblia os resume em uma premissa universal:

"*Meu povo será levado cativo, por falta de* **entendimento**..."
(Isaías 5:13)

É uma descoberta interessante porque não é nada do que esperávamos. Muitos desconstrucionistas, se não todos, provêm de lares cristãos. A *falta de conhecimento* não é o problema.

Pense em Rhett e Link. Eles têm muito conhecimento, tanto que se poderia argumentar que a *abundância* de conhecimento também foi um dos problemas. Cabeça cheia, transbordando conhecimento, mas corações pequenos.

Ao perceber esse problema, o mundo evangélico, nos últimos anos, esforçou-se para simplificar tudo, *reduzir o conhecimento* para que "todos possam entender melhor".

Menos é mais. Só que isso também não funcionou.

Acontece que menos *não* é mais. Menos é, na verdade, menos.

Portanto, estamos diante de um dilema. De um lado, conhecimento abundante, que leva as pessoas a *pensar que sabem*. Como vimos no capítulo anterior, um dos resultados disso são pessoas que se sentem mais espertas que Deus, que entendem mais que Ele e que acabam abandonando fé. Do outro lado, conhecimento insuficiente, crentes que simplesmente não conhecem *nada* a respeito de Deus.

Em ambos os casos, vemos o mesmo resultado — fome (escassez) espiritual.

Talvez não estamos nos concentrando nas coisas mais importantes.

Imagine um grupo de pessoas com muita sede. Por compaixão, decidimos ajudar — só que damos copos cheios de água salgada.

Água é água, certo? Mas essa água não mata a sede. Pior que isso: agora existe o perigo de desidratação.

As pessoas têm sede espiritual porque continuam recebendo "água salgada espiritual" — conhecimento falso ou insuficiente. Parece conhecimento, assim como a água salgada parece capaz de matar a sede.

Então o que vem a ser essa água salgada espiritual, esse *falso conhecimento*?

Conhecimento falso

> *"Cuidado para não ser engolido pelos livros!"*
>
> —John Wesley

O conhecimento falso é um assunto recorrente na Bíblia.

Há evidências disso já no primeiro século, quando o Novo Testamento estava sendo escrito.

Depois da morte e ressureição de Jesus Cristo, a mensagem do cristianismo espalhou-se pelo Império Romano — e com ela também muitas *fake news*... imitações das boas-novas, que na verdade não passavam de distorções da verdadeira mensagem do evangelho, remodeladas para se adequar às necessidades, crenças ou ambições de seus portadores. Entre elas, destacava-se uma seita que se baseava no "conhecimento" e pregava um novo — porém *falso* — conhecimento, chamado gnosticismo.

"Gnose" é a palavra grega para "conhecimento" — "cognitivo" também se deriva desse mesmo termo. Esse ensino dos *gnósticos* soava bem e parecia repleto de lógica, mas era na verdade contrário ao verdadeiro evangelho.

É por isso que muitas das cartas de Paulo são basicamente correções de pensamentos errados, pois era *exatamente* isso que estava acontecendo. Ironicamente, hoje podemos dizer que foi bom que conhecimento falso se propagou no primeiro século, porque resultou em orientações vindas *diretamente* do Espírito Santo.

1 Timóteo 6:20 já nos dá uma primeira indicação:

"Timóteo, guarde o que lhe foi confiado. Evite as conversas inúteis e profanas e as ideias contraditórias do que é falsamente chamado conhecimento." (NVI)

Portanto, há um tipo de conhecimento que não é conhecimento verdadeiro. Esse conhecimento falso é composto de "ideias" expressas em palavras (tagarelice) e consideradas "conhecimento", mas, na verdade, não o são.

CONHECIMENTO FALSO ≠ CONHECIMENTO VERDADEIRO

Em 2 Timóteo 3:7 Paulo afirma que nos últimos dias haverá cristãos que estarão "sempre **aprendendo** e *nunca conseguem chegar a um* **conhecimento** *da verdade*". Ou seja, pessoas que estão sempre adquirindo conhecimento ("aprendendo"), mas não aprendem nada. Parece contraditório, mas pense nisso por um minuto.

Você conhece alguém que queria aprender uma nova habilidade ou um novo hobby? Por exemplo, alguém que queira aprender a tocar violão. Ele comprou livros, assistiu horas e horas de tutoriais no YouTube, comprou algumas palhetas, fez contato com pessoas que já tocam violão, começou a seguir grupos afins no Facebook e segue fabricantes e professores de violão no Instagram. Ele assiste vídeos engraçados com violões no TikTok. Adquiriu um afinador sofisticado e um suporte para manter o violão suspenso na parede do quarto — onde ele passa muito tempo olhando para o instrumento e imaginando o dia em que *aprenderá* a tocar violão...

Percebe aonde quero chegar?

Ele "sabe" tudo sobre violão, mas esse conhecimento não termina em música. Ele não chegou ao conhecimento verdadeiro.

APRENDIZAGEM ≠ CONHECIMENTO VERDADEIRO

Então a questão é: O que significa realmente "aprender"? "Aprendizado" em grego é μανθάνω *(manthanō)* e significa "aumentar o próprio conhecimento". Uma maneira de fazer isso é explicada em João 7:15:

"Os judeus ficaram admirados e perguntaram: 'Como foi que este homem adquiriu tanta instrução, sem ter estudado [manthanō]?'"

Esse é um exemplo importante para se entender o significado de *manthanō*. *Manthanō* aqui significa "estudar", e ao final de manthanō você sabe como *ler*. É um estudo que termina com um conhecimento prático.

Com isso em mente, poderiamos parafrasear 2 Timóteo 3:7 assim: *Eles obtêm muito conhecimento prático (sabem muita coisa), mas nunca chegam ao conhecimento da verdade.*

Isto esclarece o assunto.

CONHECIMENTO PRÁTICO ≠ VERDADEIRO CONHECIMENTO

Mas qual a conclusão disso? Devemos parar de ler livros? A Bíblia não é um livro? O próprio Paulo não escreveu boa parte desse livro? Na mesma carta ele diz a Timóteo: *"Desde criança você conhece as Sagradas Letras, que são capazes de torná-lo sábio"*... Estaria o apóstolo confrontando a causa que ele mesmo defendia?

Vamos dar uma olhada mais de perto.

O verdadeiro conhecimento

Em algumas passagens Biblicas, nós lemos que um homem "conheceu" sua esposa.

O resultado? Um bebê.

Como assim?
Homem conhece a esposa = Bebê.
Essa fórmula não fazia sentido para mim.
Mais tarde, descobri que era influência de minha educação.
No Ocidente, somos influenciados pelo pensamento grego, e no pensamento grego o conhecimento diz respeito à *aquisição de informações*. Você aprende certos fatos agora para poder usá-los mais tarde (conseguir um bom emprego ou ganhar dinheiro). Aprendemos essas informações em lugares como a escola, no ensino fundamental, e mais tarde na faculdade ou universidade. Esse tipo de "conhecimento" é encontrado principalmente em livros. É por isso que "conhecer" a esposa não fazia sentido para mim. Estaria a Bíblia dizendo que no Antigo Testamento os maridos liam a esposa como se fosse um livro?

Obviamente, não. Em hebraico, o termo "conhecimento" tem uma conotação diferente. As pessoas viviam em culturas simples, e em grande parte eram incultas — elas não frequentavam a universidade, por exemplo. No entanto, eram muito *observadoras*. Assim, na época, aprendia-se basicamente tudo sobre a vida com a própria família (com os pais e os irmãos mais velhos) — com todos que viviam sob o mesmo teto. E esse conceito foi incorporada ao idioma. "Conhecer" alguém, na cultura hebraica, significa ter uma <u>*conexão experiencial íntima*</u> com essa pessoa.

Percebe a diferença?

"Conhecer" alguém, no pensamento grego, significa entender o modo de pensar e de interagir com o mundo.

No pensamento hebraico, "conhecer" alguém significa conhecê-lo intimamente (sexualmente). É uma grande diferença, certo? A palavra hebraica que descreve essa forma de "conhecer" é *yada*. Tenho certeza de que você está pensando:

> Ok, Natha. Até aqui entendi o que você quer dizer, mas o que isso agora tem a ver com conhecer a Deus? Entendi que, na cultura hebraica, quando um homem 'conhece' a esposa

significa que eles tiveram relações sexuais..., mas como isso se aplica ao meu relacionamento com Deus?

Se você está se sentindo um pouco confuso, saiba que eu entendo. Eu disse que, depois de ler este livro, a imagem que você tem de Deus — ou, mais precisamente, o que Ele quer em um relacionamento com você — vai mudar bastante.

Isso é a chave para entender o resto.

<u>Deus quer se aproximar de você.</u>

Ele quer ficar bem perto mesmo.

Tão perto a ponto de você se sentir *desconfortável*.

Sem segredos. Sem mentiras. Sem nada escondido.

Simplesmente aberto, vulnerável, *sabendo de tudo*.

Essa relação de amor é precisamente o que o Espírito Santo usa no Antigo Testamento (em livros como Cântico dos Cânticos) ou no Novo Testamento (em todos os exemplos referentes à noiva de Cristo) para explicar a relação que Ele deseja ter conosco.

Então, acho que a melhor palavra para descrever a relação que Deus quer é "intimidade". Ter a experiência de conhecer alguém intimamente.

E esse conhecimento íntimo (*yada*) é o termo que Paulo usa quando escreve a Timóteo. Não estou inventando: está lá no texto. Ele não usa a palavra "gnose", mas usa um termo diferente.

Já vimos que gnose é "falsamente chamado de conhecimento". É o conhecimento obtido nos livros — bom para algumas coisas, mas não o suficiente para construir uma relação íntima. Assim, quando Paulo fala do *verdadeiro* conhecimento, o conhecimento experiencial, ele usa uma palavra diferente: "epignose".

A epignose é uma forma amplificada de gnose por meio do prefixo "epi", que significa "mais profundo".

GNOSE = CONHECIMENTO DOS LIVROS (INTELECTUAL)
EPIGNOSE = CONHECIMENTO EXPERIENCIAL

A epignose é esse conhecimento mais profundo.
É o conhecimento *yada*. O *verdadeiro* conhecimento.
A experiência. A compreensão.

Esse conhecimento profundo e íntimo é o que precisamos para ter um verdadeiro relacionamento com Deus. Se não tivermos esse conhecimento de Deus, nossa vida vai desmoronar.

> "Meu povo será levado cativo, por falta de entendimento [íntimo, verdadeiro e profundo]". (Isaías 5:13)

Somos cativos. Tornamo-nos prisioneiros de vícios e do mundanismo.

Então: por que perdemos esse conhecimento?

As respostas estão no próximo capítulo.

A MELHOR PALAVRA PARA DESCREVER O
RELACIONAMENTO QUE DEUS QUER:
INTIMIDADE.

PONTOS-CHAVE

① **A falta de conhecimento é a causa de nosso declínio espiritual.** Isso é irônico, porque o conhecimento hoje é mais acessível do que em qualquer época passada. Mas devemos aprender a discernir entre o conhecimento *verdadeiro* e o *falso*.

② **O conhecimento intelectual é insuficiente.** A leitura de livros é vital para o cristão (a Bíblia é um livro também). Mas o conhecimento intelectual é apenas o primeiro passo, porque não nos aproxima de Deus o suficiente para gerar transformação.

③ **O verdadeiro conhecimento significa ter um conhecimento íntimo.** Deus quer ter um relacionamento íntimo com cada um de nós. Não apenas a *noção* de que um relacionamento íntimo é importante, mas a realização disso: um relacionamento íntimo *praticado*.

ORAÇÃO

Senhor, dá-me uma relação íntima contigo. Deixa-me não só ler Tua Palavra, mas também ter prazer ao lê-la — meditar nela dia e noite! Deixa-me praticar o que nela está escrito, abrir meus braços para os pobres e meu coração para meus semelhantes.

CAPÍTULO 5

POR QUE INCONSCIENTEMENTE EVITAMOS A DEUS

DISTRAÍDOS, DISTANCIADOS E DEPENDENTES

Deus [...] andava pelo jardim quando soprava a brisa do dia.

—GÊNESIS 3:8 (NVI)

Disse o Senhor a Moisés: "Eis que eu virei a ti numa nuvem escura."

—ÊXODO 19:9

A separação

Frankenstein é um romance escrito em 1818 por Mary Shelley. Li esse livro quando adolescente, e ainda me lembro de chegar à última página pensando: *"Pode até ser um clássico, mas que história terrível!"*.

Você provavelmente imaginou um cara verde, cheio de cicatrizes, com parafusos no pescoço e uma voz grave... mas essa não era a intenção do autor. Para começar, Frankenstein é o nome do criador, não da "criatura" (no livro, o monstro nem tem nome). Além disso, a intenção não era criar um monstro. Trata-se de uma história de rejeição social. A criatura com sua aparência assustadora tenta se relacionar com humanos, mas é sempre rejeitado por ser "diferente".

Uma parte específica do livro ilustra o problema de forma brilhante. O monstro, que vive sozinho numa floresta, encontra abrigo em uma cabana, onde vive uma família — mas a família não sabe que o monstro está lá. Ele observa a família e desenvolve um carinho muito grande por eles. Querendo vê-los felizes, decide tornar-se uma espécie de ajudante secreto.

Ele corta lenha e faz reparos na casa sempre quando eles não estão. Ou seja, faz o bem, mas sempre escondido. Certa noite, quando a maior parte da família estava ausente, o monstro reúne coragem para finalmente fazer contato.

Havia ficado na casa apenas um idoso (talvez o avô) que era cego. Portanto, o velhinho não tem noção da aparência do monstro.

Mas a boa conversa entre ambos é interrompida bruscamente quando a família retorna antes da hora. Ao ver o monstro, eles entram em pânico. Por medo, eles o atacam, e o monstro foge. Ele deixa a família que tanto amou e da qual cuidara com carinho.

Este comportamento me faz lembrar de como às vezes nós lidamos com Deus.

Aliás, tenho a impressão de que esse padrão se repete toda vez que Deus aparece.

Calma... o quê?

Deixe-me explicar.

Deus nos dá vida, cuida de nós, nos conduz através dos vales, cura nossas feridas, e nós, alegremente, aceitamos Sua *ajuda*. Mas quando o *Ajudante* aparece, ficamos aterrorizados e queremos que Ele vá embora. É um paradoxo. Amamos o que nos é oferecido, mas na presença de quem nos ajuda sentimos medo e até repugnância. Vemos um exemplo disso em Mateus 8.

Jesus liberta dois homens possuídos por demônios. Ele expulsa os demônios e os envia para uma manada de porcos.

Os porcos — possuídos — imediatamente correm para o mar e se afogam...

Vamos rever a história em detalhes.

Os dois homens viviam isolados da sociedade, como monstros. Eles causavam terror a todos os que passavam perto deles. Assim, todos fugiam deles.

Mas Jesus os *vê*. Ele os *liberta*. Ele os *salva*.

E qual é a reação do povo a Jesus?

"Quando o viram, suplicaram-lhe que saísse do território deles." (Mateus 8:34 NVI)

Como o coração de Senhor deve ter doído! Não era problema para eles conviver com dois endemoniados, tão *"violentos que ninguém podia passar por aquele caminho"*. Mas com Jesus? *"Por favor, saia daqui!"*. Ele precisava ir embora. Não era bem-vindo ali.

Aos olhos *deles*, Jesus era um monstro.

Por quê? A cura causara certo prejuízo ao povo da cidade, e isso os perturbou profundamente. Jesus havia tocado no bolso e no hedonismo deles. É sempre assim quando alguém encontra o Deus vivo face a face. A intimidade é libertadora, mas tem um preço. Nesse caso, o preço era a vida de 2 mil porcos. O ganha-pão deles.

Aquele rebanho valia muito dinheiro, mas, se pararmos para pensar, eram animais que não deviam ser comidos, pois eram impuros. Deus havia proibido Seu povo, no Antigo Testamento, de se alimentar deles. Mas o dinheiro e as coisas impuras muitas vezes andam de mãos dadas.

Com uma palavra, o Filho de Deus acabou com a festa. Ele destruiu aquele estilo de vida hedonista[17] e pecaminoso. Por causa disso, Ele não era bem-vindo. O "monstro" que lhes causara dor não era desejado — por mais maravilhosa que tenha sido a libertação.

Comportamento estranho, não?

Por que tratam a Deus como se Ele fosse um monstro?

Como Deus se tornou um "monstro"

É de partir o coração a leitura dos quatro primeiros capítulos do livro de Gênesis — de ver o contraste.

---

[17] Nós veremos nos próximos capítulos o que isso significa.

A suprema perfeição dos dois primeiros capítulos choca-se com o abismo do mal nos capítulos 3 e 4, que culmina em um fratricídio (o assassinato de Abel).

Já reparou que a partir do capítulo 3 tudo e todos se tornam perigosos? Eva contra Adão, Adão contra Eva, a serpente contra Eva, Eva contra a serpente, homem contra os animais, e assim por diante.

Contudo, talvez você não tenha percebido o fato mais doloroso e desolador: <u>Deus se tornou perigoso.</u>

A dor no coração de Deus deve ter sido muito grande. Deus *"andava pelo jardim quando soprava a brisa do dia"*. A Bíblia nos dá a clara impressão de que era uma coisa habitual. Deus vinha todos os dias desfrutar de comunhão com os maravilhosos seres perfeitos que havia criado à Sua imagem. Como o pai que volta do trabalho para brincar com os filhos, eles caminhavam juntos e tinham conversas íntimas. Às vezes, contentavam-se em simplesmente estar juntos, em silêncio.

Tudo ao redor era belo e perfeito. O trabalho era compensador, e a existência era pacífica. Mas, de repente, Adão se escondeu de Deus como alguém que foge do inimigo.

<u>De uma hora para outra, Deus era um monstro a ser temido, e não um amigo com quem se desejasse *passar o tempo*.</u>

Por que esse súbito distanciamento entre Deus e o homem? Isaías 59:2 diz: *"Mas as vossas iniquidades fazem separação entre vós e o vosso Deus".*

O que aconteceu?

Deus não mudou, porque Ele é o mesmo ontem, hoje e para sempre.

O que mudou foi o homem, que adotou o princípio do pecado e <u>alterou a essência de sua identidade</u> — tornou-se filho do Diabo. Agora a própria presença de Deus era insuportável...

"Os vossos pecados fizeram-lhe esconder de vós o seu rosto, de sorte que não vos ouça." (Isaías 59:2 TB)

Como passamos de a) passear no jardim com Deus para b) fugir aterrorizados de Sua presença?

Aqui está a resposta: somos egoístas — temos a tendência de ver a situação apenas do nosso ponto de vista.

Olhamos para a experiência do povo de Israel no monte Sinai, vemos Deus descendo em uma nuvem escura e pensamos em como isso é assustador *para nós*. Não pensamos em como isso deve ser doloroso *para Deus*. Ele tem de se esconder de nós, Sua criação.

Para Deus, estar separado de Suas criaturas é um pesar profundo. Não podemos nem mesmo imaginar. E não é só isso. Deus, que é santo, completamente separado do pecado e da morte, agora tem que ver Seus filhos, aqueles que Ele criou e chamou de "bons", mortos espiritualmente e separados por toda a eternidade.

Deve ter partido Seu coração banir Adão e Eva do jardim.

Esconder-se em uma nuvem espessa.

Tornar-se distante.

Quando o homem pecou, não foi só o homem que se escondeu: Deus também se ocultou. Há uma razão espantosa para isso.

O Deus escondido

Quando Jesus se manifestou pela primeira vez nas Bodas de Caná, todos aplaudiram: Ele era "o homem do vinho"! Incrível! Era uma máquina de prazer e alegria, e todos os hedonistas festejavam.

Quem enche a barriga do povo de pão é rei.

E, naturalmente, o povo queria torná-lo rei.

Mas Jesus tinha um outro plano:

> "*Sabendo Jesus que pretendiam proclamá-lo rei à força, retirou-se novamente, sozinho, para o monte...*" (João 6:15 NVI)

Eles queriam torná-lo rei à maneira deles. Pela força! É por isso que Jesus começou Seu ministério no anonimato. Ele sabia que não podia se revelar ao povo, porque eram todos egocêntricos.

Pecadores não arrependidos — mas as coisas mudaram rapidamente quando Ele mostrou Sua verdadeira natureza:

"Então, pegaram pedras para atirarem nele; mas Jesus se ocultou e saiu do templo." (João 8:59)

Mas espere aí: o Deus do universo se escondendo?

O grande Yahweh, aquele para quem o Templo foi construído e que era — supostamente — adorado nele, estava agora escondido lá dentro!

Você sabe por que eles o perseguiram? Porque Ele declarou quem era: Deus.

Cada vez que Jesus se revelava, era "recompensado" com hostilidade. Porque pensavam que Ele estava blasfemando, que era um pecador, um "monstro". E eles queriam matar o monstro.

Ninguém queria "conhecer" Jesus de uma forma que resultasse em conhecimento íntimo.

No primeiro caso, queriam intimidade, mas do jeito deles (fazer dele um rei muito cedo).

No segundo caso, não queriam ter intimidade (matá-lo). Em ambos os casos, nenhuma intimidade.

E isso leva ao que quero demonstrar.

Com a intimidade, vem a vulnerabilidade.

Você já pensou no fato de Deus lamentar ter feito alguma coisa?

"Se arrependeu o Senhor de ter feito o homem na terra, e isso lhe pesou no coração." (Gênesis 6:6)

O Deus do céu e da terra pode realmente se entristecer.

Ele lamenta a maldade do pecado. O versículo mais curto da Bíblia descreve esse pesar: *"Jesus chorou"* (João 11:35). Ele chorou por causa do pecado. O pecado que causou a morte de Seu amigo Lázaro. O que Deus faz para se proteger? Ele *"...fez das trevas o seu esconderijo..."* (Salmos 18:11 NVI).

Fazemos o mesmo quando queremos proteger nosso coração: nós nos escondemos. Somos muito cuidadosos com quem compartilhamos nossos pensamentos ou segredos mais profundos. Não lançamos pérolas aos porcos. "Porcos", para Deus, são pecadores descuidados. Pessoas que não se purificam antes de entrar no santuário. Homens que leem a Bíblia superficialmente e usam os princípios de Deus para glorificar a si mesmos.

Foi por isso que Deus construiu um mecanismo de defesa na Bíblia. Deus abre o conhecimento profundo de si mesmo apenas para quem vive separado do pecado. No Salmo 25:14, Davi diz:

"*O segredo do Senhor é para os que o temem*".

De acordo com Provérbios 8:13, isso significa odiar o mal: "*O temor do Senhor é odiar o mal*".

Para resumir: os segredos, o verdadeiro ouro e até mesmoa a verdade estão reservados para aqueles que odeiam o mal do mesmo jeito que Deus odeia. Para quem foge do mal como José fugiu da esposa de Potifar — não apenas "evitar". *Odiar* o mal com paixão.

O Senhor Jesus disse: *"Bem-aventurados os puros de coração, pois verão a Deus"* (Mateus 5:8 NVI).

Deus busca a intimidade, mas só abre o coração para quem consegue lidar com o conhecimento de forma responsável. E isso está reservado para aqueles que o temem. É por isso que o temor do Senhor é o início de um relacionamento mais profundo com Ele.

O temor do Senhor revela o Deus oculto e cria intimidade.

Mas quantos cristãos tementes a Deus podem ser encontrados hoje?

Pergunta: O *temor* faz parte de nosso estilo de vida?

Temendo o temor

"A única coisa que temos a temer é o próprio medo".

— Franklin Roosevelt

Essa parte do conteúdo do discurso inaugural do presidente Franklin D. Roosevelt, proferido em 1933, poderia ser o *slogan* do cristianismo moderno.

Um professor cristão disse que Roosevelt não foi longe o suficientemente quando escreveu: *"A Bíblia faz uma promessa ainda mais ousada: não temos nada a temer, e ponto final"*.[18]

Esse mantra foi traduzido para a cultura pop: você terá dificuldade para encontrar lojas cristãs que não vendam camisas com os dizeres *"#nofear"*, *"Não temas"* e *"O amor vence o medo"*.

Não me interpretem mal, sei o que essas pessoas querem dizer. Mas não vamos jogar fora o bebê com a água do banho. Embora seja verdade que a Bíblia nos incentiva a "não temer", ela não nos ensina a perder o medo. "Não tema o inimigo" transformou-se em "Não tenha medo de nada". Em vez de canalizar nosso temor para Deus, o medo como um todo se tornou o grande inimigo do cristão, a única coisa a ser eliminada.

Zona de conforto a todo custo. O "desconforto" é a doença!

(1) **A relutância em sair da zona de conforto é surpreendente, porque a Bíblia ensina exatamente o contrário.**

Esse fascínio por superar o temor é intrigante, porque na Bíblia o temor era uma parte *natural* do "encontro com Deus". Alguns Salmos, como 2:11, por exemplo, até mesmo nos *incentiva a sentir* temor:

"Servi ao Senhor com temor e alegrai-vos nele com tremor."

---

18 Disponível em: <https://www1.cbn.com/teaching/overcoming-fear>.

O temor aqui é visto como algo positivo — então de onde veio o consenso de ignorar o medo?

② **A relutância em sair da zona de conforto é surpreendente, porque a própria natureza demonstra o contrário.**

O progresso na vida natural está sempre ligado ao abandono da zona de conforto.

Às vezes, chega a ser doloroso.

Pense nisso por um instante.

Se você já tentou fazer academia para perder peso ou treinar para se aperfeiçoar em algum esporte, com certeza sentiu *dor*. Se você já esteve em um relacionamento, com certeza vivenciou conflitos que levaram à comunicação e, assim, ao crescimento. Mas o processo foi *doloroso*. Se você já testemunhou o nascimento de uma criança, por certo ouviu os gritos agonizantes da mãe em trabalho de parto e o esforço necessário para dar à luz o bebê — você testemunhou a *dor*.

Cada uma dessas coisas é dolorosa, mas a dor é necessária para o crescimento.

Mesmo assim, queremos que a vida seja sem dor.

Queremos um corpo em forma sem músculos doloridos.

Um bom relacionamento sem o crescimento desafiador.

Um lindo bebê sem um trabalho de parto.

Queremos um sistema de enriquecimento rápido para encurtar nosso caminho para o sucesso.

Em Gênesis, a serpente ofereceu justamente um atalho para Eva, na forma de conhecimento instantâneo.

Deus queria que Adão e Eva trabalhassem no jardim e crescessem no conhecimento de forma gradual. Trabalho implica tempo. Trabalho significa esforço. Mas o plano de Deus para o trabalho era um esforço *agradável*.

Satanás tinha um caminho mais fácil: *sem* nenhum esforço e *rapidamente*.

Mas o preço era alto: em vez de, com o tempo, cultivar um conhecimento íntimo e experiencial com Deus, eles obteriam conhecimento sem Deus. E isso de graça, sem sentir dor na hora, mas, uma vez que tiveram os olhos abertos, doloroso até a morte. Eles pensavam que o progresso sem esforço os faria felizes.

Não fez.

Em vez disso, afastou-os da intimidade com Deus e os expulsou do jardim dos prazeres. Deus se retirou da intimidade face a face em uma nuvem de confusão e separação.

Deus não estava mais por perto. Não era mais agradável. Tornou-se obscuro. Perigoso.

Doloroso.

Se você acha que esse foi um caso isolado na história, o próximo capítulo vai lhe abrir os olhos.

PONTOS-CHAVE

① **Ao entrar no mundo, o pecado bloqueou nossa visão de Deus.** Como resultado, Deus está escondido de nós, e nós perdemos a intimidade com Ele.

② **O pecado tornou Deus perigoso para nós.** Deus odeia o pecado. Nós pecamos e viemos a nos identificar com o pecado — fizemos de Deus nosso inimigo. Isso significa que evitamos a Deus a todo custo, porque a Sua presença revela nossos erros nos causa dor.

③ **Agora a presença de Deus significa dor.** Em vez de desfrutar a presença de Deus, agora nos sentimos desconfortáveis em Sua presença, e Ele não pode mais compartilhar livremente Seus pensamentos conosco.

ORAÇÃO

Senhor, quero Te ver claramente, mas percebo que fazer isso me causará dor. Ajuda-me a entender e a aceitar o temor pelo qual posso obter o conhecimento real.

CAPÍTULO 6

DISTRAÇÕES A QUALQUER CUSTO

COMO TIRAMOS DEUS DE NOSSA VIDA

Bata palmas, se sentir que a felicidade é a verdade.

—Pharell Williams

Nos últimos dias os homens serão mais amigos dos prazeres que amigos de Deus.

—leia 2 Timoteo 3:4

Em 2017, assisti a um experimento muito interessante[19]. Era um episódio sobre "isolamento" postado no canal de YouTube *Mind Field* [Campo da mente]. Começou com alguém sozinho em uma sala vazia. Antes de entrar na sala, entregaram-lhe um pequeno dispositivo, com um botão. Ele também sabia o que aconteceria se apertasse o botão: imediatamente receberia um pequeno choque elétrico. Não muito forte, mas o suficiente para que *não* quisesse fazer isso de novo.

Agora vem a parte maluca: depois de entrar na sala, não levou nem dois minutos. Lentamente, a mão dele se deslocou em direção ao botão. Por alguns segundos ele a manteve acima do botão. E daí... *Bzzz!*

Sabe por que ele fez isso?

Porque estava entediado!

Isso diz algo sobre como estamos condicionados a estímulos e como somos incapazes de ficar sozinhos com nossos pensamentos. O narrador e apresentador do programa, Michael Stevens declarou: "Gostamos tão pouco do tédio, que preferimos a dor"

Pense nisto: um estímulo negativo (um choque elétrico doloroso) é preferível a nenhum estímulo (estar sozinho).

---

[19] Disponível em: <https://www.youtube.com/watch?v=iqKdEhx-dD4>

Se isso não faz sentido para você (no início também não fez para mim), então é um bom momento para falar de *hedonismo*.

Amantes do prazer

"Quem ama o prazer deve pelo prazer cair."

—Christopher Marlowe

O termo "hedonismo" vem da palavra grega ἡδονή (*hēdonē*) e significa "prazer". É um estilo de vida voltado para a diversão. O lema do hedonismo é: *Você vive apenas uma vez, então aproveite ao máximo*.

É a visão de que o prazer é o único bem intrínseco[20] e que a dor é o único mal intrínseco. O hedonista faz com que a busca do prazer e a prevenção contra a dor estejam acima de todos os outros objetivos na vida.

O hedonismo não é novidade.

Paulo já o descreveu em 1 Coríntios 15:32: "*Comamos e bebamos, porque amanhã morreremos*". Esse pensamento também é encontrado em Eclesiastes, no Antigo Testamento.

Mas para entender Sua essência, precisamos ir aonde tudo começou.

No jardim dos prazeres.

O Éden.

O plano de Deus era transformar o homem por meio de um relacionamento pessoal com Ele.

Deus queria manter contato constante com o homem, e este, criado à imagem de Deus, continuaria a *refletir* a imagem divina por meio desse contato.

Mas isso implicaria tempo e conexão.

O Diabo tinha uma agenda diferente. Ele queria acabar com esse processo, porque odeia a imagem de Deus. Ele não queria que os homens se parecessem com Deus. Mas não podia simplesmente ir

---

20 Que compõe a natureza ou a essência de algo ou de alguém; natural, inerente.

até o homem e dizer: "Ei, homem, não olhe para Deus!". Ele tinha de ser muito cauteloso para não arruinar seu primeiro encontro com o homem.

Sem problema. Ele é mesmo sorrateiro. Astucioso. O pai da mentira.

Foi por isso que ele não falou de Deus no início. Evitou os temas difíceis: rebelião, pecado, a árvore da vida e a árvore do conhecimento do bem e do mal.

Ele começou falando de coisas legítimas e dos *prazeres* terrenos.

Ele começou perguntando à mulher: *"É assim que Deus disse? 'Não comereis de toda árvore do jardim?'"* (Gênesis 3:1).

Satanás falou à parte feminina da humanidade e a introduziu às coisas materialistas e visualmente prazerosas: as árvores maravilhosas no jardim. E elas eram realmente lindas. Muitas vezes as coisas poderosas e perigosas são também maravilhosas. Então, Satanás começou: Não é maravilhoso poder comer de *toda* árvore do jardim?

Quase se pode ouvir o caloroso sorriso enquanto ele sussurrava no ouvido de Eva.

E funcionou! Eva começou imediatamente a analisar sua experiência terrena de prazer e chegou à conclusão de que ela *não era completa*. De fato, *faltava* uma árvore.

Havia uma árvore da qual ela não estava autorizada a comer. Havia uma lacuna a ser preenchida. E uma lacuna (ou um vazio) sempre significa *tensão*.

Ela estava ciente de que o prazer definitivo não era aqui na terra, mas no céu. E o céu era alcançado no caminhar diário com Deus. O relacionamento com Deus era sua fonte de satisfação. Mesmo que ela pudesse desfrutar de todas as árvores, seu derradeiro prazer deveria ser encontrado unicamente em Deus.

E ela *sabia* disso. Mas as mentiras e os prazeres são sedutores. E muitas vezes ganham nossa atenção.

O Diabo havia lançado o anzol — e agora dava uma pequena sacudida na linha. Eva, assim que desviou os olhos de Deus, começou a olhar para os prazeres terrenos. Deus não era mais o objetivo supremo — agora era a árvore. Deus não era mais a verdade — agora era a busca da felicidade. O foco havia mudado completamente. E ela estava prestes a cair. Agora ela *sabia* que mesmo em um mundo de prazeres lhe faltava alguma coisa. E quando o suficiente já não é mais suficiente... o hedonismo está à espera na próxima esquina. O filósofo grego Epiteto dizia:

> *O prazer, como uma espécie de isca, é lançado diante de tudo o que é realmente mal e facilmente atrai as almas gananciosas para o anzol da perdição.*

Eva pegou a fruta. E comeu. Depois passou para o marido. Já sabemos o resto da história. Nada nunca mais foi o mesmo.

Hedonismo turbinado pela tecnologia

O hedonismo tem sido o estilo de vida da humanidade desde então. No entanto, nos últimos anos duas coisas ampliaram sua intensidade e seu apelo.

① A Revolução Industrial do século 19.
② A Revolução Tecnológica do século 20.

Hoje o hedonismo é exponencial. Como isso aconteceu?

O século 19 foi uma explosão de conhecimento, que catapultou o Ocidente para um mundo de prazeres por meio do avanço industrial. A Revolução Industrial trouxe facilidades materiais como nunca antes.

Era quase um jardim do Éden moderno.

Mas todo Éden tem sua serpente. Paralelamente à Revolução Industrial, o humanismo forneceu a base *intelectual* para rejeitar Deus. Ele tornou Deus cada vez mais obsoleto.

Depois disso, milhões de pessoas abraçaram o estilo de vida ateísta. Não acredita em mim? Basta olhar para a campanha ateísta nos ônibus de Londres, própria da mentalidade das últimas décadas: *"Deus provavelmente não existe. Então pare de se preocupar e aproveite a vida"*.[21]

Aproveitar a vida. Esse é o lema da sociedade de hoje. A busca da felicidade, eternizada na Declaração de Independência dos Estados Unidos, tornou-se *a* verdade dominante.

Agostinho disse:

> *Certamente estamos em uma categoria comum com as bestas; toda ação da vida animal diz respeito a buscar o prazer e evitar a dor.*

Tudo isso foi acelerado com a chegada de novas tecnologias nos séculos 20 e 21. Você já sabe do que estou falando... o pequeno *smartphone*, que provavelmente está no seu bolso ou ao alcance da mão neste momento.

(Então? Fiz você olhar?)

Mas o negócio é o seguinte: o smartphone, o acesso às mídias sociais e a conexão ininterrupta com a Internet não é uma "força neutra". Pelo contrário, ela exerce uma atração poderosa, que você conhece muito bem. E essa atração se torna um vício como a dependência química. Ela produz os mesmos comportamentos viciantes que afligem os viciados em drogas.

Considere esta citação de um artigo da Universidade de Harvard:

> "A dopamina é uma substância química produzida pelo nosso cérebro que desempenha um papel de destaque na motivação do comportamento. Ela é liberada quando damos uma mordida em uma comida deliciosa, quando fazemos sexo, depois de nos exercitarmos e, o mais importante, quando temos interações sociais bem-sucedidas."[22]

21 Disponível em: <https://en.wikipedia.org/wiki/Atheist_Bus_Campaign>.
22 Disponível em: <https://sitn.hms.harvard.edu/flash/2018/dopamine-smartphones-battle-time>.

A dopamina, portanto, é tanto uma *recompensa* por comportamentos que nos beneficiam (ou parecem beneficiar) quanto um *gatilho* para continuar com tais comportamentos. O problema é que o cérebro não sabe se esse comportamento é bom ou ruim. Ele simplesmente lhe dá uma injeção de dopamina.
Assim, um beijo de alguém que você ama = dopamina.
Cocaína para o viciado = dopamina.
Likes em uma rede social = dopamina.
Se você já sentiu que é impossível desligar o *smartphone* ou parar de rolar a tela, *esse* é o motivo. Seu cérebro está inadvertidamente impelindo você a continuar em busca dessa recompensa.
Os criadores das mídias sociais sabem disso e procuram explorar esse comportamento. O artigo de Harvard diz ainda:

> "Os smartphones, tanto de forma positiva quanto negativa, nos forneceram uma oferta quase que ilimitada de estímulos sociais. Cada notificação, seja uma mensagem de texto, seja um *like* no Instagram, seja uma notificação no Facebook, tem o potencial de ser um estímulo social positivo e uma nova dose de dopamina."

Em um artigo para o jornal *The Guardian*,[23] a autora entrevistou a Dra. Anna Lembke, que escreveu o livro *Dopamine Nation* [Nação da dopamina], e resumiu seu alerta desta forma:

> "Agora todos nós somos, até certo ponto, viciados. No livro, chamamos o *smartphone* de 'agulha hipodérmica dos tempos modernos': com cada postagem, cada curtida e cada tuíte, procuramos atenção, confirmação e distração. Desde a virada do milênio, os vícios comportamentais (em contraste com os vícios em droga) aumentaram de maneira significativa. *Cada segundo livre é uma oportunidade de receber estímulo.*

---

23 Disponível em: <https://www.theguardian.com/global/2021/aug/22/how-digital-media-turned-us-all-into- dopamine-addicts-and-what-we-can-do-to-break-the-cycle>.

Seja pelas ações constantes no TikTok, rolando pelo Instagram, passando pelo Tinder, assistindo à pornografia, participando de jogos online e comprando em lojas online."

Mais uma vez, não estou tentando envergonhá-lo. Mas tenho certeza de que você se identifica.

E eu *entendo*.

Mas a grande novidade (e ainda mais preocupante) é que o hedonismo inundou o cristianismo também. Todo serviço religioso hoje em dia precisa começar com uma brincadeira, para manter os níveis de dopamina elevados. Certo dia, eu estava em um grupo de jovens e comecei a falar. Percebi como eles estavam apenas esperando que eu dissesse algo pelo menos *um pouco* engraçado para começar a rir. Eu estava bem confuso. Era quase impossível transmitir uma mensagem.

John Piper também teve uma experiência muito estranha enquanto pregava.[24]

Ele subiu ao palco e começou a falar de seus fracassos pessoais. Ele sério, mas a multidão ria o tempo todo. Pensavam que era uma piada. Ele pedia que parassem. Mas eles não entendiam.

Estavam lá para se divertir, não para se entristecer.

Se fosse um grupo de jovens levianos, seria compreensível.

Mas eis a coisa chocante: *não* era uma reunião de jovens.

Eles eram pastores. Líderes espirituais reunidos para uma conferência da American Association of Christian Counselors [Associação Americana de Conselheiros Cristãos]. Na verdade, eram os pastores dos pastores... e eles estavam demonstrando o que esperavam daquele sermão: piadas e risos. Eles queriam encontrar seu deus: a felicidade.

Mas a felicidade não é o verdadeiro Deus.

---

[24] Disponível em: <https://www.youtube.com/watch?v=AdTddzmIvWA>

Amantes do prazer, não de Deus

Quanto mais distraídos estamos digitalmente, mais perdidos nos tornamos espiritualmente.

—Tony Reinke

Tony Reinke, em seu ótimo livro 12 *Ways Your Phone Is Changing You* [12 maneiras pelas quais seu telefone está mudando você] descreve um panorama alarmante para os cristãos sobre como a tecnologia muda os seres humanos.

Neste capítulo, quero ir um passo além e mostrar a você como o hedonismo superalimentado pela tecnologia *muda a imagem que você tem de Deus*.

Nós pensamos que "buscar o prazer e evitar a dor" são apenas pequenas falhas, mas é muito pior do que isso. Pior porque nos leva a um estado de cegueira, um estado de hipóxia que torna o verdadeiro Deus invisível para nós.

Adão não percebeu o custo da oportunidade de buscar o prazer terreno — a intimidade com Deus.

E o mesmo se aplica a mim e a você.

Somos viciados em nossos celulares — escutando, digitando e dedicando a ele uma média de 2 a 4 horas por dia, mas pensamos:

"Está tudo sob controle. É apenas um pouco de diversão acrescentada a Deus. E divertir-se é bom. Nossas igrejas não estão cheias disso? O celular é inofensivo. Morrer sem Deus ou riquezas extremas — esses são os verdadeiros perigos...".

Mas, sabia que o entretenimento é tão perigoso para a fé quanto sofrer uma perda terrível ou se tornar um milionário que só pensa em dinheiro? Isso é o que a Bíblia diz:

"A [semente] que caiu entre espinhos são os que ouviram e, no decorrer dos dias, foram sufocados com os cuidados, riquezas e deleites da vida; os seus frutos não chegam a amadurecer." (Lucas 8:14)

A semente foi sufocada.

Os prazeres sufocam nosso *desejo por Deus*.

Anulam nosso prazer em Deus, e nos fazem perder a conexão com Ele.

Não é porque você deixa de olhar para Deus enquanto direciona o olhar para os prazeres. É algo ainda mais perigoso: os prazeres mudam a *imagem que você tem de Deus*.

Os toques constantes na tela do nosso telefone celular tornam Deus cada vez menos visível. Adão e Eva pensaram que poderiam ter o fruto *e* continuar com Deus. Mas de repente a presença de Deus se tornou insuportável.

O mesmo acontece com você.

Seu celular deixa você cada vez mais um viciado em *feedback*. É um ciclo vicioso. Como qualquer vício, você precisará de *mais* para obter os mesmos resultados. Assim, vai se tornando cada vez menos tolerante a qualquer experiência que não o encha de dopamina — gratificação instantânea.

Portanto, ler longas passagens da Bíblia ou ouvir um sermão de 45 minutos nem se comparam com o efeito de um vídeo no YouTube, onde você recebe doses de dopamina a cada 10 segundos. Na verdade, leitura bíblica e sermões começarão a ser uma tortura. Algo que você faz por obrigação. E você acabará *odiando* a experiência de se reunir com crentes ou qualquer coisa relacionada com a Bíblia.

Mesmo que a mensagem seja encorajadora, a comunicação é simplesmente lenta.

E quando se trata de uma exortação, ou tempo na presença de um Deus invisível? Pior ainda...

Lembra do versículo de Isaías sobre a falta de conhecimento?

Você sabe o que levou a essa carência?
Falta de tempo, de livros ou de professores? Não! Hedonismo.
Isaías 5:11-13 diz:

> "Ai dos que se levantam pela manhã e seguem a bebedice e continuam até alta noite, até que o vinho os esquenta! Liras e harpas, tamboris e flautas e vinho há nos seus banquetes; porém não consideram os feitos do Senhor, nem olham para as obras das suas mãos. Portanto, o meu povo será levado cativo, por falta de entendimento; os seus nobres terão fome, e a sua multidão se secará de sede."

As festas grandiosas deixaram os israelitas cegos – não viam a Deus. O desejo pelo prazer terreno transformou-os a ponto de não poderem mais ver o Senhor. Por causa da busca constante pelo prazer (doses de dopamina) eles não apenas se distanciaram de Deus: eles se tornaram *ímpios* (insubordinados à Lei, homens sem Deus).

Não viam mais a Deus *em nada*.

Em vez disso, esses amantes do prazer criaram um novo deus: O "deus do prazer".

Um deus que não cria tensão na vida de ninguém.

Um deus que é bom, fiel, e está sempre disposto a proporcionar a melhor experiência possível — como o gênio da lâmpada.

Poderíamos também chamá-lo de felicidade, porque, afinal de contas, "a felicidade é a verdade"...

Bem-vindo à igreja em Hipóxia.

PONTOS-CHAVE

① **Queremos evitar a dor a todo custo.** Não é de se admirar que nossa geração tenha todos os meios para fazer isso — especialmente distração e diversão nas mídias sociais.

② **Evitamos a dor buscando a distração.** Nos dias de hoje, o hedonismo impulsionado pela tecnologia nos torna amantes do prazer, não de Deus. Essa distração está em nosso bolso — sempre ao nosso alcance.

③ **"Sem dor, sem ganho"... e sem Deus.** Buscar a comunhão com Deus, mas isento de desconforto, nos conduz a um deus falso. Estaremos correndo atrás do que nos faz felizes sem perceber que isso está nos tornando vazios.

ORAÇÃO

Senhor, abre meus olhos para que veja meu hedonismo; se estou buscando algo além de ti. Ajuda-me a ver com clareza onde substituí a realidade por um produto barato do mundo.

CAPÍTULO 7

ENSINO ANESTÉSICO

COMO AS INTERPRETAÇÕES MODERNAS DA BÍBLIA DIFICULTAM NOSSA COMPREENSÃO DE DEUS

> *Curam superficialmente a ferida do meu povo, dizendo: Paz, paz; quando não há paz.*
>
> —JEREMIAS 6:14

Surpreendido pelo temor

No verão de 2005, o Senhor me conduziu das luzes brilhantes de Genebra até uma pequena vila do estado de Andhra Pradesh, na Índia, que tinha apenas 6 horas de eletricidade por dia. Eu não tinha computador nem *smartphone*, mas tinha a Bíblia.

Embora (como todos de minha geração) eu fosse um amante do prazer, de repente me vi "forçado" a ler a Bíblia.

O motivo: sem meu consentimento, fui nomeado o "novo pregador" da região. Eu *tinha* que pregar. E isso quer dizer que eu precisava me preparar.

Logo no início de meu estudo bíblico, deparei com o "temor do Senhor", no Salmo 34. Eu nunca havia notado essa expressão. Era como se o rei Davi estivesse falando diretamente comigo e me desafiando amorosamente: *"Vinde, e eu vos ensinarei o temor do Senhor"* (Salmo 34:11). Era como se ele quisesse me contar um grande segredo. Mas antes de compartilhar a lição que aprendi com o rei Davi, um pequeno incentivo — um pequeno spoiler das coisas boas que estavam por vir:

> *"Quem é o homem que ama a vida e quer longevidade para ver o bem?"* (Salmo 34:12)

Boa vida? Claro!
Dias felizes? Também quero!
E assim começou o meu estudo. Mais tarde, descobri que seu filho Salomão deve ter frequentado a mesma "sala de aula", porque fez dessa instrução a pedra angular de toda a sua busca da sabedoria: *"O temor do S*ENHOR *é o começo do conhecimento"* (Provérbios 1:7).

O temor do Senhor.

No início, foi muito estranho para mim.

Então eu deveria *temer* meu Senhor? Algo positivo viria disso? O medo era uma emoção que eu nunca havia associado a Deus. Por isso, comecei a pesquisar esse termo na Bíblia. De capa a capa. Do começo ao fim. E, quanto mais eu "cavava", mais eu percebia como esse tema era (é) fundamental para a fé cristã. Percebi que quase todos os relatos bíblicos de homens fiéis a quem Deus se manifestou fizeram menção desse temor.

Era algo que eu nunca havia experimentado de verdade.

Então me abri para a ideia de temer a Deus. Como no exemplo que citei em um capítulo anterior, mergulhei no oceano, embora soubesse que isso provavelmente implicaria em um encontro com uma baleia azul, que até então só conhecia por fotos.

E coisas estranhas aconteceram. Meu tempo diante de Deus com a Sua Palavra mudou completamente. Experimentei uma proximidade com o Senhor como nunca antes. Foi um período de solidão — mas foi a melhor época de minha vida.

Eu havia encontrado a *chave* para viver a vida com Deus.

Percebi que o temor do Senhor é o princípio de uma profunda *intimidade com Deus*.

Quando voltei para a Europa, estava ansioso para ver o que outros haviam escrito sobre o temor do Senhor. E fiquei chocado. A literatura bíblica moderna sofrera uma verdadeira reviravolta. Todos deixaram de fora o aspecto mais crucial do temor do Senhor: o medo.

Ninguém falava do temor do Senhor como a Bíblia o faz.

Comecei a duvidar de mim mesmo. Será que eu estava errado? Comecei a estudar as línguas do Antigo e do Novo Testamento para saber se houvera algum equívoco de minha parte. Mas não conseguia ver como podia estar errado. A pesquisa nos textos em hebraico e grego confirmaram: sem dúvida há *medo* no "temor do Senhor".

Alguns anos depois, ao ler vários livros, entre eles o clássico de John Bunyan, fui surpreendido outra vez... no passado, o temor do Senhor havia sido compreendido da mesma maneira que eu havia entendido, pela simples leitura da Bíblia naquele orfanato em uma pequena aldeia na Índia.

Mas por que mudamos a definição?

Uma nova definição

O Diabo trabalha de duas maneiras. Como "anjo de luz" e como o "leão que ruge".

Como um anjo de luz, ele *distorce* a ideia do temor do Senhor.

Como leão, ele tenta *destruí-la*.

Vamos primeiro olhar para o trabalho do Diabo como um "anjo de luz", quando ele tenta mudar a definição do temor do Senhor. Depois olharemos para a outra vertente: o Diabo como um "leão que ruge" — tentando apagar completamente o temor do Senhor.

1) **Distorção:** Definições não mudam da "noite pro dia". Você pode perguntar a qualquer linguista sobre isso — definições mudam gradativamente. Aprendemos esse conceito na infância, quando jogamos "telefone sem fio". Talvez você já tenha participado desse jogo na escola. As crianças ficam em fila, e em uma extremidade o professor sussurra uma frase no ouvido do primeiro aluno. Esse aluno sussurra a sentença para a criança seguinte, e o padrão se repete até que a última criança receba a mensagem. Essa criança então repete a frase em voz alta, que quase sempre é muito diferente da original — e geralmente engraçada. Isto acontece

porque a mensagem foi filtrada através de vários "mensageiros". E a mesma coisa acontece conosco quando encontramos algo que nos confunde ou nos perturba.

A distorção/transformação ocorre porque resolvemos adicionar ou subtrair certas coisas. O que adicionamos ou subtraímos diz muito sobre nossa visão de mundo. Interpretamos as coisas no contexto de um padrão pré-concebido. Por exemplo, se você ouviu uma palavra que não conhece em uma frase, irá trocá-la por outra ao transmiti-la. Se você não tiver certeza absoluta do significado de uma palavra, provavelmente a substituirá por um termo mais simples. Ou acrescentará certas palavras para explicá-la. As chances de que haja uma distorção no sentido são altas.

O "telefone sem fio" também pode acontecer em nosso estudo bíblico. Na linguagem *nerd* da Bíblia, há uma distinção entre *exegese e eisegese*. A exegese é uma interpretação legítima que lê do *texto* o que o texto diz.

A eisegese lê *no texto* o que o intérprete deseja ou pensa encontrar ali. Ela expressa as ideias subjetivas do leitor — não o significado expresso no texto.

Vejamos como exemplo o que Jesus diz em Lucas 14:26:

"*Se alguém vem a mim e não odeia seu pai, sua mãe, sua mulher, seus filhos, seus irmãos, suas irmãs e até a sua própria vida, não pode ser meu discípulo.*" (VC - Versão Católica)

Como nós não podemos nos imaginar odiando nossos pais, interpretamos o versículo como se Deus estivesse falando de *prioridades* — falamos do que Jesus *quis dizer*: "Se seu pai e sua mãe têm prioridade maior em sua vida do que Eu, então seu discipulado estará seriamente comprometido".

Isso é *parte* do que o Senhor Jesus queria dizer, mas não o significado completo. Jesus conhecia a palavra "prioridade" ou "*primeiro lugar*". Mas Ele escolheu o termo "ódio". Seguir ao Senhor pode às vezes parecer como ódio contra seus pais, e talvez seja percebido por eles também dessa forma. Neste caso, *prioridade* não é uma palavra forte o suficiente.

O contexto em que vivemos exerce grande impacto em nossa compreensão dos versículos bíblicos. E qual é o contexto em que estamos vivendo? Acertou: o hedonismo. O *prazer* é o único bem verdadeiro, e a *dor*, o único mal intrínseco.

Mas a dor é a parte central do temor do Senhor, e o temor é uma expectativa de dor.

Quando Deus diz que o temor do Senhor é o início da intimidade com Ele, é como se Deus dissesse: "Você precisa estar disposto a sentir dor se quiser ter comunhão comigo". Se você quiser nadar com a baleia azul, prepare-se para ter medo no início.

Sem dor, não há ganho.

No pain, no gain.

Mas os hedonistas não querem dor. É por isso que os pregadores subtraíram a parte da "dor" do "temor do Senhor". Em vez disso, eles se concentraram na "reverência" e no "respeito", que são elementos periféricos da definição, mas não o núcleo.

O núcleo é o medo.

Por que é tão importante para Satanás distorcer o temor do Senhor? Porque o temor do Senhor é o início da intimidade com Deus. E, portanto, um temor *distorcido* do Senhor é o início da intimidade *distorcida com* Deus. Uma intimidade distorcida significa que aos poucos vamos perdendo de vista o verdadeiro Deus. Inventamos um novo deus, e adorar a um deus inventado é idolatria.

É muito grave ensinar a alguém a essência errada do temor do Senhor, porque se trata de uma forma de piedade, mas sem coração, sem verdadeira intimidade com Deus. Isaías diz:

> "O Senhor disse: Visto que este povo se aproxima de mim e com a sua boca e com os seus lábios me honra, mas o seu coração está longe de mim, e o seu temor para comigo consiste só em mandamentos de homens, que maquinalmente aprendeu." (Isaías 29:13)

Qual a solução? No "telefone sem fio", sempre voltamos à frase *original*. Para compreender Deus, devemos voltar à Bíblia. Faremos isso em mais detalhes na Parte 3.   #BACKTOTHEWORD

Mas antes disso preciso falar daquelas pessoas que estão constantemente impedindo que você enxergue com clareza.

Uma nova "presença"

A primeira estratégia de Satanás, como anjo de luz, é distorcer o conceito de temor do Senhor, para transformá-lo em algo *um pouco diferente*. Agora vamos à segunda estratégia: o Diabo como o leão que ruge. Um leão que mata.

2) **Matar:** Como leão, a estratégia de Satanás é matar o temor do Senhor. Ou seja, substituí-lo por algo completamente diferente. Porque nenhum temor é o princípio de nenhum conhecimento de Deus. E a *falta* de conhecimento leva as pessoas ao cativeiro, ao vício, etc.

Isso é o que Satanás quer.

E, para atingir esse objetivo, ele precisa fazer duas coisas:

1. **Criar uma falsa experiência.**
   Ele nos faz acreditar que estamos tendo uma experiência com Deus, quando não estamos. Se o Espírito nos alertar sobre isso, ele põe em ação o plano B.
2. **Criar uma falsa paz.**
   Ele faz isso por meio de humanos que falsificam a obra do Espírito Santo quando este desperta as almas.

Uma falsa experiência

Pensemos sobre essa primeira ação de Satanás. Concordamos que Deus está onde o pecado não está. Habacuque 1:13 diz que os olhos de Deus são "*puros demais para olhar para o mal*". Assim os falsos profetas criam (muitas vezes sem perceber) um ambiente marcado pelo pecado, porém muito atraente para os sentidos ou sentimentos. Quando alguém o experimenta, os "profetas" dizem afirmam que essa é a "presença de Deus".

Até mesmo os homens de Deus podem incorrer nesse erro, por ignorância ou por algum tipo de pressão.

Arão, por exemplo, construiu o bezerro de ouro porque foi pressionado pela multidão. Depois de construir o bezerro de ouro, disse: "*Este é o teu deus, ó Israel, que te tirou da terra do Egito*" (Êxodo 32:1-4).

Era mentira, e eles sabiam disso.

O pecado em torno do bezerro era evidente. Eles estavam se entregando ao pecado, dançando e se banqueteando ao redor daquela estátua. O hedonismo se manifestou em torno do falso deus. E onde o pecado é voluntariamente tolerado Deus não está presente, pois "*temer o S*ENHOR *é odiar o mal*" (Provérbios 8:13).

Vamos a um exemplo contemporâneo.

Há pouco tempo, Justin Bieber anunciou um concerto chamado *Freedom Experience* [Experiência de liberdade]. Não duvido que ele queria fazer o bem. Ele queria pôr a plateia em contato com Deus.

Queria usar o estrelato a favor do cristianismo.

Usar a fama para fazer a diferença.

Sem dúvida, a música era fantástica para os sentidos.[25] Enquanto o evento tenha sido considerado um avanço para o Reino de Deus, houve uma mistura com coisas que não tinham nada a ver com Deus.

Artistas seculares ao lado de artistas cristãos.

Palavrões, insinuações sexuais e hedonismo foram glorificados, ainda que de forma dissimulada.

---

25 Uma observação: não sou contra o uso da música para experimentar Deus, mas precisamos ter cuidado para não confundir música com a presença de Deus. Por exemplo, Rhett, depois de abandonar a fé, disse que ainda podia entrar em um "ambiente de adoração" (ter o sentimento). E acrescentou: "Posso entrar em um lugar assim ouvindo Phil Collins".

De repente, a música parou, e Justin disse:

Alguns de vocês podem não estar acostumados a este tipo de atmosfera, mas o que estão sentindo neste momento é a presença de Deus.[26]

Não duvido da sinceridade de Justin. Acho que ele *realmente* acredita no que disse. Mas não era a presença do Deus da Bíblia. Era um tipo de experiência *diferente*.
A presença de um *outro* deus.
A presença de um deus que tolera o pecado.

Uma falsa paz

O Diabo tenta destruir o temor do Senhor com uma experiência falsa, mas essa não é sua única jogada. Ele também trabalha para proporcionar uma falsa paz. Sabemos que, quando há pecado, o Espírito Santo imediatamente se torna ativo. Sua tarefa principal é *"[convencer] o mundo do pecado, da justiça e do juízo"* (João 16:8). Se você, como eu, já se sentiu condenado por algum pecado que cometeu, então sabe de que estou falando! E o que isso representa para um "cristão" hedonista? Um pesadelo! Um hedonista não quer melhorar, quer apenas ter prazer.

Quando o Espírito trabalha em nós, o processo pode ser internamente doloroso. A atividade física geralmente é reduzida, mas o espírito fica agitado — às vezes, *dolorosamente* agitado.

Ezequiel sentou-se (físico acalmado) ao lado de um rio durante sete dias, mas com o *"espírito cheio de amargura e de ira"* (Ezequiel 3:15 NVI).

Habacuque sentia *"podridão entrando em seus ossos"* enquanto *"por dentro tremia"* (Habacuque 3:16).

João, na ilha de Patmos, caiu como morto aos pés de Jesus Cristo, enquanto *"no Espírito"* ele viu as coisas mais terríveis.

---

26 Disponível em: <https://www.christianpost.com/news/kari-jobe-says-presence-of-god-felt-at-biebers-freedom- concert.html>

É assim que o Espírito funciona: acalma o corpo, agita o espírito. Os falsos pregadores fazem exatamente o oposto. Eles *seduzem* o corpo com uma experiência sensual e acalmam o espírito dos ouvintes. Eles fazem isso garantindo a *paz*. A paz é um estado sem estresse — exatamente o que os hedonistas procuram. E, de fato a paz é maravilhosa, quando é alcançada.

Mas, e se o Espírito Santo entrar em conflito com o espírito humano, a fim de torná-lo *consciente* de sua falta de intimidade com Deus? Prometer a paz em tal situação é como dizer a um cego que continue andando quando ele está à beira de um penhasco.

"Vai ficar tudo bem" é uma ótima forma de animar os cristãos que precisam saber que o Calvário já fez tudo — todas as contas foram acertadas. Mas é uma mensagem letal para todos os humanos que ainda não estão sob a proteção da cruz — os chamados "cristãos" que continuam vivendo em pecado.

Se você acha isso terrível, deixe-me mostrar-lhe como o Diabo multiplica magistralmente os efeitos disso.

Quando os falsos mestres brilham

> Uma coisa espantosa e horrível acontece nesta terra: Os profetas profetizam mentiras, os sacerdotes governam por sua própria autoridade, e o meu povo gosta dessas coisas.
>
> — JEREMIAS 5:30-31 (NVI)

Neste capítulo, e também no anterior, eu tentei apresentar duas verdades. Primeira: somos amantes do prazer. Procuramos distrações e evitamos a dor. Segunda: há muitos "mestres" que atendem justamente aos amantes do prazer. A esta altura, você já deve ter percebido que essas coisas andam juntas e são de muitas maneiras ainda amplificadas nas mídias sociais.

Como alguém que ama o prazer, você depende muito de dopamina. Se você não recebe dopamina, você se sente mal. Por isso, você corre para o Instagram buscando (de forma inconsciente) novas doses de dopamina para se sentir melhor. Como cristão, você será especialmente receptivo à dopamina "cristã": tentará encontrar "*mestres*" cuja mensagem se alinhe com o que você quer acreditar.

("Coceira nos ouvidos", lembra?) As plataformas de mídia social, que analisam todos os seus dados comportamentais, sabem o que você deseja e tratam de oferecê-lo imediatamente. Então você é conduzido aos mestres da dopamina. Esse guia é o algoritmo.

Talvez você já tenha ouvido essa palavra, mas não entendeu bem o que significa. Deixe-me explicar rapidamente. O YouTube, por exemplo, registra as taxas de cliques, a duração média de visualização, os *likes* e *deslikes* e as pesquisas. Esses números alimentam o algoritmo e dizem ao YouTube o que lhe mostrar com mais frequência.

- **Taxa de click-through (CTR)** — CTR é o número de pessoas que clicam em seu vídeo quando vêem a miniatura (thumbnail). A taxa de cliques é o componente mais influente para determinar a classificação dos vídeos por qualidade, o que, por sua vez, afeta o posicionamento futuro do vídeo.

  Porque isso distrai: Isso significa que tópicos sensuais e mundanos (especialmente esses três: sexo, dinheiro e liberdade) são incrivelmente poderosos.

- **Duração média da visualização (AVD)** — AVD é a duração média de tempo que um espectador assiste ao seu vídeo. Para aumentar o tempo de visualização, os efeitos e os sons adicionados aos vídeos os tornam mais interessantes. Mais dopamina, mais prazer. Porque isso distrai: Vídeos de conteúdo sensual e materialista são obviamente favorecidos pelo algoritmo.

- **Likes, deslikes, e compartilhamentos** — As pessoas avaliam e compartilham conteúdos porque desejam mostrar quem são. Compartilhar nem sempre é sobre o conteúdo em si, mas sobre a identidade de quem o compartilha.

Porque isso distrai: Em um mundo hedonista, você evitara a dor, além de se aproximar do ideal expresso ao seu redor. Os conteúdos que você compartilha muitas vezes refletem o espírito da época.

Mas qual a relação entre essas informações sobre mídias sociais e Deus, a dor, o medo, a distração, o hedonismo e o desconforto? Ainda bem que perguntou.

Acredito que você, um jovem inteligente, já está percebendo a conexão.

O algoritmo é projetado para te dar o que você quer... ou seja, irá apresentar predominantemente entretenimento e cristianismo carnal. Isso é o *oposto* de uma verdadeira vida ou experiência com Deus, que muitas vezes é combinada com a dor.

Desse modo, um vídeo preparado pelo Espírito, pronto para revelar um pecado será percebido por muitos como dor. E essa dor deve ser evitada a todo custo. É o impulso antidopamínico. Vamos a outro exemplo.

Taxa de click-through (CTR): Exemplo: fazemos um vídeo sobre a necessidade urgente de temer ao Senhor. Após carregarmos o vídeo o algoritmo mostra-o a uns poucos usuários na página inicial e, se ele atrai, produz engajamento e satisfaz esses telespectadores (ou seja, se eles clicarem, assistirem até o fim, curtirem, compartilharem etc.), então o vídeo será oferecido na página inicial de mais e mais usuários.

Mas os cristãos normalmente não clicam em um vídeo que promete dor.

"*Temor do Senhor? Não! Vamos assistir a um vídeo de adoração ou de um pastor hipster falando de sexo*".

Isso soa "cristão o suficiente" e é muito mais divertido. Significa que cada vez menos pessoas verão o vídeo que causa dor no curto prazo, mas que leva à transformação no longo prazo.

Duração média da visualização (AVD): Ok, vamos dar uma segunda chance ao nosso vídeo. O usuário clica no vídeo, porque julga ser potencialmente divertido. Entretanto, o conteúdo é sobre dor, então não se passam nem 60 segundos, e ele já passou para o próximo. Com essa informação, AVD expulsará o vídeo da página inicial, e assim, ninguém o assistirá.

Likes, deslikes, compartilhamentos e pesquisas: Mas vamos supor que o vídeo realmente fez com que o espectador o assistisse até ao fim. O usuário vai gostar ou compartilhar? Não, porque tem medo de ser visto como um cristão chato. Um desses conservadores que vive falando de santidade e julga "tudo como pecado"... é melhor compartilhar um vídeo sobre alguma nova celebridade hedonista que afirme ser cristã, algo que esteja mais em voga e que passe a imagem de um cristão atualizado.

Percebe o problema?

Tudo isso acontece todos os minutos e com apenas um clique. Pode até soar como ficção científica, mas é a tragédia de nosso tempo.

O algoritmo revela nossas piores inclinações e apresenta o pior do cristianismo ao mesmo tempo que esconde o melhor. Ele dá influência e visibilidade aos pregadores que lhe dão dopamina e esconde os que falam de dor.

O apóstolo Paulo já previa isso em 2 Timóteo 4:3 quando predisse:

> "*Pois haverá tempo em que não suportarão a sã doutrina; pelo contrário, cercar-se-ão de mestres segundo as suas próprias cobiças, como que sentindo coceira nos ouvidos...*"

A tecnologia pode mudar, mas a luta continua. Embora tudo isso pareça desesperador, há esperança de um relacionamento renovado com Deus. Uma *nova* intimidade.

Uma conversão é possível.

Se começarmos do *início*... e o temor do Senhor é o *começo* da intimidade.

PONTOS-CHAVE

① **A tecnologia criou um ambiente propício aos falsos profetas.** Devido ao fácil acesso, os falsos ensinos inundam a Internet. São fáceis de consumir e são exatamente o que gostaríamos de ouvir.

② **Os falsos profetas estão criando uma nova experiência.** Eles criam uma falsa experiência de Deus que exclui a dor e o arrependimento. Algoritmos encorajam este consumo confortável e assim as mentiras se fortalecem e se perpetuam.

③ **As mentiras dos falsos mestres são mais fáceis de compartilhar que a verdade.** Quando cristãos tomam consciência da verdade, hesitam em compartilhá-la pelo receio de como serão vistos pelo mundo.

ORAÇÃO

Senhor, ajude-me a reconhecer o que é verdade e o que é mentira. Ajude-me a ver os falsos mestres pelo que eles são. Ajuda-me a não ficar entorpecido por suas mentiras, mas a enxergar a verdade que disseste que me libertará.

PARTE III

A CHAVE:
COMO PODEMOS VER A DEUS

APRESENTAÇÃO PANORÂMICA DOS PRÓXIMOS 5 CAPÍTULOS:

CAPÍTULO 8

Egito
Romanos 1-3

Problema:
Todos pecaram

Solução:
Condenação

TdS[27]:
O mundo inteiro é culpado diante de um Deus santo

CAPÍTULO 9

Êxodo
Romanos 3-5

Problema:
Pecados (ações)

Solução:
Expiação
(Romanos 4:24)

TdS:
Deus odeia os pecados e derramou Sua ira sobre Jesus Cristo

CAPÍTULO 10

Mar Vermelho
Romanos 5-6

Problema:
Pecador (ser)

Solução:
Identificação
(Romanos 5:18)

TdS:
Deus odeia o pecador e lhe deu um lugar para morrer: "em Cristo"

---

27 TdS = Temor do Senhor

CAPÍTULO 11

Lei e a serpente
Romanos 7-8

Problema:
Pecado (o princípio)

Solução:
Convicção
(Romanos 8:3)

TdS:
Deus odeia o pecado no corpo e o julgou no corpo do Senhor Jesus.

CAPÍTULO 12

Jordão e Gilgal
Romanos 8+12

Problema:
Inatividade

Solução:
Vivificado pelo Espírito Santo
(Romanos 8:11; 12:1-3)

TdS:
Odeie o pecado e viva no Espírito

CAPÍTULO 8

DEFININDO O TEMOR DO SENHOR

O QUE A BÍBLIA ENSINA SOBRE O TEMOR DO SENHOR

> *Perguntaram-lhe: Acaso, também nós somos cegos? Respondeu-lhes Jesus: Se fôsseis cegos, não teríeis pecado algum; mas, porque agora dizeis: Nós vemos, subsiste o vosso pecado.*
>
> —JOÃO 9:40-41

> *Nenhum problema pode ser resolvido a partir do mesmo grau de consciência que o criou.*
>
> — ALBERT EINSTEIN

A cortina da ignorância

Uma igreja hipóxica.
Líderes anestesiados.
Membros na UTI espiritual.
Falsos mestres infiltrados nas igrejas.
Tecnologia acelerando a decadência.

Sei que sou parte do problema — mas como posso enxergar claramente, estando no meio desta confusão?

Talvez a solução *não* seja enxergar, mas ficar cego.

A Bíblia nos mostra que, muitas vezes, os religiosos são os últimos a perceber que são cegos... Porque o problema não é a cegueira. *Pensam* que veem, mas não veem. Nosso próprio Senhor disse isto aos fariseus:

> "*Se fôsseis cegos, não teríeis pecado algum; mas, porque agora dizeis: Nós vemos, subsiste o vosso pecado.*" (João 9:41)

A verdade então é um paradoxo: precisamos ficar cegos para poder enxergar. Paulo é o melhor exemplo. Ele era um dos jovens mais promissores de seu tempo. Era aluno de Gamaliel e "*a respeito da lei — um fariseu*" (Filipenses 3:5). Ele sabia das coisas. Ele enxergava! Então ocorre o incidente na estrada que leva a Damasco. Paulo cai no chão. O poderoso fariseu torna-se pequeno como uma criança. Ele é posto diante da presença assustadora do Cristo glorificado.

Frio. Escuro. Cego.

A imagem que Paulo tinha de Deus foi *desconstruída* durante três dias — por Deus mesmo. Cego, Paulo não podia mais interagir com as coisas ao seu redor. De certa forma, ele estava paralisado, porém a mente e a consciência não pararam. Ele estava cego, então não podia ler seus "comentários bíblicos". Ele foi deixado sozinho no escuro — o temor do Senhor nos ossos e todo o conhecimento do Antigo Testamento na cabeça.

Tudo que ele sabia foi reconstruído: Deus, Israel, a cruz, ele mesmo... Uma experiência dolorosa, mas que mudaria o curso de sua vida — e literalmente o mundo.

Se a cegueira de Paulo foi a solução, então como posso ficar cego?

Essa é a boa pergunta. De fato, é difícil ficar cego. É muito difícil repensar as próprias crenças sobre coisas tão fundamentais como a "imagem de Deus", devido ao nosso pré-condicionamento (igreja, livros, pais), preconcepções (imagem de Deus, tradições teológicas) e preconceitos internos (visão de mundo, caráter).

Ok, como "ficar cego"?

Quando eu estava estudando Relações Internacionais em Genebra, me deparei com o livro de John Rawls, *Uma teoria da justiça*, no qual ele enfrenta o mesmo problema, ou seja: aprender a pensar sobre um assunto sem as ideias preconcebidas e sem os preconceitos internos que, queiramos ou não, definem nossas opiniões. Ele apresenta uma experiência de pensamento que ele denomina "o véu da ignorância" — um experimento mental simples que o levou a imaginar que não sabia nada. Uma folha em branco. Um livro aberto.

Eu gostaria de incentivá-lo a fazer a mesma coisa. Torne-se como uma criança. Imagine que não sabe nada a respeito de Deus. Torne-se como Saulo. Afaste-se das distrações externas, vá para um lugar tranquilo, sem telefone, sem pessoas conversando e sem distrações internas. Cubra-se com o véu da ignorância — "esqueça" seus padrões de pensamento.

Foi o que aconteceu comigo quando eu estava na Índia... mas fique tranquilo: eu sei que não é preciso ir à Índia para encontrar silêncio e solidão. Basta se *separar* das distrações externas e internas. Claro, em nosso mundo hiper conectado e super estimulado isso exigirá muita determinação. Tudo isso para se encontrar com Deus, face a face, como Saulo na estrada de Damasco? Vale a pena o esforço.

Portanto, cancele as reuniões, <u>desligue o celular</u> e guarde os livros, pegue sua Bíblia e prepare-se para ficar em silêncio diante de Deus. Isso dará início ao processo que chamamos de santificação.

Como funciona a santificação

A cristandade inventou algumas palavras extravagantes, e "santificação" é definitivamente uma delas. Apenas ouça o som dessa palavra...

Quando alguém diz: "Vou me santificar", você pensa: "Essa pessoa é pretensiosa!".

E você não está tão errado, afinal, uma das definições de santificação é "tornar-se como Deus". Mas, além de soar pretensioso, isso não nos explica muita coisa.

O que significa "se tornar como Deus"? Seria olhar, falar e agir como o Criador do universo? Criar novos planetas? Controlar o tempo?

Definição

Se quisermos nos tornar como Deus, devemos *saber* o que Ele é. Deus é santo.

A santidade é geralmente definida como a "unicidade" ou "alteridade" de Deus. Se você quiser ter uma ideia do que isso significa, leia a *Torá*. Deus é diferente de qualquer outra coisa que vemos na criação. Ele é *completamente* diferente. E essa singularidade de Deus muitas vezes se manifesta como uma majestade intocável, ameaçadora e temível e, ao *mesmo tempo*, um poder atraente, prazeroso e benevolente que se manifesta tanto no juízo quanto na justiça e no amor.

E, quando contrastamos a santidade com a depravação completa do pecado humano, ela pode significar pureza.

No entanto, a santidade é muito mais que isso.

A santidade é a *essência* de Deus. Sua importância é fundamental, porque a Bíblia diz:

> "...sem santidade ninguém verá o Senhor." (Hebreus 12:14)

Faz sentido, porque não se pode ver Deus sem a santidade, assim como não se pode imaginar um céu azul sem a cor azul.

A santidade, nesse sentido, é a cor de Deus.

Mas Deus não é apenas santo. Ele também santifica, ou seja, *torna* santo (Ezequiel 37:28). Tudo que entra em contato com Deus se torna santo. Por exemplo, o povo de Israel, os sacerdotes, certos lugares de culto, objetos. Mas, enquanto no Antigo Testamento muitas *coisas* podiam ser santificadas, no Novo Testamento o foco incide sobre um único elemento: o ser humano.

Deus quer santificar *pessoas*. Tanto é que Paulo diz:

> "Pois esta é a vontade de Deus: a vossa santificação..."
> (1 Tessalonicenses 4:3)

Não sabe o que Deus quer de você hoje? Pelo menos de uma coisa você pode ter certeza: a santificação.

Vamos ver como isso funciona. Deus santifica o ser humano separando-o do profano, do mundano, e ligando-o a si mesmo. Como Deus é santo, o crescimento em santidade torna-se automático nessa pessoa. E todo o processo de se tornar cada vez mais santo — santo como Deus é — é chamado de santificação.

Na Bíblia, descobrimos que isso acontece em três etapas — passado, presente e futuro.

① A santificação **no passado** refere-se ao que já aconteceu. Cristo morreu. O pecador crê e é declarado santo por Deus. Hebreus 10:10 diz: *"Nessa vontade é que temos sido santificados, mediante a oferta do corpo de Jesus Cristo, uma vez por todas."*

② A santificação **no presente** diz respeito ao progresso diário, ao *"ser santificado"*, como lemos em Hebreus 2:11. Cada dia ficamos um pouco mais parecidos com Cristo.

③ A santificação *futura* refere-se, logicamente, ao tempo ainda por vir, quando nossa santificação será concluída. Os cristãos serão tão perfeitos quanto Cristo.

Esse progresso deveria ser algo perfeitamente normal na vida de um cristão. Assim como é natural e esperado que um bebê cresça.

Provérbios 4:18 diz:

"Mas a vereda dos justos é como a luz da aurora, que vai brilhando mais e mais até ser dia perfeito."

Portanto, o desejo de Deus não é que nós apenas "teoricamente" acreditamos em algo, mas que o que nós acreditamos, também seja visto em nossa vida.

"Somos transformados, de glória em glória, na sua própria imagem..." (2 Coríntios 3:18)

Diferenças

Talvez o que esteja faltando em sua vida seja exatamente esse crescimento contínuo. Você vê outros cristãos ao seu redor com um crescimento espiritual notável, voando alto, enquanto você, como um carro atolado na lama, acelera, mas não sai do lugar.

Por que isso acontece?

Quando se trata de aperfeiçoamento, não importa em que área, cada um de nós começa em uma posição muito diferente. Quando se trata de mudança interior, é a mesma coisa. Nenhuma alma é igual. O "coquetel" de vontade, intelecto e sentimentos é diferente em cada um de nós. Esses elementos variam por conta de nossas tendências e experiências de vida — natureza e formação. Isso significa que Deus age de forma diferente ao trabalhar em cada um de nós.

A mesma "receita" não vale para todos.

Portanto: *natureza* e *formação*.

As coisas que nos aproximam de Deus e são usadas para nos transformar à Sua imagem sempre variam de uma pessoa para outra, mas dois elementos estão sempre envolvidos: o Espírito Santo e a Palavra de Deus. Mesmo assim, tudo *começa* e é *aperfeiçoado* pelo temor do Senhor (2 Coríntios 7:1).

O paradoxo: tornar-se o que você é

No entanto, há um paradoxo na santificação. Por um lado, você *já está* santificado; por outro lado, ainda *está sendo* santificado. Eu sei, soa um tanto bizarro. O senso comum diz que ou você está saudável ou está doente. Mas o exemplo a seguir talvez nos ajude a entender melhor o que quero dizer.

Tobi é um rapaz de classe média que descobriu que é, na verdade, um membro da família real! De agora em diante, ele terá uma nova existência — um novo estilo de vida em um palácio gigantesco e luxuoso com um mordomo e tudo mais que você possa imaginar. Maravilha! Mas a realeza também implica certas obrigações e comportamentos aos quais ele deve se adequar.

Tobi é um membro da família real? Sim.

Mas ele se comporta como alguém da realeza? Não. Ainda tem um longo caminho até aprender isso.

A situação de Tobi ilustra a diferença entre os dois tipos de santificação encontrados na Bíblia. Nós os chamamos de santificação *posicional* e *progressiva*.

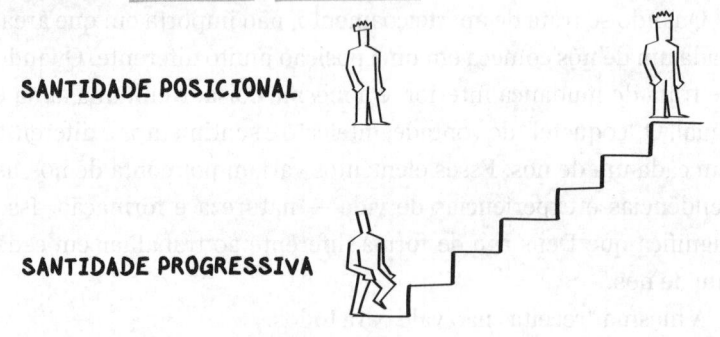

SANTIDADE POSICIONAL

SANTIDADE PROGRESSIVA

A santificação é posicional porque Deus nos deu uma *nova posição* por meio do evangelho: você não é mais um pecador, mas santo — assim como Tobi é um nobre.

A santificação é progressiva porque você deve *aprender* e *viver* Sua santidade gradualmente, passo a passo, assim como Tobi deverá aprender a se comportar como um membro da nobreza.

É um exercício de maturidade cristã.

Vale lembrar, porém, que embora algumas imagens ou exemplos nos ajudem a entender os preceitos bíblicos, eles nunca serão perfeitos, nem fornecerão a explicação completa.

O processo

Vamos acompanhar o processo juntos desde o início. Antes de nascer de novo, todos vivem distantes de Deus e não têm o Espírito Santo. Assim, o convertido precisa ser, antes de tudo, colocado na posição de "santo". Isso acontece através da salvação, pela Palavra. A Palavra passa pelos ouvidos, e a pessoa toma uma decisão na alma: sim ou não.

Nessa decisão, Deus ajuda através do Espírito Santo, caso contrário a pessoa teria zero inclinação — nem sequer a possibilidade de se decidir por Deus. A primeira coisa que ela vai entender é que ela é "diferente" de Deus, pois pratica obras más. Esse entendimento é o temor do Senhor. Quando a pessoa abre o coração, se arrepende de seus pecados e crê no poder salvador do sangue de Cristo, ela nasce de novo. Nasce do Espírito. Agora tem uma nova *posição* diante de Deus: santo. Mas o corpo ainda tem muitos hábitos ruins, decorrentes de pensamentos errados.

É por isso que Romanos 12:2 diz: *"mas transformai-vos pela renovação da vossa mente."* (veremos como isso funciona nos próximos capítulos, não se preocupe).

Isso significa que, juntos, o Espírito Santo e a Palavra mudam nossa maneira de pensar. Isso é viver o temor do Senhor. Ou seja, evitar o pecado e deixar que o Espírito Santo e a Palavra transformem nossa vida. Pouco a pouco, estaremos mais e mais *pensando* como Jesus Cristo, *sentindo e desejando* as mesmas coisas que Ele deseja.

Tornamo-nos versões em miniatura de Cristo. E foi exatamente isso que disseram dos primeiros seguidores de Cristo: *"Eles são cristãos".*

A chave que destrava a porta

> Uma soma errada pode ser corrigida, mas somente fazendo um retrospecto até achar o erro e continuando a partir desse ponto, e não apenas "avançando".
>
> — C. S. LEWIS (O grande abismo)

Imagine que você está diante de uma pilha de lenha bem arrumada para uma fogueira, mas não tem fósforos.

Ou que está em frente do apartamento que alugou para as férias, mas perdeu as chaves.

Ou que seu voo parte em dez minutos, mas você não consegue encontrar a passagem.

Na vida, há coisas que são secundárias e coisas que são fundamentais. Somente a chave certa abrirá a porta e permitirá a entrada. Não importa quão bonito seja o interior, não basta olhar através das janelas: se quiser *conhecer* a casa, você precisa entrar.

Mas se você não tem a chave, ficará do lado de fora.

O temor do Senhor é a chave.

E não é *uma* chave. É *a* chave.

É a chave para uma vida com Deus. Se você não sabe o significado do terceiro cavalo de Apocalipse 6, você ainda pode ter um relacionamento com Deus e ser guiado por Ele. Mas se você não tem o *temor do Senhor*, faltará algo fundamental.

A Bíblia diz que o temor do Senhor é o *princípio* da sabedoria.

Por que o princípio? O que isso significa?

Significa que, se você errar no início, não entenderá o final.

Significa que, se você entender mal essa doutrina, não conseguirá entender o propósito de toda a Bíblia.

É como ler um livro a partir do meio. Você não entenderá a história, nem os personagens, nem os problemas que eles enfrentam. O mesmo se aplica à jornada da fé.

Nós dizemos: *"Jesus é a resposta!"*... mas qual era a pergunta?

Para entender a *resposta* você precisa saber qual é a *pergunta*.

Para entender *Jesus*, é preciso entender *Yahweh*.
Para entender o *Novo Testamento*, você precisa entender o *Antigo Testamento*.
Para entender *a graça*, você precisa entender *a Lei*.
Fechaduras e chaves.
Se você quer ter um *conhecimento íntimo* de Deus, você precisa começar por *temer a Deus*.
Deixe-me dar-lhe um exemplo vivo.
Pense em como pregamos o Evangelho.
Na maioria das vezes, começamos com o *amor de Deus* e concentramos 95% de nosso tempo nesse ponto. Por quê? Porque é uma experiência agradável. Quem não quer ser amado? Nessa configuração do evangelho, o pecado está incluído apenas como uma estrutura lógica para explicar por que Jesus teve de morrer. Como hedonistas que somos, evitamos falar de pecado porque isso provoca dor — gastamos apenas 5% do tempo nesse assunto.

Mas nesse tipo de evangelização a Lei *nunca* é aplicada em seu propósito original — despertar as pessoas e fazê-las conhecer o pecado:

"*Pela lei vem o pleno conhecimento do pecado.*" (Romanos 3:20)

Não é de admirar que estamos prontos para aceitar Jesus como Salvador, mas o rejeitamos como Senhor! *Releia a última frase...*

- Jesus como proteção contra o inferno? *Claro que sim. Isso me conforta e me faz sentir seguro.*
- Jesus como Senhor de minha vida e no controle? *Hum... não tenho certeza se quero isso, carregar a cruz me parece doloroso.*

John Wesley, um evangelista que *transformou o mundo* em seu tempo, disse: *"Pregue 90% de Lei e 10% de graça"*. E adivinhe! Ninguém conduziu mais pessoas para Cristo que ele.

Sei o que está pensando. Parece difícil. Doloroso. O oposto do que a maioria das pessoas deseja.

E pode ser verdade. Mas é também por isso que muitos têm uma fechadura, mas não têm a chave. E assim eles ficam atrás do véu da ignorância.

Temor ≠ Medo

> *Perigoso? — disse o Sr. Castor. — Então não ouviu o que Sra. Castor acabou de dizer? Quem foi que disse que ele não era perigoso? Claro que é, perigosíssimo. Mas acontece que é bom.*
>
> — C. S. LEWIS (Crônicas de Nárnia — Vol. II)

Ele é perigoso?

Não estamos falando de um assunto trivial — se nos falta um genuíno temor do Senhor, nos faltará um genuíno conhecimento de Deus. Em outras palavras, se estivermos errados em nossos pensamentos, veremos isso refletido em nossas ações.

Hoje, a definição de "temor do Senhor" mais comum é que não tem nada a ver com medo... Mas, tirar o medo do temor do Senhor é como querer anular uma das qualidades do amor ensinadas em 1 Coríntios 13. O significado será alterado. Aqui estão algumas *interpretações errôneas* (mas comuns) a respeito do temor do Senhor:

- "O temor do Senhor, dom do Espírito Santo, não significa ter medo de Deus, pois sabemos que Deus é nosso Pai, que sempre nos ama e nos perdoa".
- "Não é um temor servil, mas uma consciência alegre da grandeza de Deus e a grata certeza de que só nele nosso coração encontra a verdadeira paz".
- "O temor do Senhor não é medo, mas respeito ou reverência a Deus".

A bandeira vermelha deve ser levantada sempre que um intérprete da Bíblia afirma exatamente o contrário do que dizem as Escrituras.

A Bíblia fala dos que *tremem* diante da palavra de Deus (Isaías 66:2,5), mas nós não trememos diante de Sua Palavra porque reinterpretamos certos termos. Transformamos a palavra "temor" em outras menos perturbadoras, como "respeito" ou "admiração". São palavras mais convenientes para nós, porque não parece *lógico* incluir "temor" em nossa relação com Deus no Novo Testamento.

Assim, ao deturpar o *temor*, nós o removemos completamente e despojamos Deus de um atributo essencial.

Para combater o uso generalizado da definição errada de "temor do Senhor", quero simplesmente expor, pela própria Bíblia, como essas explicações não se sustentam. E vamos começar pelo início. Onde o *temor* aparece pela primeira vez na Bíblia? Simplesmente na primeira frase que Deus dirige à humanidade.

"*E o SENHOR Deus lhe deu esta ordem: De toda árvore do jardim comerás livremente, mas da árvore do conhecimento do bem e do mal não comerás; porque, no dia em que dela comeres, certamente morrerás.*" (Gênesis 2:16-17)

Para entender o que isto significa, imagine que você está visitando um amigo generoso, que diz: "Sinta-se em casa. Use e coma o que quiser. Mas, se você comer esta pera aqui na mesa, considere-se um homem morto".

Eita! O que tem nessa pera?

Você pode não saber nada sobre a fruta proibida, mas por lealdade ao seu amigo ficará longe dela e provavelmente sentirá algum temor.

No jardim, o homem era livre para fazer o que quisesse. Podia até falar livremente com o próprio Deus! Entretanto, por causa de Gênesis 2:17, Adão estava ciente de que Deus poderia — e iria — matá-lo se desobedecesse.

Tudo indica que Adão tinha medo de comer da fruta. Não se tratava de admiração ou de respeito. Naquele momento, Eva ainda não havia sido criada; portanto, não ouviu em primeira mão a proibição de comer a fruta. Assim, quando ela entrou em cena, ela só conhecia esse medo por "ouvi falar".

Adão disse a Eva o que temer, porém ela não tinha ouvido o aviso diretamente de Deus.

Foi exatamente essa pequena desconexão que o Diabo explorou ao se apresentar:

"Então, a serpente disse à mulher: É certo que não morrereis. Porque Deus sabe que no dia em que dele comerdes se vos abrirão os olhos e, como Deus, sereis conhecedores do bem e do mal." (Gênesis 3:4-5)

Percebe o que está acontecendo aqui? O Diabo rouba o temor de Deus de Eva mudando sua consciência.

Ele destrói a imagem de Deus. Basicamente, está dizendo: "Deus não é perigoso. Ele não vai matá-la. Você não precisa ter medo dele". E, quando ela olhou ao redor e viu que os outros 99% do jardim eram *agradáveis e apetitosos,* aquela afirmação parecia fazer sentido.

Então Eva comeu a fruta proibida e... não morreu imediatamente. Interessante. Quase se pode ver as engrenagens girando na cabeça de Adão: *Por que eu estava com tanto medo dessa árvore? Devo ter entendido mal o que Deus disse...*

Então, ele esquece o medo e dá uma mordida.

Posso imaginar Eva olhando para ele, ainda com um pouco de suco escorrendo pelo queixo, e Adão sorrindo de volta.

A serpente na árvore apenas observa esperando que um diga ao outro: "Viu? É verdade que não precisamos ter medo de Deus nem de Suas palavras! *Ele não é perigoso!*".

Então eles *ouvem* algo...

É a voz de Deus.
Eles *veem* algo...
Percebem que estão nus.
Eles *sentem* algo...
Estão envergonhados.
Deus está chegando.
E Adão e Eva... *temem* por suas vidas.
Eles estão com *medo*.

Naquele exato momento, a definição de Adão e Eva de "temor do Senhor" foi completamente redefinida.

Com os olhos agora totalmente abertos, eles sabiam — com clareza aterradora — o que significava temer ao Senhor.

Temor = Medo

Sabendo que *não* temer a Deus pode ter consequências devastadoras (como foi para Adão e Eva) é fundamental repensarmos nossa definição de "temor do Senhor" desde o início.

Para isso, devemos nos perguntar: "*Como a Bíblia define o temor do Senhor?*". Quando nós, ocidentais, ouvimos a palavra "definição", instintivamente esperamos algo assim:

> **Medo** *['me·do] substantivo masculino:* emoção desagradável resultante da consciência de perigo, ameaça, dor ou dano.

Se você espera algo assim, então você pensa como os gregos. E não é coincidência. Afinal, a civilização grega contribuiu muito para o desenvolvimento da cultura ocidental moderna. Entretanto, apenas a metade da Bíblia — o Novo Testamento — foi escrita em grego. Mas o temor do Senhor começa no Antigo Testamento, que foi escrito em hebraico.

Por isso, um curso rápido de hebraico irá nos ajudar.

Vou contrastar o pensamento hebraico com o grego para mostrar a diferença.

Os gregos contemplavam o mundo através da *mente*, enquanto que para os hebreus, essa observação era feita através dos *sentidos*. Portanto, para os gregos o importante era o *pensamento* e a sabedoria. Para os hebreus, os sinais e as coisas que podiam ser *experimentadas*. 1 Coríntios 1:22 confirma isso:

> "Os judeus pedem sinais milagrosos, e os gregos procuram sabedoria..."

Mas para entender o temor do Senhor precisamos de ambos. O modo de pensar hebraico é muito mais concreto que o grego. É pura prática. Se tomarmos uma caneta como exemplo, os gregos diriam: *"Um dispositivo de escrita de cor amarela e com cerca de 15 centímetros de comprimento"*. Mas a cor e o comprimento da caneta seriam secundários no pensamento hebraico, que estaria mais interessado na função de uma caneta. Portanto, sua definição seria algo como: *"É um objeto que nos permite escrever"*.

- **caneta** (grego) Dispositivo de escrita de cor amarela medindo mais ou menos 15 centímetros de comprimento.
- **caneta** (hebraico) Objeto que serve para escrever.

Ambas as descrições dizem algo sobre o lápis e juntos dão uma boa definição. O pensamento grego descreve a aparência dos objetos, enquanto o hebraico descreve a funcionalidade.

Na Bíblia, "temor do Senhor" é sempre definido ou explicado por sua função (perspectiva teleológica). Descreve-se *o que o temor faz*, em vez de o *que é* (perspectiva ontológica). Ou seja, para entender o temor do Senhor, precisamos saber como ele se relaciona com outras coisas. É a mesma base que cientistas usam para entender o buraco negro.

Eles não podem *ver* o buraco negro, mas veem *como ele interage* com os elementos ao seu redor — coisas que podem ver e entender. A natureza do buraco negro só pode ser explicada por sua relação com outras coisas.

Faremos o mesmo — vamos olhar para o temor do Senhor em sua relação com outras coisas e ver se realmente não há "nenhum elemento de medo". Para investigar o descompasso entre a *definição bíblica* e o *mal-entendido* generalizado em torno do temor do Senhor, devemos começar com a questão importantíssima:

"Temor" significa mesmo "ter medo"?
Existe um elemento de medo no temor do Senhor?

Vamos desembrulhar as palavras Bíblicas para temor, uma por uma.

Yirah

A primeira palavra é *yirah*. Para entender melhor seu significado, podemos começar analisando o pictograma da palavra hebraica para "medo". A palavra "medo" consiste em três imagens: um braço, uma cabeça humana e um boi. A tradução literal seria "o fluxo da vida interior". (Se você acha isso estranho, lembre-se do que acabei de dizer: o pensamento hebraico não é como o grego.) O braço representa a direção do fluxo, a cabeça representa o interior de uma pessoa e o boi representa a intensidade.

(ארי) Definição*: *um fluxo das entranhas*.

Portanto, *yirah* cria um "fluxo interior", ou um "medo causado pela expectativa/consciência de um grande perigo", ou até mesmo "medo que faz seu estômago revirar".
Assim, pelo pictograma concluímos que *yirah* significa "algo se movendo no estômago". Com certeza, não é uma descrição de bem-estar.

* Tenha em mente que o hebraico é lido da direita para a esquerda.

Os rabinos conheciam cada palavra do Antigo Testamento de cor, portanto é esclarecedor saber o que eles ensinavam a respeito desse termo. A tradição rabínica descreve três tipos de temor do Senhor:

1. medo de consequências desagradáveis ou de punição;
2. medo de infringir as leis de Deus;
3. reverência pela vida, que é a consequência de uma compreensão verdadeira.

Observe que duas das três definições incluem *explicitamente* um elemento de medo.
No entanto, podemos ir ainda mais fundo.
Depois que Adão e Eva comeram a fruta, eles se tornaram medrosos.
Vemos isso pela primeira vez em Gênesis 3:9-10:

"Mas o SENHOR Deus chamou o homem e lhe disse: "Onde você está? E ele disse: Ouvi o som de ti no jardim e tive medo, porque estava nu, e me escondi."

Nesse caso, *yirah* indica a sensação que Adão teve quando ficou nu diante do Deus santo. Quem tem *yirah* quer desesperadamente se esconder.
Todos conhecemos o medo de ficar nu ou ser humilhado em público. Esse medo reside em cada um de nós.
Mas quão importante é a palavra *yirah* no que se refere à compreensão de Deus?
É um conceito encontrado em *quase todos* os livros da Bíblia.
Hagar teve yirah de ver seu filho morrer de fome.
Isaque teve yirah e disse que sua esposa era sua irmã, porque pensou que poderia ser morto por Abimeleque por causa de Rebeca.

Raquel teve yirah de morrer enquanto dava à luz Benjamim. Então, o que significa yirah? Pavor? Respeito? Hagar teve "respeito" ao ver o filho morrendo de fome? Raquel sentiu "reverência" diante da possibilidade da morte? Não. Sem dúvida, yirah implica em medo.

E yirah é um sentimento que todo ser humano deve ter para com Deus. José disse aos seus irmãos que não precisavam ter yirah, porque ele não era Deus:

> "Não temais [yirah]; acaso, estou eu em lugar de Deus?"
> (Gênesis 50:19)

Isso significa que, se ele fosse Deus, yirah seria apropriado.

Esses exemplos nos ajudam a definir yirah como "medo" e mostram que devemos ter esse medo saudável de Deus.

Mas eu sei o que você está pensando: "Claro, no Antigo Testamento tudo tinha a ver com medo. Tudo era sobre regras e punições. Mas, e o Novo Testamento, com a graça?"

Boa pergunta! Vamos dar uma olhada em outra palavra para medo: a palavra grega usada no Novo Testamento. Qual é o seu significado? Em qual contexto é usada?

Fobos

No Novo Testamento, a palavra grega que substitui a palavra hebraica *yirah* é *fobos*, e é basicamente o medo que você sente durante um ataque de pânico. Presenciamos esse medo no jardim do Éden, quando Adão e Eva se esconderam de Deus — assustados/medrosos a ponto de querer fugir. A nossa palavra *"fobia"* vem do termo grego *fobos*.

Assim como no caso de yirah, há vários exemplos bíblicos de pessoas que sentiram *fobos*.

Zacarias sentiu *fobos* quando viu o anjo e pensou que iria morrer.

José sentiu *fobos* ao pensar em se casar com sua noiva grávida. Mais tarde, ele sentiu *fobos* outra vez, por suspeitar que Herodes queria matar seu bebê, Jesus.

Esse mesmo medo foi a marca registrada da igreja primitiva. Atos 9:31 diz:

> *"Assim a igreja em toda a Judéia e Galiléia e Samaria tinha paz e estava sendo construída. E andando no **temor do Senhor** e no conforto do Espírito Santo, ela se multiplicou."*

Alguns interpretam o temor neste versículo como respeito... mas Pedro, um dos líderes da igreja primitiva, entendeu o que os primeiros cristãos queriam dizer com "temor do Senhor".

Ele escreve:

> *"E se o invocais como Pai que julga imparcialmente de acordo com as obras de cada um, comportai-vos com temor durante todo o tempo de vosso exílio..."* (1 Pedro 1:17)

Ele diz claramente que devemos viver no temor do Senhor, sabendo que estamos sendo observados por Deus, *"que julga imparcialmente"*, ou seja, *"julga todos pelo mesmo padrão"*. Isso deveria dar temor, pois sabemos quão longe estamos de ser perfeitos.

Mas para não deixar dúvida, vamos dar uma olhada no contexto desta passagem:

> *"...mas como aquele que vos chamou é santo, vós também sede santos em toda a vossa conduta, pois está escrito: 'Sede santos, porque eu sou santo'."* (1 Pedro 1:15-17)

Então a frase *"comportai-vos com temor"* vem logo após a ordem: *"Sede santos, porque eu sou santo"*. Portanto, há uma forte correlação entre medo/temor e santidade.

Talvez os mais estudados vão notar que Pedro está se referindo aqui à salvação do Egito e aos horrores do monte Sinai, onde Deus entregou a Lei a Moisés.

Ambas foram experiências assustadoras e marcantes, que tornaram o "temor do Senhor" terrivelmente real. As pragas que caíram sobre o Egito e a nuvem sobre a montanha que obscurecia a presença de Deus devem ter deixado uma forte impressão sobre a nação de Israel. Eles viram em primeira mão a incompreensível santidade de Deus e Seu terrível poder. E Pedro, falando com os judeus centenas de anos depois, relaciona o que eles sentiram diretamente com o medo do Novo Testamento *(fobos)*, sob o qual os cristãos devem viver.

Não era algo sem precedentes.

Jesus Cristo, o Filho de Deus, foi a encarnação de Isaías 11:2-3:

> "O Espírito do S*enhor* repousará sobre ele — o Espírito da sabedoria e do entendimento, o Espírito do conselho e do poder, o Espírito do conhecimento e do **temor do S*enhor*** — e ele se deleitará no **temor do S*enhor*.**"

Jesus ensinou aos Seus discípulos:

> "... Não temais [fobos] os que matam o corpo e não podem matar a alma; temei [fobos], antes, aquele que pode fazer perecer no inferno tanto a alma como o corpo." (Mateus 10:28)

Esse que "pode fazer perecer no inferno tanto a alma como o corpo" é Deus.

Nenhum *fobos* frente à assassinos.

Fobos diante de Deus.

De acordo com nosso Senhor Jesus Cristo, aquele sentimento interior de medo que temos quando enfrentamos um assassino, na verdade deveríamos ter em relação a Deus. Ele ensinou o medo como um elemento crucial do temor do Senhor.

A maioria das pessoas nunca aprendeu sobre esse medo, nem mesmo o leva em consideração, porque não se alinha com nossa visão cultural do "bom velhinho" no céu.

Paulo, o apóstolo das nações, mostrou que há uma conexão direta entre o conceito de temor do Senhor no Antigo e no Novo Testamento. Lembre-se, Paulo era um fariseu — conhecia a Lei por dentro e por fora — e um *apóstolo* de Cristo, após sua transformação na estrada de Damasco.

Quem melhor para fazer a conexão entre as ideias do Antigo Testamento e as do Novo?

Por isso, ele implora por *fobos* e alerta que Deus não nos poupará, assim como não poupou Israel (Romanos 11:21). Paulo infere que quem conhece a história de Israel e conhece o Deus de Israel — aprenderá a temer.

A carta aos Hebreus reforça essa afirmação (Hebreus 12:29). Embora a Epístola mostre que estamos muito melhor em nosso novo relacionamento com Deus, ela ainda retorna à experiência no monte Sinai e diz de forma simples e poderosa: *"Nosso Deus é um fogo consumidor"*.

Para resumir, Deus não mudou! Nem o temor de Deus.

Fizemos de Deus algo que Ele não é. Damos sim o respeito que Ele merece como *"Rei eterno"* (1 Timóteo 1:17), mas não o temor devido como fogo consumidor que não pode ver pecado.

Como veremos no próximo capítulo, essa ideia torcida do temor do Senhor infiltrou-se em nosso pensamento a respeito da salvação, da cruz e da ira de Deus — e o equívoco não é pequeno.

Medo e amor

Espero que nas últimas seções, as Escrituras e o Espírito Santo tenham deixado claro que o temor do Senhor contém definitivamente um elemento de medo. Isso deve ter mudado ou melhorado sua compreensão da imagem de Deus.

Talvez este verso me veio à mente:

"No amor não há medo antes o perfeito amor lança fora o medo; porque o medo envolve castigo; e quem tem medo não está aperfeiçoado no amor." (1 John 4:18)

Humm... parece haver uma contradição aqui, porque a palavra usada aqui para "medo" é justamente *fobos*.

E assim, deparamos com uma tensão misteriosa: *devemos* viver no temor do Senhor, mas o amor perfeito *lança fora* o medo.

Então devemos temer e... não temer? Ambos ao mesmo tempo?

Muitos apresentam a explicação de que "o Antigo Testamento era sobre o medo, mas o Novo Testamento é sobre o amor", mas essa não é a resposta. Essa visão não só é muito superficial, mas também perigosamente enganosa.

Por quê? Porque esse pensamento muda nossa imagem de Deus: um Yahweh duro e rigoroso e um Jesus bondoso. Com isto em mente, eles aplicam 2 coisas a toda a Bíblia:

① O rigoroso Yahweh do Antigo Testamento deve ser temido, mas Jesus é só amor e bondade.

② No Novo Testamento, o "amor do Senhor" substitui o "temor do Senhor".

Esse tipo de pensamento põe dois conceitos em contraposição, quando na verdade são complementares. E, quando eles são colocados um contra o outro, obriga os cristãos a tomar uma decisão: "Que versão de Deus eu quero seguir?". Se o Diabo conseguir fazer com que nós acreditamos apenas 50% da verdade, então seu objetivo já foi alcançado.

Porque *metade* de uma verdade é uma mentira *inteira*.

Por isso, o Diabo tenta anular o temor de Deus através de meias verdades, porque sabe que seu conceito de 50% Jesus eliminará nossa santidade prática. E sabemos que "*sem santidade ninguém verá o Senhor*" (Hebreus 12:14). E, se *não* vemos Deus com nossos olhos, *não* cresceremos no conhecimento dele.

Uma inversão de Provérbios 1:7 diria: "*A inexistência do temor do Senhor é o fim do conhecimento*".

Devemos resistir conscientemente a essas manobras que apenas valorizam parte do caráter de Deus, à custa de outra. Nosso Senhor Jesus é Yahweh: "*Jesus Cristo, ontem e hoje, é o mesmo e o será para sempre*" (Hebreus 13:8).

O Antigo Testamento também era sobre o amor e o Novo Testamento também é sobre o temor. Deus é um só. E Ele é consistente. Ele não mudou, nem Seu objetivo. Ele é e continua sendo o mesmo — santidade prática. E quer "refinar" os cristãos que desejam segui-lo em santidade e temor, mas que também O amam.

Mas então, o que significa 1 João 4:18? O que é esse "perfeito amor" que afasta o medo?

Talvez o primeiro passo para isso seja compreender o ponto de vista e o estilo de escrita do apóstolo João. Para fazer isso, vamos compará-lo com o apóstolo Paulo.

João tende a ver as regras, e Paulo, as *exceções*.

- João diz que um filho de Deus não pode pecar (1 João 3:9).
- Paulo diz que um filho de Deus ainda tem um corpo que peca (Romanos 7).

João vê a perfeição como o *objetivo*, enquanto Paulo ainda está *a caminho* da perfeição.

- João diz que já temos a vida eterna (João 17:3).
- Paulo diz que ainda aguardamos a vida eterna (Romanos 6:22).

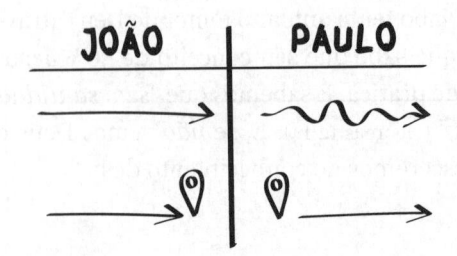

Isto esclarece o que João quer dizer quando afirma que o "amor perfeito expulsa o medo".

"Perfeito" aqui é a palavra grega *teleios*, que deriva de *telos* ("objetivo", "fim") e significa literalmente "amor que cumpriu seu objetivo" ou "amor na linha de chegada".

Portanto, de acordo com João, como eu sou perfeito, não vou pecar, e, portanto, também não tenho o que temer. Ele escreve sobre nosso estado celestial como algo já efetivo no presente, mesmo aqui na terra.

Você pode então se perguntar: *"Sério? Então podemos viver neste estado (perfeitos) ainda nesta terra?"*

Segundo o que João nos diz, sim.

E por quê? Porque Deus já fez tudo o que era necessário para que nós não tivéssemos mais que pecar.

Portanto, no momento, por um lado somos perfeitos (diante de Deus), mas, por outro lado, não somos perfeitos (enquanto estivermos aqui na terra).

Poderíamos dizer que João apresenta apenas um lado da moeda.

Talvez ainda um pequeno complemento: o termo "imperfeito" (estar sujeito ao pecado) apenas se aplica a uma parte de nós... mas fique tranquilo: aprenderemos mais sobre isso no capítulo 11.

Por enquanto, guarde isto em mente: o amor de Deus por nós é perfeito, mas os cristãos só serão perfeitos quando receberem o corpo transformado (1 Coríntios 15:51). Após essa transformação, não teremos o que temer no dia do Juízo Final.

O estado normal de um cristão é que ele viva, pela fé, o que ele já é em espírito (e também o que ele será quando receber o corpo glorificado e sem pecado): perfeito.

De novo: o cristão não precisa mais temer o juízo — a questão foi resolvida de uma vez por todas através da cruz.

Isso é o que João está dizendo.

Ele não está ensinando que o cristão pode viver a vida de qualquer maneira, porque Deus apenas "o amará e jamais o castigará".

Sabemos que não é isso, pois João diz na mesma carta que "*há pecado que leva à morte*" (1 João 5:16). Para certos pecados que o ser humano comete, a resposta de Deus é a morte, *mesmo que seja cristão*.

Isso nos faz temer. Caro leitor, nosso Deus é santo.

Por isso, enquanto nosso corpo não for transformado em um corpo perfeito e sem pecado, temos boas razões para temer a Deus e para "*...desenvolver a nossa salvação com temor e tremor*" (Filipenses 2:12).

Paulo, em seu conhecido Capítulo de Amor, diz:

> "*Em parte conhecemos [...]; quando, porém, vier o que é perfeito, então, o que é em parte será aniquilado.*"
> (1 Coríntios 13:9-10)

Se isso não é explicação suficiente, pule para o capítulo 11 e depois retorne para cá. Acredito que fará bastante sentido.

PONTOS-CHAVE

① **Às vezes, para ver, é preciso primeiro ficar cego.** Nós precisamos repensar — à luz da Palavra — a imagem que temos de Deus, deixando de lado os nossos pressupostos. Isso exige que nós nos tornemos cegos; que deixemos de lado o que pensamos saber, a fim de enxergar a verdade.

② **Comece do zero — pelo temor do Senhor.** É Biblicamente inaceitável dizer que o temor do Senhor não tenha nada a ver com "medo". Esse é o primeiro equívoco que você precisa superar. Feito isso, você irá recalibrar até mesmo a sua fé.

③ **Temor = Temer.** Se prestarmos atenção à linguagem, bem como às passagens e personagens da Bíblia, descobriremos que o temor do Senhor implica o elemento "medo". Isto tem grande impacto sobre o significado da cruz e de nossa santificação.

ORAÇÃO

Senhor, deixa-me ver Tua pessoa e Tua obra na cruz de uma maneira nova e correta! Ajuda-me a perceber que o temor é uma parte fundamental de meu relacionamento contigo.

CAPÍTULO 9

A CRUZ E OS PECADOS

A CRUZ MOSTRA COMO DEUS ODEIA PECADOS

Eles vos expulsarão das sinagogas; mas vem a hora em que todo o que vos matar julgará com isso tributar culto a Deus. Isto farão porque não conhecem o Pai, nem a mim.

— JOÃO 16:2-3

Uma vez salvo — mas perdido para sempre

Posso perder minha salvação? Essa é uma das cinco perguntas mais frequentes que recebo todos os dias. E é compreensível — há trechos da Bíblia que podem ser compreendidos nesse sentido.

Conheço a resposta-padrão do mundo evangélico: *"Uma vez salvo, salvo para sempre"*. E, embora eu acredite que os cristãos podem ter plena garantia de salvação, essa verdade é por vezes aplicada de uma maneira enganosa, especialmente quando perdemos de vista quem Deus é.

Deixe-me primeiro esclarecer alguns pontos que você deve ter em mente quando passar pelas próximas páginas, ok?

- Sim, as Escrituras ensinam a certeza da salvação.

- Sim, depois de recebermos o Espírito Santo, Ele permanece conosco para sempre (João 14:16).

- Sim, o Espírito Santo é a garantia de que iremos para o céu (Efésios 1).

- E sim, nossa vida está *"oculta juntamente com Cristo, em Deus"* (Colossenses 3:3).

Mantenha esses pontos em mente ao ler as próximas linhas.

Mas, muitos daqueles que hoje pregam "uma vez salvos, salvos para sempre", o apresentam de uma maneira muito enganosa — o que significa ser salvo é mal explicado. Tornando a aplicação "moderna", amplamente difundida hoje, até antibíblica, e falsa. Nós *sabemos* que haverá pessoas às portas do céu *pensando* que poderão entrar, mas *não entrarão*. Pessoas que pensaram ser salvas, mas perdidas, porque nunca nasceram da água e do Espírito (João 1:13; 3:5).

Mateus 7:22-23 me faz tremer:

"*Muitos, naquele dia, hão de dizer-me: Senhor, Senhor! Porventura, não temos nós profetizado em teu nome, e em teu nome não expelimos demônios, e em teu nome não fizemos muitos milagres? Então, lhes direi explicitamente: nunca vos conheci. Apartai-vos de mim, os que praticais a iniquidade.*"

Uma imagem angustiante. É de partir o coração.

Não é de admirar que fiquemos aflitos ao ouvir que podemos perder a salvação.

A Bíblia deixa claro — alguns virão a Jesus esperando uma recompensa. Muitos dirão que fizeram muitas coisas *em Seu nome* — não em nome de religião. Até o chamaram de "Senhor"! Tiveram manifestações espirituais marcantes: profetizaram em nome de Jesus!

E ainda assim eles estão perdidos.

Como? Como podiam pensar que estavam no caminho certo e estando longe?

O problema é este: Jesus não os *conhecia*.

Lembra-se do significado de "conhecer", que explicamos no capítulo 4? Significa "intimidade" e "relacionamento". Mas esses nunca tiveram um relacionamento íntimo com Jesus Cristo.

Enquanto escrevo isto, meus olhos se enchem de lágrimas e meu coração está pesado. Porque não é uma teoria para mim.

Há rostos que vejo quando escrevo isto.

Amigos meus.

Pessoas que sentiam uma paixão ardente por Deus. Confessavam seus pecados, não viviam em pecado, evangelizavam nas ruas, liam comentários bíblicos, lideravam grupos de jovens, encorajavam os outros. Conheciam bem a Bíblia e oravam mais que a maioria dos leitores deste livro.

Eles eram "salvos", de acordo com os padrões do cristianismo moderno — "salvos" que hoje se apresentam como ateus ou se classificam como "agnósticos abertos".

Os pregadores do "uma vez salvo, salvo para sempre" irão dizer que 1) eles nunca foram salvos ou 2) são filhos pródigos. A primeira resposta é simplista demais. Como alguém que conviveu com alguns desses "desconvertidos" durante anos, tenho de admitir: eles pareciam tão convertidos quanto qualquer um que esteja lendo este livro! Isso deveria afetar seriamente nossa pregação. Afinal, eram jovens que preenchiam todos os requisitos e *pareciam* tão genuínos quanto todos nós.

A segunda explicação não se sustenta. A história do filho pródigo nunca foi sobre um crente que abandonou a fé, mas sobre um pecador que vem ao arrependimento. Então, como se chegou ao estranho conceito de que alguém pode ser salvo mesmo quando continua vivendo em pecado? Será que é porque cremos que uma vez que eles confessaram seus pecados e viveram um estilo de vida religioso está tudo bem? O que essa doutrina oferece, na verdade, é uma falsa sensação de segurança.

Uma segurança *eterna*.

Mas uma segurança *falsa*.

Triste é saber que isso vai mudar no momento em que eles se encontrarem "com o Eterno". Eles descobrirão que erraram.

Só podemos obter a segurança eterna quando vemos o pecado da perspectiva de Deus.

E essa perspectiva é a de *odiar o mal*. Não podemos viver em pecado e ao mesmo tempo afirmar que odiamos o mal.

"*O firme fundamento de Deus permanece, tendo este selo: O Senhor conhece os que lhe pertencem. E mais: Aparte-se da injustiça todo aquele que professa o nome do Senhor.*"
(2 Timóteo 2:19)

O cristão que vive em "iniquidade" (pecado) não pode ter a garantia de ser *conhecido* por Deus. A Bíblia adverte que tal pessoa corre o risco de ouvir as palavras: "nunca vos conheci". São as três palavras mais aterrorizantes que alguém pode ouvir.

Estudo de caso: A conversão de Caio

> "*Então, disse Saul a Samuel: Pequei, pois transgredi o mandamento do SENHOR e as tuas palavras; porque temi o povo e dei ouvidos à sua voz.*"
>
> — 1 SAMUEL 15:24

Eis a triste verdade: um ser humano pode confessar seus pecados *e ainda assim* ser um descrente. O rei Saul é um exemplo disso.

Olhe ao redor. Hoje a Igreja está cheia de falsos convertidos.

Infelizmente, não é tão difícil entender exatamente como essas falsas conversões acontecem... vamos à história de um garoto chamado Caio.

Caio decidiu passar o verão em um acampamento bíblico. Seus pais haviam participado do mesmo acampamento quando eram jovens e acharam que Caio poderia fazer boas amizades lá. O ambiente era incrível — tudo girava em torno da Bíblia.

Os jogos eram bem pensados, o local era incrível e o grupo era grande e cheio de energia.

À noite, o instrutor, um cara super simpático, superbronzeado e super popular, contaria histórias fascinantes sobre Deus. Ele era praticamente o irmão mais velho que Caio sempre desejou ter.

Caio também gostou da ideia, em parte porque Jéssica também estaria lá. Ela era uma *garota doce e totalmente ligada a Deus*.

Sua biografia do Instagram dizia: *"Um pouquinho de café e muito de Jesus"*. Caio sabia que esses assuntos de Deus e Igreja lhe permitiam conhecer e conversar com as meninas da igreja.

Quarta-feira à noite, quando todos estavam em seus alojamentos e os instrutores faziam um curto devocional antes de dormir, um garoto do grupo de Caio perguntou sobre a existência do inferno. O instrutor prontamente respondeu que o inferno é real — um lugar onde Deus está ausente. Mas ele também garantiu que ninguém precisava se preocupar, se tivessem Jesus no coração.

Todos já dormiam, mas esta pergunta deixara Caio pensativo, até assustado.

Para não ouvir os roncos, Caio puxou seu saco de dormir para cima da cabeça e ficou remoendo o assunto. Caio percebeu que não sabia se tinha "Jesus no coração".

No dia seguinte, depois de uma noite de pouco sono, Caio sentia-se cansado... e não conseguia parar de pensar no inferno. Na tarde, durante a hora da piscina, os instrutores do acampamento conversavam entre si — eles viam que Caio estava muito pensativo. Eles, como "irmãos mais velhos" de Caio, acharam que talvez ele estava pronto para tomar uma decisão naquela noite.

Isso encorajava bastante os instrutores, especialmente Carlos, já que seria o responsável pela mensagem da noite.

O sermão de Carlos foi bem simples e fácil de acompanhar. A mensagem baseava-se no fato de que *aceitar Jesus* nos leva para uma zona segura. Caio ouvia com atenção. Ele sabia que era o sonho de seus pais ouvir que ele também *"aceitou Jesus"*. Jéssica provavelmente também ficaria feliz.

No final da mensagem, Carlos convidou todos os que queriam se decidir por Cristo a levantar a mão. Caio levantou a mão. Estava decidido: aquela era a noite. Ele queria esse "Jesus". Finalmente poderia dormir melhor à noite, sem medo, e os amigos que fizera no acampamento certamente achariam legal ele ter se convertido. Um instrutor caminhou até onde Caio estava, e começou uma pequena conversa — ele explicou mais uma vez que não se tratava de religião ou de "boas obras", mas que o importante era um *relacionamento pessoal* com Jesus.

Caio concordou e disse que ele queria começar esse relacionamento.

Juntos, eles fecharam os olhos e fizeram uma oração.

Quando disseram "amém", o jovem instrutor levantou os olhos e com um grande sorriso disse: *Amém*.

Outra alma perdida salva do inferno!

No dia seguinte, durante o café da manhã com todo o acampamento, o maravilhoso anúncio foi feito: "Ontem à noite, Caio aceitou Jesus". Uhu! As outras crianças começaram a aplaudir e a gritar. Uma ligação foi feita aos pais do Caio para dar a boa notícia. Todos os esforços do acampamento valeram a pena.

Estava planejado para aquela noite a Noite dos Talentos. De pé, Caio contou, emocionado, sua incrível história de conversão e, imaginando a nova vida que começaria agora, ele declarou que aguardava ansiosamente por todas as coisas que Deus iria lhe conceder.

Mas o fato é que havia um problema.

Apenas, um, mas era *um grande problema*.

<u>Caio não era salvo.</u>

Ele havia aceitado o convite para começar um relacionamento com Deus porque as contrapartidas valiam a pena.

Caio nem sequer estava consciente do peso agonizante de seu pecado.

Ele não entendia que era culpado e merecia a morte.

Não sabia por que Jesus teve de morrer pelos seus pecados.

Pensava apenas que não tinha nada a perder — e tudo a ganhar. Era uma chance de evitar o inferno e de ganhar um "amigo" que lhe daria tudo que desejasse.

Ele começou uma jornada com um ídolo que não existe.

Um ídolo chamado "Jesus".

A decisão de Caio foi tomada sob pressão: pressão física,

porque estava cansado; pressão emocional, porque seus amigos, instrutores e familiares esperavam algo dele; pressão intelectual, porque um conceito criado por homens acerca do inferno o aterrorizava.

Como todo hedonista, ele queria eliminar esta pressão *"agora"* — afinal, pressão é dor, e já vimos como todos queremos evitar a dor.

Caio sabia que toda aquela pressão iria embora se ele simplesmente aceitasse Jesus. Era um meio para um fim — um recurso para escapar do inferno. Um recurso para agradar a seus pais, para ter uma chance com uma menina bonita e, como um bônus, ganhar de imediato uma boa dose de dopamina com toda a atenção que receberia.

Para anestesiar a dor, ele aceitou Jesus. Não lhe custou nada. Não havia cruz para carregar. Foi uma vitória fácil.

Mas faltava uma coisa: *o temor do Senhor, o ódio ao pecado*.

Para entender *realmente* o que isso significa, precisamos:
- nos colocar aos pés da cruz *(para sentir o peso do pecado);*
- dar uma olhada no inferno *(para ver como ele é de fato).*

Nossa visão errada do inferno

> Então, os homens se meterão nas cavernas das rochas e nos buracos da terra, ante o terror do Senhor e a glória da sua majestade, quando ele se levantar para espantar a terra.
>
> — ISAÍAS 2:19

Para entender o que é a cruz, precisamos começar por onde começa todo conhecimento: o temor do Senhor. O ódio ao pecado. Há dois lugares onde podemos testemunhar o ódio de Deus pelo pecado.

Um é a cruz. O outro é o inferno.

Olhando para um, teremos um vislumbre do outro. Compreender ambos é a chave para bom entendimento de quem é Deus.

O inferno foi um tema muito discutido no século passado. E é fácil entender por quê: o inferno é o extremo oposto do hedonismo. Para quem busca o prazer, o tormento eterno é a pior coisa que se possa imaginar. Mas o que pretendo mostrar aqui é que o *fogo consumidor* de Deus e o *fogo do inferno* não são coisas distintas. Ambos provêm da mesma fonte. Deus criou o inferno, portanto, o inferno é uma expressão de Deus.

Eu sei que isso parece estranho — é o contrário do que sempre ouvimos — mas deixe-me mostrar como que chegamos a essa ideia errada sobre o inferno. Começa, paradoxalmente, com o céu.

Deus, o céu e o inferno

Não acredito no céu ou no inferno, nem em um velho sentado em um trono. Acredito em um poder superior, maior que eu, porque isso me mantém responsável.

— KATY PERRY (entrevista à revista Marie Claire, 2013)

Vamos voltar à história de Caio por um momento.

O que Caio experimentou pode ser comparado com um "casamento fictício". Um casamento fictício é aquele em que o casal não vive junto e só oficializa o matrimônio para que um deles possa obter o visto de residência em algum país. A razão da existência do casamento fictício não é um relacionamento, mas a garantia de um benefício para uma das partes.

De certa forma, existe o perigo de nos aproximarmos do céu e do inferno com este pensamento. Jesus é um bilhete de passagem para o céu e um seguro de vida contra o inferno.

Mas essa lógica não funciona... nem em relação a Deus, nem ao céu e nem ao inferno. Porque é impossível separar Deus do céu. Eles estão intimamente ligados. São quase uma coisa só. Deus é a essência do céu. Não se pode ir para o céu sem Deus, assim como não se pode nadar no oceano sem a água.

Jesus não é apenas um meio de chegar ao céu. Podemos dizer que Ele *preenche* o céu. Ele mesmo disse:

"E a vida eterna é esta: que te conheçam a ti, o único Deus verdadeiro, e a Jesus Cristo, a quem enviaste." (João 17:3)

Portanto, a vida eterna é conhecer Jesus.
É ter um relacionamento *íntimo* e profundo com Ele.
Você já se perguntou por que a Bíblia fala tão pouco das coisas que estão no céu? A Bíblia fala de todas as coisas que estão no céu. E todas essas coisas são Jesus Cristo.
Muitos acreditam que o céu pode ser um lugar de perfeição e felicidade sem levar em conta a presença de Deus. Isso é a terra da fantasia. Lembre-se de Rhett e Link.

A onipresença de Deus (e o inferno)

Vamos ver como chegamos à ideia de separar "inferno" de "Deus", e se esse pensamento resiste quando confrontado com a Palavra de Deus.

Você já deve ter ouvido falar que o inferno pode ser definido como "a ausência de Deus". C. S. Lewis foi um dos pensadores que moldaram essa ideia em vários de seus livros, nos quais descreve o inferno como um buraco negro.

Esse pensamento deixou uma marca profunda em mim também. Me lembro muito bem como isso influenciou a maneira como que eu imaginava o inferno e como que falava do inferno a outros. De alguma forma, essa definição me parecia diplomaticamente correta, um modo mais polido de falar do inferno, que não precisava mencionar o "fogo". Além do mais, eu nunca havia entendido o "lago de fogo". Parecia radical demais.

Mas hoje quero desafiar essa noção. Ela não está completamente errada, mas levada ao extremo pode ser mal compreendida. E esse mal-entendido pode nos levar a separar Deus do inferno. E se esse for o caso, teremos grandes problemas teológicos, devido a uma imagem distorcida de Deus. Como Rhett, Link e muitos outros.

Então quem é Deus?

Deus é onipresente (Provérbios 15:3; 1 Reis 8:27; Colossenses 1:17).

Ser onipresente significa estar em todos os lugares.

O Salmo 139 deixa isso bem claro quando pergunta: "*Para onde me ausentarei do teu Espírito? Para onde fugirei da tua face?*"

"Para lugar nenhum", é a resposta correta, não só nesse salmo, mas em toda a Bíblia.

Não há lugar onde Deus não esteja.

Mas o que essa realidade tem a ver com o inferno? Deixe-me esclarecer com uma imagem que criei ao pensar "em Deus ausente do inferno". De acordo com essa imagem, Deus está completamente desconnectado do círculo do inferno, certo?

Foi assim que você imaginou também?

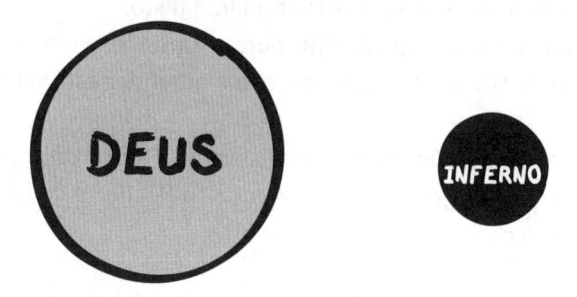

DEUS **INFERNO**

Mas você sabe o que é isso? O primeiro passo para a idolatria. Porque esse pensamento nos induz a ver Deus de forma errada — a crer em um Deus que não existe. O *verdadeiro* Deus não tem círculo. Ele não tem limites. O Deus do céu e da terra está *em toda parte*. Uma imagem mais coerente seria esta:

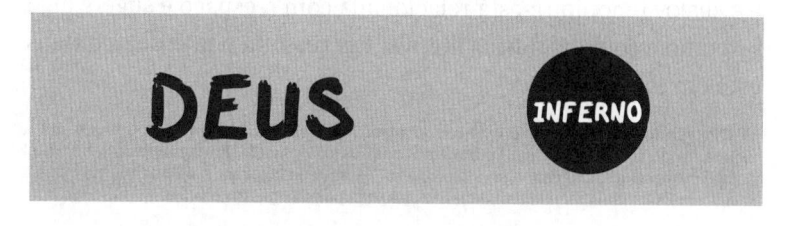

DEUS **INFERNO**

Deus é onipresente. É por isso que o salmista diz:

"*Se subo aos céus, lá estás; se faço a minha cama no mais profundo abismo²⁸, lá estás também.*" (Salmo 139:7)

Leia novamente a frase. E mais uma vez. Deus está em toda parte. Não há lugar onde Deus não esteja.

Contudo, odiamos essa ideia, porque a imagem do "buraco negro" nos leva a imaginar uma situação em que as pessoas no inferno sofrem apenas a dor passiva causada pela ausência de Deus. Mas a verdade medonha é que os pecadores sofrerão <u>dor ativa</u> pela presença de Deus. O pecador não arrependido "*será atormentado com fogo e enxofre, diante dos santos anjos e* **na presença** *do Cordeiro*" (Apocalipse 14:10).

Sei que esta é uma pílula difícil de engolir. Mas logo veremos por que isso é necessário, e perfeitamente justo.

Mas antes vamos considerar outras questões a respeito da "*ausência de Deus*". Por exemplo, como entender este versículo:

"*Aqueles que não conhecem a Deus [...] sofrerão a pena de eterna destruição, banidos da face do Senhor e da glória do seu poder...*" (2 Tessalonicenses 1:7-9)

Como alguém pode estar "*na* presença" do Cordeiro, como vimos em Apocalipse 14, e ser punido com "*a separação* da presença do Senhor", como diz 2 Tessalonicenses? Não seria uma contradição?

Não. Vamos analisar os dois termos.

Em Apocalipse 14, a palavra grega traduzida como "presença" é ἐνώπιον (enōpion): está relacionada com o espaço e sugere algo próximo e com distâncias literais. Ela ressalta o fato de que Deus está em *toda* parte.

---

28 "Profundo abismo" aqui é o Sheol. Era um lugar escuro (Salmos 116:3) e não era a esperança do crente do Antigo Testamento (Salmos 30:4; 31:18). Em nenhum lugar o Sheol é visto positivamente. O salmista está dizendo: "Mesmo no lugar mais escuro que você possa imaginar, Deus está lá também." Deus está em toda parte (veja Amós 9:2).

Em 2 Tessalonicenses, a palavra grega para "presença" é πρόσωπον (prosopon) e se refere ao rosto de uma pessoa ou à sua aparência exterior. Portanto, as pessoas não verão o rosto de Deus — prosopon — (2 Tessalonicenses 1:7-9) mas serão julgados em Sua presença (enōpion). Deus permanece onipresente (Salmo 139; Apocalipse 14).

O INFERNO É O JULGAMENTO DE DEUS. É DEUS VIRANDO O ROSTO.

É como uma criança ignorada pelo pai. Temos um exemplo em Davi e Absalão. Absalão foi banido por Davi por causa de uma má ação. Depois, a pedido de Joabe, Absalão foi autorizado a retornar, porém o rei proibiu o filho de ver seu rosto. A dor de Absalão foi tão intensa que ele declarou que preferiria morrer a nunca mais poder olhar o rosto do pai (2 Samuel 14:32).

A punição não é a ausência de Deus, mas Sua presença sem mostrar o rosto:

> "Quando escondes o rosto, entram em pânico..."
> (Salmo 104:29 NVI)

Há outra pergunta que poderíamos fazer.

Se 1 João 1:5 afirma: "...*Deus é luz, e não há nele treva nenhuma*", então como pode haver escuridão quando Deus está presente?

Acontece que a presença de Deus é justamente apresentada como escuridão. Por exemplo, quando Deus veio ao encontro de Abraão: "...*eis que grande espanto e grande escuridão caíram sobre ele*" (Gênesis 15:12 ARC). Ou quando Deus entregou a Lei a Moisés (Êxodo 20:21), lemos que Ele estava em uma "nuvem escura". Deus pode até mesmo criar escuridão (Isaías 45:7) e torná-la Sua morada (1 Reis 8:12).

Por quê? A razão é o pecado.

Deus habita na escuridão, não por ser sombrio — Ele é luz. Mas nós, pecadores, somos espiritualmente obscuros (perdidos), e é por isso que Deus se apresenta de forma escondida na escuridão.

Ele *"fez das trevas o seu lugar oculto; o pavilhão que o cercava era a escuridão das águas e as nuvens dos céus."* (Salmo 18:11 ARC)

Assim, a escuridão do inferno não significa que Deus esteja ausente, e sim que nada da beleza, da graça e do amor de Deus pode ser visto no inferno. Ele está presente, mas sem se revelar. A escuridão é o que os humanos pecaminosos experimentarão por toda a eternidade. Não a ausência de Deus, mas Seu rosto virado, oculto na escuridão, e o fogo consumidor que Ele sempre foi.

Portanto, quando morremos, estamos ausentes do corpo e na presença do Senhor (2 Coríntios 5:6-8). Para alguns, significa que finalmente estarão com o Deus que amam. Para outros, significa estar junto com o Deus que odeiam e desprezam.

Jonathan Edwards, de forma eloquente, resumiu: *"Deus será o inferno para uns e o céu para outros".*[29]

O inferno também é relacional

Os últimos parágrafos foram chocantes. Eu entendo.

Mas ter a visão corrigida irá ajudá-lo a compreender a justiça de Deus. Você finalmente irá entender por que existe um lago de fogo e por que isso é perfeitamente justo.

Eu também cria que o inferno era um lugar totalmente desconectado de Deus. Acreditava que era como uma câmara de tortura, uma sala de vingança divina. Na verdade, isso é o que muitos evangélicos pensam sobre o inferno. Mark Strauss, em um artigo da *National Geographic*, escreve que muitos cristãos têm dificuldade para conciliar estes dois pensamentos: um Deus amoroso e o castigo eterno.

29 Sermão intitulado "There is such a thing as eternity" [Existe uma coisa como a eternidade].

Lembre-se de Rhett e Link. Eles pensam como o teólogo Charles Pinnock: *O tormento eterno transforma Deus em um monstro sanguinário que mantém um Auschwitz eterno para suas vítimas.*[30]

Percebe o problema?

Pinnock vê "um monstro" e "um Auschwitz eterno". Duas coisas diferentes. Ele vê dois círculos. Ele vê um Deus que criou o inferno para torturar seres humanos. Mas não há dois círculos. Existe apenas um. Além do mais, o inferno não foi criado para torturar pessoas: é uma resposta divina da Trindade ao pecado. É o temor do Senhor em ação. Deus é um fogo consumidor que odeia o mal. Quando Satanás *escolheu* ser mau, o fogo do inferno foi a resposta divina, orgânica e automática: o julgamento do mal. No momento em que Satanás pecou pela primeira vez, o lago de fogo foi criado. Não podia ser de outra forma. Esse lago foi criado exclusivamente para Satanás e seus anjos caídos (Mateus 25:41).

Mas o homem *escolheu* ser mau também!

Que ato terrível!

Que tolice pensar que poderíamos competir contra o fogo consumidor! Identificamo-nos com o pecado e seguimos rumo a uma eternidade na presença de Deus. Que horror!

É por isso que o Senhor falou tanto do inferno quando estava aqui nessa terra. Não era alarmismo: era puro amor! Ele estava advertindo o povo:

> Não vá assim para a presença de Deus! *"O Senhor julgará o seu povo. Terrível coisa é cair nas mãos do Deus vivo!"*
> (Hebreus 10:31 NVI)

Se conhecêssemos o verdadeiro Deus, falaríamos mais de quem Ele é e alertaríamos nossos colegas, amigos e familiares de que o inferno não é um mito da Idade Média, mas o horror da terrível presença de um Deus santo que odeia o pecado. E com razão.

---

30 Disponível em: https://www.nationalgeographic.com/culture/article/160513-theology-hell-history-christianity

O inferno não é questão de pagamento, mas de relacionamento. Ninguém estará *pagando* por algo: está na presença de *alguém*. Na presença do Fogo Consumidor. Do Santo.

Outra coisa que acontece quando separamos Deus do inferno é que o inferno se torna algo a ser temido — sem levar Deus em conta. Se Deus não está presente no inferno e ainda assim o inferno é temível, então o que existe é o "temor do inferno". Se o inferno é um lago de fogo e Deus apenas o Pai Amoroso, então sim, o inferno deve ser mais temido que Deus.

Mas isso contradiz a Bíblia, pois ela afirma que Deus deve ser nosso maior temor:

"Porque grande é o Senhor e mui digno de ser louvado, temível mais que todos os deuses." (Salmo 96:4)

Portanto, se separarmos Deus do inferno, iremos temer mais o inferno que a Deus. Mas Jesus deixou claro que é a Deus a quem mais devemos temer:

"Não temais os que matam o corpo e não podem matar a alma; temei, antes, aquele que pode fazer perecer no inferno tanto a alma como o corpo." (Mateus 10:28)

Não, Deus deve ser temido muito mais que o inferno, porque inferno é o resultado de Sua santidade.

O inferno não é a *ausência* de Deus: é o próprio peso da *presença* de Deus, onde Ele desencadeia Sua ira e destruição sobre o pecado.

Depois que, pela compreensão da Palavra de Deus, *reconectei* o inferno ao caráter de Deus, as coisas se tornaram muito claras para mim. De repente, o inferno voltou a fazer sentido, embora continuasse a ser aterrorizante.

Espero que estas linhas tragam esclarecimento a você também.

Não seja como Clark Pinnock, que continuou:

Quando se trata de Céu e inferno, se Deus quisesse que, de uma forma ou de outra, soubéssemos algo definitivo, Ele teria sido mais claro. Mas Ele deixou apenas pistas provocantes sobre o que poderá acontecer. Então, podemos seguir em frente, felizes, e conviver com esse mistério.

Nada poderia estar mais longe da verdade. Jesus Cristo foi muito claro sobre o inferno. Ele falou sobre isso mais que qualquer outro na Bíblia. Ele nos advertiu, porque sabia de que se trata. *Não* se trata de uma câmara de tortura medieval, mas de passar a eternidade na presença de um Deus *perfeito sem ser perfeito*.

Quando Ele falava sobre o inferno, estava dizendo: "Tenha cuidado! Sou um Deus vivo aterrorizante. Você está morto. Contrário a quem eu sou. É terrível morrer e cair nas mãos do Deus vivo. Devo ser temido. Você não pode entrar na minha presença com seu pecado."

Fazer isso seria o inferno.

Como Jesus suportou o inferno por nós

> *Quem poderá permanecer diante de ti quando estiveres irado?*
>
> — SALMO 76:7 (NVI)

"Explosões nucleares. Esse foi o ponto decisivo em minha vida", disse Douglas Hern, soldado britânico que presenciou cinco testes de bombas nucleares.[31] "Quando o clarão chegou até mim, pude ver minhas mãos através de meus olhos fechados, como se fosse raio-X. Em seguida, veio o calor. Foi como se alguém do meu tamanho tivesse pegado fogo e passado por dentro de mim. Foi uma experiência fora da realidade. Foi muito estranho. Havia colegas com hematomas e até pernas quebradas. Não podíamos acreditar.

---

31 Disponível em: <https://www.vice.com/en/article/wjk3wb/what-does-a-nuclear-bomb-blast-feel-like>hell-history-christianity>

Dizer que foi assustador é eufemismo. Acho que chocou todos nós e nos fez ficar em silêncio".

As histórias sobre testes de bombas nucleares são aterrorizantes. "Foi uma devastação total. Se eu estivesse olhando para você agora, veria todos os seus ossos. Veria todos os vasos sanguíneos. Tudo que eu vi foi uma bola de fogo colossal subindo e trovões, relâmpagos e tudo mais", diz David Hemsley, que vivenciou explosões atômicas aos 18 anos de idade. "Foi demais para alguns. Eles começaram a chorar e a chamar pela mãe. Foi horrível".

Quando li essa história pela primeira vez, fiquei chocado. Aquele era o poder desencadeado pela divisão de núcleos atômicos. Tente entender: um átomo. Uma das mais ínfimas partículas da criação de Deus. Ainda assim, uma ínfima representação do poder de Deus.

Agora deixe-me guiá-lo através desse pensamento.

Por que aquela "bola de fogo colossal" foi tão aterrorizante para aqueles homens?

Em primeiro lugar, porque eles estavam perto dela.

Em segundo lugar, porque não eram qualificados para estar na presença da bola de fogo. Se eles também fossem feitos de fogo, não haveria problema. Seriam absorvidos pelo calor. Mas eles eram carne. Humanos. Frágeis. Inflamáveis. E essas qualidades tornaram a bola de fogo ainda mais devastadora e perigosa.

Vamos agora pegar esse pensamento e juntá-lo ao que já foi dito sobre o inferno. Mas antes disso lembre-se de que estamos pisando em solo sagrado. Ore ao Senhor e peça a Ele que o ajude a entender o significado espiritual das próximas linhas.

Quando o Filho eterno estava na eternidade com o Pai, Ele era um com o Pai. Ele amava o Pai. Em perfeição, Ele amava a *"bola de fogo colossal"* (veja João 17:24).

Ele gostava de sentar-se na presença de Deus.

Intimidade e poder eram Sua alegria (veja Provérbios 8:30).

Mas então o Filho se tornou homem.

Tremo ao escrever isto. Jesus Cristo tornou-se um ser humano com um único propósito: enfrentar a "bola de fogo colossal" do julgamento de Deus. Para usar uma imagem do cotidiano, Ele se tornou a madeira a ser queimada. Ou, para usar uma imagem bíblica, Ele se tornou o cordeiro a ser abatido.

O Cordeiro da Páscoa.

Uma vez estive na Etiópia na época da Páscoa — foi uma experiência que marcou minha compreensão acerca dessa passagem. Meu anfitrião perguntou ao nosso grupo se queríamos celebrar a Páscoa, e todos concordamos entusiasticamente. Para esse fim, ele havia comprado um cordeiro no mercado de ovelhas, e viajamos quatro horas com o animal. Quem me conhece sabe que amo os animais. E, após quatro horas ouvindo seu balido, acariciando sua lã grossa e vendo a inocência em seus olhos, apeguei-me ao cordeirinho.

Mas então tive de matá-lo... com uma faca.

Vou lhe poupar dos detalhes, mas foi horrível.

Detestei fazer aquilo.

Quase não consegui comer naquela noite.

Mas o poder daquele momento mudou minha visão da Páscoa para sempre.

O Criador se introduziu em Sua criação, com o único objetivo de morrer por Sua criatura. Ele morreu por nós para que nunca precisássemos enfrentar o juízo de Deus. É impossível entender a profundidade da cruz, mas graças a Deus temos uma ilustração eloquente e emocionante no Antigo Testamento para nos ajudar — o cordeiro da Páscoa, em Êxodo 12. Trata-se de uma imagem de Cristo, o Cordeiro de Deus que pelo derramamento do próprio sangue nos livrou da condenação eterna.

E essa figura da Páscoa é permeada pelo temor do Senhor. Compare:

1 O cordeiro tinha de morar na casa da família. Deus queria que a família conhecesse e amasse o cordeiro por experiência. Não apenas superficialmente. Não a *gnose*, mas a *epignose*. Para que *um* cordeiro se tornasse *o* cordeiro. Foi por isso que Jesus viveu normalmente em sociedade até os 30 anos, antes de começar Seu ministério. Ele mostrou que era verdadeiramente humano. Um de nós. Ainda assim, era *muito* diferente.

2 O cordeiro tinha de ser sem defeito. Representa a perfeição — saudável, sem mancha, puro, de bom aspecto. Em contraste conosco, Jesus Cristo viveu a santidade de Deus. Na descrição dos profetas: *"Repousará sobre Ele [...] o Espírito de conhecimento e de temor do Senhor"* (Isaías 11:2). Jesus odiou o mal durante toda a Sua vida terrena. João diz que *"nele não existe pecado"* (1 João 3:5). Paulo disse que Ele *"não conheceu pecado"* (2 Coríntios 5:21) e Pedro afirma que Ele *"não cometeu pecado algum"* (1 Pedro 2:22). Seu ser, Seus pensamentos e Suas ações eram sem pecado.

3 A morte do cordeiro livrava da ira. Todos os membros da família tinham de participar do abate do cordeiro. Do amado cordeirinho. Imagino as crianças sentadas ao redor da fogueira comendo o animalzinho que, horas antes, era seu pet. Era terrível. Elas provavelmente suplicavam: *"Papai, não podemos fazer isso!"*. E, com o coração pesado, ele respondia: "Eu sei meus filhos, mas se não o matarmos, serão vocês que o Anjo do Senhor irá matar". Era disto que se tratava a Páscoa: proteção contra a ira de Deus. Não a ira do faraó, mas a do Anjo do Senhor — do próprio Deus. 1 Tessalonicenses 1:10 declara que Jesus nos salva da ira futura de Deus.

4 O sangue era então aplicado nas laterais e no topo das portas das casas. Isso mostra o valor do sangue, pois sem derramamento de sangue não há remissão (Hebreus 9:22). E foi o sangue que realmente desviou a ira divina: *"O sangue vos será por sinal nas casas em que estiverdes; quando eu vir o sangue, passarei por vós, e não haverá entre vós praga* destruidora, quando eu ferir a terra do Egito" (Êxodo 12:13). Romanos 5:9 nos diz: "Logo, muito mais agora, sendo justificados pelo seu sangue, seremos por ele salvos da ira."

5. A família tinha de comer a Páscoa com pão sem fermento. Esse ato fala também do temor do Senhor. Por quê? O fermento é uma figura de padrões de pensamento maus (Mateus 16:12). Portanto, comer a refeição da Páscoa exerce um efeito santificador em nós. *"Cristo, nosso Cordeiro pascal, foi imolado. Por isso, celebremos a festa não com o velho fermento, nem com o fermento da maldade e da malícia, e sim com os asmos da sinceridade e da verdade"* (1 Coríntios 5:7-8).

Mas o que havia de tão sagrado na Páscoa?
Era o fogo aplicado ao cordeiro.
Isto também me faz tremer. O cordeiro era morto e assado no fogo.
Por que o fogo é tão importante?
Porque é uma descrição do que nosso amado Senhor Jesus suportou para proteger você e eu do justo juízo do fogo de Deus.
Hoje não gostamos do aspecto do fogo na cruz. Preferimos olhar para os benefícios. A ressurreição. As bênçãos. A vida. O amor.
Mas cadê o fogo? Com que frequência celebramos a ceia do Senhor? É a lembrança de Sua morte — do fogo.
Uma vez por trimestre? Uma vez por ano?
A igreja primitiva o fazia todos os dias.
Qual foi a consequência daquela lembrança contínua da ira da cruz? Atos 9:31 diz que a igreja primitiva:

> "...edificando-se e caminhando no temor do Senhor, e, no conforto do Espírito Santo, crescia em número."

Mas não pense que essa tendência de "evitar o fogo" é recente. Ela estava lá desde o início. Veja o que Deus disse durante a instituição da Páscoa:

"Não comereis do animal nada cru, nem cozido em água, porém assado ao fogo..." (Êxodo 12:9)

Deus conhecia a tendência do homem de tornar as coisas "mais agradáveis" — ou aguadas. De tornar o quente em morno. Por isso, foi explícito: queria a carne assada no fogo. Porque era isso que o Cristo teria de enfrentar. Ele seria consumido.

"Nada deixareis dele até pela manhã; o que, porém, ficar até pela manhã, queimá-lo-eis." (Êxodo 12:10)

Se ocupar com o Calvário nos fará temer.
É algo muito intenso. Mas precisa ser. Não evite a dor.
Acho que precisamos chegar ainda mais perto do que aconteceu no Calvário.

O Temor de Isaque

Em Gênesis 31:42, Deus é chamado *"o temor de Isaque"*. Jacó usa a palavra "temor", em vez da palavra "Deus". Ele fala do Deus de seus pais, mas em vez de dizer "o Deus de Abraão [seu avô] e o *"Deus de Isaque [seu pai]"*, ele diz *"o Temor de Isaque"*.

"O DEUS DE ABRAÃO"	"O DEUS DE ABRAÃO"
"O DEUS DE ISAQUE"	*"O TEMOR DE ISAQUE"*

Por quê? A palavra usada nesse texto para "temor" é *pachad*, um termo ainda mais forte que *yirah*. *Pachad* é mais bem traduzido por "terror". Jacó está aludindo ao momento em que Isaque estava deitado no altar e viu a faca vindo na direção dele.
Você consegue imaginar?

Ser colocado sobre um altar e perceber que seu pai irá matá-lo? Vamos agora para o jardim do Getsêmani, onde esse *pachad* é visto em sua forma mais pura. Jesus Cristo orou fervorosamente, passando por esse tipo de pachad, porque sabia que estava prestes a suportar os seus pecados e os meus no santo juízo de Deus no Calvário:

> "*E, estando em agonia, orava mais intensamente. E aconteceu que o seu suor se tornou como gotas de sangue caindo sobre a terra.*" (Lucas 22:44)

Ele não temia tanto a tortura *física* que Ele sabia que iria enfrentar (embora fosse brutal). Por que estou afirmando isso?

Vamos comparar a morte do Senhor com a morte dos mártires. Muitos deles enfrentavam corajosamente as estacas e as cruzes.

Alguns morreram cantando.

Mas Jesus não estava cantando. Seriam os mártires mais destemidos que o próprio Senhor? Não. Eles estavam esperando coisas diferentes.

Os mártires aguardavam uma estaca em chamas.

Cristo esperava a "bola de fogo colossal", como se cada pecado do mundo tivesse sido cometido por Ele.

Por ser Deus, conhecia a intensidade do juízo, e como homem, precisava levar nossos pecados sobre si. Ele temia a Deus e sabia que teria de encará-lo como um cordeiro sem mancha, agora sobrecarregado com todos os nossos pecados! Ele teria que enfrentar o rosto insuportável da ira de Deus.

<u>Ninguém odiava o pecado mais do que o Filho de Deus, e ninguém, exceto Ele, sabia quão impiedosamente Deus julgaria o pecado.</u> Ele não teria misericórdia.

Deus baixou toda Sua ira e julgou Jesus sem constrangimentos:

> "*Todavia, ao* S<small>ENHOR</small> *agradou moê-lo, fazendo-o enfermar...*"
> (Isaías 53:10)

O salmista pergunta: *"Quem poderá permanecer diante de ti quando estiveres irado?"* (Salmo 76:7).

A resposta é: apenas Jesus.

Por *ser* Deus, Ele era o único que podia ficar na *presença* de Deus sem ser aniquilado. Deus derramou toda a Sua ira sobre nosso Senhor — a tensão era exponencial. Mas como o Filho eterno de Deus, nem mesmo a ira de Deus poderia Lhe tirar a vida. Não houve alívio. Não houve morte para dar um fim ao sofrimento. Dor eterna encheu a alma do Senhor.

Alguns perguntam: "Como um julgamento eterno pode ser purgado em três horas. A limitação de tempo não estaria diminuindo a dor?"

Não, na verdade a torna maior.

Eu admito que é uma imagem fraca, mas talvez ajude.

Imagine uma barragem quebrando e a água correndo por um vale. Agora imagine toda essa inundação canalizada para um buraco de uma polegada de diâmetro.

Consegue imaginar a pressão?

As três horas agonizantes da cruz foram justamente isso.

Uma fúria *eterna* condensada em um tempo *limitado*.

Um julgamento *divino* suportado por um ser *humano*.

Ninguém jamais compreenderá a profundidade da dor que Jesus suportou na cruz. Foi eternamente doloroso.

"Sobre mim pesa a tua ira; tu me abates com todas as tuas ondas." (Salmo 88:7)

"Um abismo chama outro abismo, ao fragor das tuas catadupas; todas as tuas ondas e vagas passaram sobre mim." (Salmo 42:7)

<u>Todas as ondas da ira de Deus vieram sobre o Senhor de uma só vez.</u> *Todas.*

A "bola de fogo colossal" era uma fagulha, em comparação.

Jesus levará as marcas desse momento doloroso pelo resto da eternidade — Suas mãos e Seus pés marcados; Seu lado traspassado.

"Mas ele foi traspassado pelas nossas transgressões e moído pelas nossas iniquidades; o castigo que nos traz a paz estava sobre ele, e pelas suas pisaduras fomos sarados. Todos nós andávamos desgarrados como ovelhas; cada um se desviava pelo caminho, mas o SENHOR fez cair sobre ele a iniquidade de nós todos." (Isaías 53:5-6)

Mas houve uma dor adicional.

Acabamos de observar que durante as três horas de trevas, Deus julgou de forma ativa e presencial — Jesus Cristo foi *ativamente* moído por Deus. Mas Sua dor foi ainda ampliada pelo fato de que Ele, o homem Jesus Cristo, foi abandonado por Deus naquele momento. O mundo ficou em trevas, e Jesus Cristo não tinha mais conexão com esse Deus, que o abatia.

Apenas algumas horas antes, alguns haviam amarrado um pano sobre Seus olhos, um vislumbre do que estava por vir. E enquanto a escuridão momentânea o cegava...

...algo o atingiu.

Um golpe no rosto.

Depois outro.

Agora no queixo.

E os golpes choveram sobre Ele.

Sem poder ver quem estava batendo nele, mas sentindo um golpe após o outro.

Atingiam-no sem aviso.

Tentavam afogá-lo em um mar de ódio.

Oprimido e humilhado.

No escuro.

Tudo que o tocava nessa escuridão era ódio e tormento.

E agora, na cruz, trevaz outra vez.
Mas era uma escuridão muito diferente.
Não envolvia apenas um homem, mas *toda* a humanidade.
Mas apenas *um* homem sentiu o peso esmagador do juízo divino nessa escuridão.
De novo não havia saída.
E mais uma vez Ele foi golpeado na escuridão.
Tenho de parar de escrever, porque só consigo chorar.
Deixo que a Bíblia fale por si:

"*Eu sou o homem que viu a aflição pela vara do furor de Deus. Ele me levou e me fez andar em* **trevas** *e não na luz. Ainda quando clamo e grito, ele não admite a minha oração. Fez-se-me como urso à espreita, um leão de* **emboscada**. *Desviou os meus caminhos e me fez em pedaços; deixou-me assolado. Entesou o seu arco e me pôs como* **alvo à flecha**."

(Lamentações 3:1-2, 8, 10-12)

Deus não estava ausente, mas virou Seu rosto amoroso para longe de Jesus.
Nenhum homem na terra jamais esteve de fato sozinho.
Mesmo quando você pensa estar só, Deus está a centímetros de distância. Ou ainda mais próximo...
Ele está sempre olhando para você.
Mas na cruz, Jesus — o homem — foi *abandonado por Deus*.
Durante toda a Sua vida, Jesus orou a Deus.
União íntima.
Durante toda a Sua vida, Jesus havia contemplado a maravilhosa face de Deus, através de todas as provações e perseguições. Mas agora Deus havia se afastado.
Jesus fora abandonado.
O céu virou um escudo de bronze (Deuteronômio 28:22-23).
Sua oração às três da tarde não foi atendida.
Pregado a uma cruz, Ele foi amaldiçoado.

Por fim, gritou em voz alta na escuridão, dizendo:

"*Eloí, Eloí, lamá sabactâni?*', que significa 'Meu Deus! Meu Deus! Por que me abandonaste?'" (Mateus 27:46 NVI).

Sem resposta.
Sem amor.
Apenas juízo.
Tudo o que podemos fazer é ficar admirados. E adorar.

Oh, Senhor Jesus, faz minha alma ver a dor que tiveste de suportar por meus pecados! Como me amaste! Muitas águas não podem apagar esse amor, nem as enchentes podem afogá-lo. Não consigo entender o que sofrestes na cruz por meus pecados, ainda assim te louvarei na eternidade. Sim, nós não te amamos, Senhor Jesus, mas Tu nos amaste e deste a vida como expiação pelos nossos pecados. Ficamos admirados, e nossos joelhos tremem ao contemplarmos teu amor. Senhor, se tivesses mantido o registro de nossos pecados, quem sobreviveria? Mas em ti há perdão, para que sejas temido. Nós te adoramos e te louvamos!

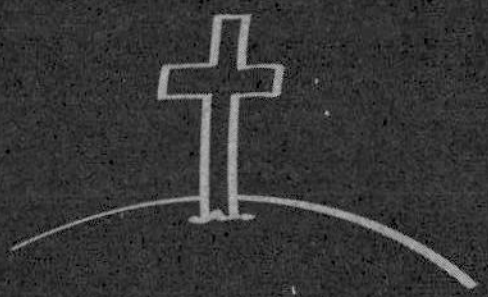

PONTOS-CHAVE

① **O temor do Senhor está ausente em muitas conversões.** Fórmulas de conversão não bíblicas (ou mesmo antibíblicas) ignoram a santidade de Deus, o inferno, o pecado e a lei. Consequentemente, há o perigo de que o arrependimento não seja genuíno... alguns pensam ser salvos sem nunca terem nascido de novo.

② **O inferno é uma expressão da santidade de Deus.** O inferno não é a ausência de Deus, mas o julgamento ativo de Deus sobre o pecado. O inferno não é um acerto de contas onde você paga por suas más ações. Trata-se, acima de tudo, de relacionamento. É a resposta de Deus ao pecado — à decisão consciente de não se submeter a Ele, de rejeitar Sua graça e, portanto, de viver sem Deus.

③ **Jesus suportou o inferno na cruz por nós.** Só entenderemos o que Jesus Cristo teve de sofrer na cruz se compreendermos quanto Deus deve ser temido.

ORAÇÃO

Senhor, se tivesses mantido o registro de nossos pecados, quem sobreviveria? Mas em ti há perdão, para que sejas temido. Eu te adoro e te louvo! Fico admirado e meus joelhos tremem ao contemplar Teu amor.

CAPÍTULO 10

A CRUZ E O PECADOR

A CRUZ NOS MOSTRA QUANTO DEUS AMA
O SER HUMANO E ODEIA O PECADOR

O salário do pecado é a morte...

— ROMANOS 6:23

Livres, mas aprisionados

Um homem caminhava por um acampamento de elefantes quando notou que um grupo desses animais não estavam nas jaulas nem acorrentados, como os demais. Ao olhar mais de perto, ficou ainda mais surpreso. Tudo que os impedia de escapar era um pequeno pedaço de corda — uma ponta amarrada a uma das pernas, e a outra, a uma estaca no chão.

O homem ficou intrigado: *"Por que eles não usam a força que têm para quebrar a estaca e fugir?"*. Seria muito fácil para eles, mas não faziam o mínimo esforço para se soltar.

Curioso, ele perguntou a um dos funcionários por que os elefantes ficavam parados ali e não tentavam fugir.

O funcionário respondeu:

> Quando eles são jovens e bem pequenos, nós os amarramos com a mesma corda, e nessa idade é o bastante para segurá-los. À medida que crescem, eles <u>são condicionados a acreditar que não conseguirão se libertar</u>. Eles pensam que a corda pode segurá-los, por isso nunca tentam fugir.

Impressionante, não é? O poderoso elefante, o maior animal que temos hoje na terra, é facilmente domesticado pelo simples fato de não saber o quão forte ele é. Basta sentir o toque de uma pequena corda, e isso é o bastante para mantê-lo preso.

Muitos cristãos se parecem com esses elefantes.
Poderosos, mas sem poder.
Livres, mas aprisionados.
Muitos jovens com quem converso se sentem impotentes. Eles são passivos. Não oram com fervor, não são ativos na igreja, não proclamam o evangelho e não se apossam do poder de Deus.
Por quê?
Porque eles sentem que não têm poder.
Ouvem dizer que Deus é poderoso. Leem que há poder em Cristo, no Espírito Santo, e assim por diante. Mas a *experiência* deles é muito diferente. Eles estão presos por cordas invisíveis.
Escravos do pecado.
Servos de coisas que *odeiam* profundamente.
Submissos aos desejos do corpo.
O Senhor Jesus pode ser um incrível Salvador na Bíblia, mas na vida *real* Ele não promove toda essa mudança.
Você sente que estou falando sobre você?
Eu também era assim. Não é um problema que *parece* sério. *É* sério. Saber certas coisas, e não vivê-las é perigoso. A Bíblia afirma que a fé não é teórica. Ela deve ser vista em nossa vida. *"A fé sem obras é inútil..."* (Tiago 2:20 NVI). A maneira como vivemos nossa santificação (lembre-se do capítulo 8) é uma prova daquilo que cremos.
Se não há obras, a fé *não funciona*.
Assim como você recebeu Cristo Jesus como Senhor, você deve continuar a andar nele (veja Colossenses 2:6). Portanto, se nosso caminhar diário é insatisfatório, isso provavelmente significa que o problema ocorreu lá no início. Ausência de transformação *externa* indica ausência de regeneração *interna*.
Se não entendermos a cruz, qual o motivo para carregá-la dia após dia?
Por isso, nos próximos capítulos continuaremos a falar de nosso entendimento da cruz. Porque só quando entendermos e praticamos de fato a cruz e a ressurreição seremos radical e verdadeiramente transformados à imagem de nosso Senhor Jesus

Cristo. Mas se tivermos uma compreensão deficiente da cruz, teremos problemas em nossa vida cristã — todos os dias.

Livre de fato?

João 8:36 é, para alguns, o versículo mais maravilhoso da Bíblia, mas que costumava me deixar louco:

"Se, pois, o Filho vos libertar, verdadeiramente sereis livres."

Isso soa tão bem.
Tão simples.
Mas para mim, não foi. Eu era livre na teoria, mas não na prática. Nada do *"verdadeiramente livres"*.

Não via nada disso quando analisava minhas ações. Sim, eu havia me convertido e era muito grato ao Senhor Jesus por ter assumido a cruz em meu lugar. Mas eu não era *verdadeiramente* livre. Vivia no doloroso paradoxo de *ser* livre, mas não *viver* livremente.

Talvez você tenha a mesma sensação. Se for o caso, está em boa companhia.

Foi exatamente o que os israelitas sentiram diante do mar Vermelho, enquanto o exército egípcio vinha com tudo para cima deles. Livres da escravidão... mas não tão livres. Qual era o problema?

- Eles haviam matado o cordeiro pascal *(confissão de pecado e morte necessária)*.
- Eles haviam colocado o sangue na porta *(fé no remédio divino — o sangue)*.
- Eles o haviam assado no fogo *(juízo do fogo sobre Cristo)*.
- Eles haviam comido o cordeiro *(conhecimento profundo e experiencial do sofrimento de Cristo)*.
- Eles haviam deixado o Egito *(separação do mundo)*.

Eles estavam fora do Egito. *Livres!*
Mas estavam os israelitas de *fato* livres? Estavam desfrutando sua liberdade em segurança? Não. Eles não estavam seguros nem desfrutando sua liberdade. Estavam no deserto, e o poderoso Faraó estava no encalço deles. Era de esperar que, separados do mundo (no caso deles, do Egito), tudo estivesse bem e se tornasse fácil.
Infelizmente, não é tão fácil.
O que muitos cristãos esperam é uma viagem rápida para a "terra prometida".
Mas, à medida que avançam na fé, percebem que tudo está ficando mais difícil. E se sentem aprisionados. A vida cristã muitas vezes (após a primeira experiência de conversão) parece um deserto.
Era exatamente assim que o povo de Israel se achava — encurralado no deserto. O pior era que eles não estavam presos, errantes ou perdidos. Estavam sendo *perseguidos*. Caçados por um inimigo muito mais poderoso. O Egito estava nos calcanhares deles. O Faraó vinha (re)capturá-los.
E diante deles estava... a morte.
Pelo menos foi o que pensaram ao ver o exército se aproximando. À frente deles uma enorme quantidade de água, na qual se afogariam se continuassem caminhando (2 Samuel 22:5; Salmo 69:15).
Cercados. Presos. O antigo mestre atrás deles. Nenhum futuro à vista. Apenas água. Mas havia, sim, um futuro. Um caminho através das águas mortais.

Identificação

Durante anos, ajudei muitos jovens a progredir, tanto na escola quanto na profissão e na vida espiritual. Cada um enfrentava desafios únicos, mas você sabe o que mais os impedia de progredir?
Sua identidade: quem eles são e como pensam sobre si mesmos.
Há um diálogo constante na cabeça deles que os engana com mentiras.

Não sei fazer contas. Não somos uma família inteligente. Essa matéria não é nada para mim. Este não sou eu. É a corda do elefante. O jovem *pensa* que não pode ser livre e, por isso, não é. Essa parte *subjetiva* de sua identidade, como costumo chamar, pode ser mudada por meio de treinamento. Mas há uma segunda parte de sua identidade que não pode ser mudada: quem você é. Eu a chamo de parte *objetiva*. Se você tem 1,45 metro de altura, jamais jogará na NBA. Se você for cego, nunca será um campeão de E-sports. E a lista continua.

Agora deixe-me dizer-lhe algo que o chocará.

A identidade é o maior obstáculo para progredir nas coisas de Deus.

Para ter comunhão com Deus, precisamos de um restart completo de nossa identidade. Para se tornar cristão e crescer como tal, ambas as partes precisam ser resetadas: a objetiva (quem você *é*) e a subjetiva (quem você *pensa* que é).

Vamos começar com a parte objetiva: quem você é. Todos os seres humanos têm uma coisa em comum: o mesmo tatatataratataratataravô — Adão. Gosto muito desse pensamento, porque ele faz de toda a humanidade uma grande família. Mas há uma grande desvantagem. Se Adão, por exemplo, tivesse um defeito genético, então todos nós o teríamos. Se algo desse errado com Adão, todos nós estaríamos perdidos.

E algo terrivelmente ruim aconteceu.

Adão pecou.

Ele se rebelou contra Deus e iniciou uma enorme família de rebeldes. Romanos 5:12 diz:

> *"Portanto, assim como por um só homem (Adão) entrou o pecado no mundo, e pelo pecado, a morte, assim também a morte passou a todos os homens, porque todos pecaram."*

Terrível. Deus criou a humanidade como criaturas perfeitas e então — por vontade própria — eles ergueram o punho para o céu e disseram: "Nós te odiamos, Deus, e amamos o pecado! É com

isso que nos identificamos".
O pecado nos deu uma nova identidade: a de pecadores.
E Deus odeia os pecadores. Davi declara: "*Odeias todos os que praticam o mal*" (Salmo 5:5 NVI).
Sei que já lhe disseram o contrário: "Deus ama o pecador, mas odeia o pecado". Mais uma vez, trata-se de uma daquelas declarações unilaterais que, levadas ao extremo, se tornam enganosas. Não digo que seja falsa, mas às vezes induz ao engano.
A Bíblia, por exemplo, nunca diz explicitamente que Deus ama os pecadores.

"*Cristo Jesus veio ao mundo para salvar os pecadores...*" (1 Timóteo 1:15); e "*Deus prova o seu próprio amor para conosco pelo fato de ter Cristo morrido por nós, sendo nós ainda pecadores.*" (Romanos 5:8)

Cristo *morreu* pelos pecadores e os *salvou*, mas Ele não amava sua identidade de pecadores.
Por meio do temor do Senhor, sabemos agora o quanto Deus odeia o mal — e os malfeitores. Se Ele fica enfurecido contra o pecado todos os dias, quanto mais contra aqueles que alegre e voluntariamente se identificam com o pecado?
Deus odeia essa força destrutiva chamada pecado. Se você quer ter uma ideia de quanto Deus odeia o pecado, basta pensar nas piores atrocidades, como assassinato, tortura, pornografia infantil, e assim por diante. Recuamos horrorizados diante deles, mas vamos lembrar que só enxergamos a ponta do iceberg.
Deus vê o iceberg inteiro e o odeia de uma forma que nem sequer podemos imaginar.
E o problema é que *nós somos* o *iceberg*.
Estar ciente dessa realidade é fundamental. Porque devemos entender o problema para entender a solução. Se Deus ama o pecador, mas odeia os pecados, então "os pecados" são o único problema. Apenas suas ações.

Mas não é assim. O pecador também é um problema. Todo o seu ser.

O problema não se resume a suas ações, mas também a sua identidade. Portanto, a solução de Deus não era remover os pecados sem mudar a pessoa. Isso já acontecia no Antigo Testamento. Era oferecido um sacrifício pelos pecados, mas o ofertante não era transformado. Com o cristianismo, é diferente! Trata-se de uma completa mudança de identidade. Uma transformação. Não se trata de simples melhoria do ser. A solução de Deus foi acabar com o velho e substituí-lo por algo *novo em todos os aspectos*.

E a solução, então, é a morte.

Só que Deus não tem prazer na morte do pecador (Ezequiel 33:11), e a solução foi nos identificar com Cristo em Sua morte.

Como funciona essa identificação?

"Identificação" é a atribuição de qualidades ou características de outra pessoa a si mesmo. Portanto, a identificação com Cristo significa tornar-se um com ele. Assim como duas notas musicais criam um intervalo, um homem e uma mulher formam um casal ou duas cores se misturam para se tornar uma cor diferente.

Romanos 6:5 explica:

> "*Porque, se fomos unidos com ele na semelhança da sua morte, certamente, o seremos também na semelhança da sua ressurreição.*"

A frase "fomos unidos" também pode ser traduzida por "fomos plantados juntos". A palavra usada aqui é µ (*sumphutos*), um composto de , que significa "com", "ao lado", e , que significa "brotar". O termo pode ser aplicado a um campo onde se plantaram sementes variadas e as diferentes plantas cresceram juntas. A identificação implica que duas coisas são intimamente conectadas entre si.

Isso acontece quando alguém se arrepende e põe sua fé na obra do Senhor na cruz. Há 2 mil anos, o cristão e o Salvador, unidos na morte, morreram e foram enterrados juntos. Embora pareça ilógico, por ter acontecido antes de nosso tempo, vamos lembrar que Deus está além do tempo.

A expressão externa desse acontecimento é o batismo. Com o batismo, o crente confessa que desistiu da antiga identidade de "pecador" e agora se identifica com o Cristo morto. Ele escolhe um mesmo lugar com relação ao pecado (e ao mundo): o túmulo. É uma representação externa do temor do Senhor. No batismo, estamos confessando publicamente que odiamos tanto o mal que morremos para nós mesmos — que se identificava com o pecado. Confessamos já ser um espiritualmente com Cristo, que morreu fisicamente em nosso lugar. Não nos tornamos algo inteiramente novo no batismo, mas declaramos que essa é nossa nova identidade.

Nossa identidade muda *objetivamente* quando Deus nos concede a graça do novo nascimento pela fé na obra realizada por Cristo na cruz. Mas talvez você não saiba o que isso significa para você *subjetivamente*. O que muda em relação a Deus, a você mesmo e aos inimigos. Vamos analisar essa questão passo a passo.

Uma nova compreensão de Deus

> Quem conhece o poder da tua ira? Pois o teu furor é tão grande como o temor que te é devido.
>
> — SALMO 90:11 (NVI)

> Deus é sobremodo tremendo na assembléia dos santos e temível sobre todos os que o rodeiam.
>
> —SALMO 89:7

Quando eu era mais jovem, pensava que, nos livros de Moisés, os egípcios eram os maus e os israelitas as pessoas "do bem". Mas eu estava errado. Os israelitas eram na verdade, tão maus quanto os egípcios. Eram idólatras. O tempo que passaram no Egito corrompeu a imagem que tinham de Deus.

Então, quando Moisés apareceu, eles não exclamaram: *"Que ótima notícia! Este é o libertador de Deus!"...* nada disso — eles o rejeitaram! E, ao fazer isso, rejeitaram a Deus também.

Deus então castigou os deuses egípcios através das 10 pragas, e o medo se instalou na terra do Egito. E com razão, pois Deus destruiu tudo que eles tinham de mais precioso e que consideravam superior a Ele.

Na última noite, todos no Egito tiveram que matar um cordeiro para mostrar que confiavam na solução de Deus. O cordeiro livrou-os da ira de Deus — do próprio Deus. Foi o primeiro passo para mudar a imagem que tinham de Deus. Eles passaram a *temer* um Deus que podia matá-los se não obedecessem.

Mas eles obedeceram.

As pragas lhes haviam ensinado a lição do temor.

No mar Vermelho, Deus ensinou os israelitas a temê-lo com *verdadeiro* temor, e isso causou uma profunda impressão na alma do povo. Veja como descrevem o Senhor Deus em seu canto de vitória em Êxodo 15:

> "O Senhor é *homem de guerra;* Senhor é o seu nome... A tua destra, ó Senhor, é gloriosa em poder; a tua destra, ó Senhor, *despedaça* o inimigo... Envias o teu *furor,* que os *consome* como palha. Com o resfolgar das tuas narinas, amontoaram-se as águas... Ó Senhor, quem é como tu entre os deuses? Quem é como tu, glorificado em santidade, *terrível* em feitos gloriosos, que operas maravilhas?"
>
> (Êxodo 15: 3,6-8,11)

Isso não soa como um Deus pequeno, minúsculo e inconsequente. Isso não soa como mero "respeito".

Respeito é o que você tem pelo seu professor na escola secundária.

O Deus louvado por Israel estava em outra categoria:

"*Os povos o ouviram, eles estremeceram; agonias apoderaram-se dos habitantes da Filístia. Ora, os príncipes de Edom se perturbam, dos poderosos de Moabe se apodera temor, esmorecem todos os habitantes de Canaã. Sobre eles cai espanto e pavor...*" (v. 14-16)

Depois do mar Vermelho, Israel tinha uma nova imagem de Deus. Uma nova percepção.

Quando deixaram o Egito, foi porque estavam começando a temê-lo. No mar Vermelho, eles viram Seu poder revelado de forma inquestionável. A história termina assim:

Êxodo 14:30-31:

"*Assim, o SENHOR livrou Israel, naquele dia, da mão dos egípcios; e Israel viu os egípcios mortos na praia do mar. E viu Israel o grande poder que o SENHOR exercitara contra os egípcios; e o povo temeu ao SENHOR e confiou no SENHOR e em Moisés, seu servo.*"

Eles temeram a Deus. Agora eles o conheciam.

Um novo entendimento de si mesmo

Identidade é um tema importante para Deus. Muitas vezes, a primeira coisa que Ele fazia após um encontro extraordinário com alguém era mudar o nome da pessoa. Abrão virou Abraão, Jacó tornou-se Israel, Simão virou Pedro, e assim por diante. Ele mudava os nomes porque nos tempos antigos o nome estava ligado à identidade, ou seja, combinava com a personalidade da pessoa. Assim, ao dar um novo nome, Deus redefinia a identidade.

Deus também *lhe* deu um novo nome. Uma nova identidade. Sabia disso?

O povo de Israel não sabia... até atravessarem o mar Vermelho. Ou pelo menos não davam muito valor a isso até então. O novo nome é mencionado pela *primeira* vez na famosa canção que encontramos em Êxodo, *após* a passagem pelo mar Vermelho. A *primeira* canção da Bíblia. Nela encontramos uma nova identidade:

"*Na tua misericórdia guiaste o povo que remiste...*"
(Êxodo 15:13 TB)

É a primeira vez que a redenção é mencionada na Bíblia.
Israel não cantava no Egito. E não cantaram até atravessarem o mar Vermelho.
Não cantaram porque não podiam — a*inda* não eram um "povo redimido".
Mas depois do mar Vermelho, sim. E que música!
Por quê?
Porque agora tinham uma nova identidade.
Tornar-se cristão é mudar de identidade. Nós também fomos resgatados. Nossa nova identidade como cristão é chamada "novo homem". Tudo novinho em folha.
Em contraste com o "*novo homem*", está o "*velho homem*".
"*Velho homem*" e "*novo homem*" são conceitos abstratos que ilustram verdades poderosas sobre nossa identidade.
Essa expressão (velho homem) é usada no Novo Testamento (Romanos 6:6; Efésios 4:22; Colossenses 3:9) para descrever a antiga condição moral pecaminosa do ser humano e descreve os descendentes de Adão.
Imagine um anjo vendo um ser humano pecar. Ele balança a cabeça desgostoso e comenta: "Típico *velho* homem! Igual Adão. Tal pai, tal filho".
O "velho homem" é um insulto a Deus como Criador.
É a imagem de Deus *manchada* pelo pecado. Deus odeia essa imagem maligna, por isso elaborou uma estratégia para dar ao ser

humano uma forma de se livrar dela — através da identificação com a morte de Cristo.

Ao crer em Cristo, mostramos que também odiamos esse estado de maldade.

Abandonamos nosso antigo eu, e Deus nos vê como crucificados. Pela morte com Cristo, Deus descartou nossa antiga identidade, assim como uma lagarta se desfaz da velha pele. E confessamos essa realidade quando somos batizados. Mostramos que estamos mortos com Cristo ao imergir na água. Ao emergir, damos testemunho de que rejeitamos publicamente o mal.

Os israelitas fizeram a mesma coisa quando seguiram Moisés através do mar. Com a água amontoada de ambos os lados, eles pisaram no que momentos antes era o fundo do mar. Muitos devem ter pensado que era o fim. Entretanto, *"em Moisés, todos eles foram batizados na nuvem e no mar"* (1 Coríntios 10:1-2 NVI).

O Moisés que antes haviam menosprezado agora era aceito como vindo de Deus. Eles se identificaram com a missão dele e o seguiram através das águas da morte, o mar Vermelho. Eles se separaram do Faraó. Rejeitaram o Egito e os deuses que lá haviam adorado.

O resultado da travessia do mar Vermelho foi o nascimento de uma nova nação — Israel — livre do poder do inimigo.

O resultado para o cristão é um maravilhoso *"novo homem"* (Efésios 2:15; 4:24; Colossenses 3:10). Esse novo homem é nossa nova identidade, que está ancorada "em Cristo". E o novo homem não vive só de pão, mas de cada palavra que procede da boca de Deus.

O novo homem ama ler a Bíblia e gosta de orar e de estar com outros cristãos.

Por ser sua vida, o *"novo homem"* se renova por meio da *epígnose* — o conhecimento mais profundo — do Criador. Mas essa transformação só é possível se entendermos nossa identificação com a morte de Cristo. Caso contrário, você é um elefante forte... que desconhece a força que possui.

Portanto, antes de encontrar sua verdadeira identidade em Cristo, você precisa entender que sua antiga identidade morreu com Ele há 2 mil anos, cravada em uma cruz de madeira. Só podemos deixar o mundo natural por meio da morte. O mesmo ocorre no mundo espiritual. Na cruz, Deus não julgou apenas o mundo, mas também o velho homem, que pertence a este mundo. Romanos 6:6 diz:

"Pois sabemos que o nosso velho homem foi crucificado com ele, para que o corpo do pecado seja destruído, e não mais sejamos escravos do pecado."

Se você ainda é escravo do pecado, talvez não tenha entendido plenamente o que Cristo fez por você na cruz *(epignose)*. Não basta o conhecimento intelectual. Você sabe que Cristo morreu por você, mas não o que a morte dele tem a ver com sua identidade.

Você sabe que Cristo morreu *por* você, mas nunca se deu conta de que você morreu *com* Ele.

"Ele mesmo levou em seu corpo os nossos pecados sobre o madeiro, a fim de que morrêssemos para os pecados e vivêssemos para a justiça; por suas feridas vocês foram curados." (1 Pedro 2:24 NVI)

Portanto, quero encorajar você: tema ao Senhor e *entenda* que você morreu com Cristo.

Só depois de o mar Vermelho estar entre o povo de Israel e os egípcios foi que eles ficaram livres de fato. E você somente não será mais escravo do pecado quando a cruz estiver entre você e o mundo.

Então você estará livre!
Verdadeiramente livre.
Você agora é um "novo homem".

Um novo entendimento do inimigo

James, um bom amigo meu, é pastor de ovelhas. Certo dia, observava enquanto ele lidava com um novo e jovem cão de pastoreio, que estava com medo de uma ovelha grande e teimosa. O que aconteceu em seguida foi muito instrutivo para mim. James sentou-se sobre aquela ovelha e chamou o cão. Então ele forçou a cabeça do cão bem diante da cabeça da ovelha. Era como se dissesse: "Quando você está em minhas mãos, a ovelha não pode fazer nada. Não tenha medo. Ela parece grande, só que eu sou mais poderoso, e ela tem de *me* obedecer".

A travessia do mar Vermelho ensinou a Israel uma lição semelhante: "Eu sou Deus, o Todo-Poderoso. Dei a vocês uma nova identidade e derrotei seu inimigo. Agora tirem os olhos do inimigo e olhem para mim".

Israel passou pelo meio das águas; o Faraó e seu exército se afogaram nelas.

O tirano foi destronado. Aquele que os escravizava foi morto.

"*Ele lançou ao mar os carros de guerra e o exército do faraó.*"

(Êxodo 15:4 NVI)

A cruz também deu a Satanás uma nova identidade: a de perdedor. A cruz foi uma derrota total para ele. Se a compararmos com a história de Israel, veremos que o Faraó foi encontrado morto às margens do mar Vermelho. Todo o seu exército, sua fonte de poder, foi esmagado. Ele foi morto pela própria ferramenta que queria usar: a morte. A água com que ele pretendia cortar o caminho de Israel acabou cortando sua linha de poder.

Satanás cometeu o mesmo erro.

A cruz foi feita para encurralar Jesus. Em vez disso, ela esmagou o poder de Satanás.

Satanás pensava que a morte de Jesus era sua vitória. Ele estava errado.

"...por sua morte [Jesus], destruísse aquele que tem o poder da morte, a saber, o diabo, e livrasse todos que, pelo pavor da morte, estavam sujeitos à escravidão por toda a vida."
(Hebreus 2:14-15)

Mas qual o significado disso para você e para mim? Como isso muda o poder do Diabo e do pecado hoje em dia? Deixe-me explicar com dois versículos estranhos de Romanos 6.

- Romanos 6:14: *"O pecado não terá domínio sobre vós."*
- Romanos 6:12: *"Não reine, portanto, o pecado em vosso corpo mortal, de maneira que obedeçais às suas paixões."*

Parece haver uma contradição aqui, não? O pecado não *terá* domínio, mas não devemos *deixar* que ele nos domine. É como dizer: "O cachorro não morde, mas tenha cuidado para que ele não morda".

E agora? Ele vai morder ou não?

O pecado não vai nos dominar ou devemos ter cuidado para que ele não reine?

A resposta é: ambos.

No versículo 12, Paulo escreve: *Não deixe o pecado reinar em seu corpo mortal*. Ele usa a palavra grega βασιλεύω (*basileuō*), que significa "reinar". Reinar como um rei. *Basileuō* = reinar.

Mas no versículo 14 ele usa a palavra κυριεύω (*kyriéy o*), que também significa "reinar", porém mais no sentido de dominação: *Kyrios* = domínio.

Então qual a diferença entre *Basileuō* = reinar e *Kyrios* = domínio?

Kyrios ("senhor") é superior ao *basileuo* ("rei").

Kyrios domina sobre tudo. Não dá para fugir do Kyrios. É como a lei da gravidade. Todo mundo está sujeito. Mas um rei, no sentido de *basileuō* ("reinar"), era algo como um governador local da época. Por exemplo, quando José foge porque ouve dizer que Arquelau estava *governando* sobre a Judéia (Mateus 2:22); ou quando o povo protesta: "Não queremos que este homem *reine* sobre nós" (Lucas 19:14).

É possível fugir desse tipo de governo ou simplesmente rejeitá-lo.

Com isso em mente, leia outra vez os dois versículos e verá a *impotência* do Inimigo. Romanos 6:14 diz: "*O pecado não os dominará [kyrios = domínio]*".

Quando você é tentado a clicar numa foto, numa mensagem, ou quando o pecado espreita na esquina, você *não* é mais servo do pecado, como antes de sua conversão.

Quando você estava no Egito, *era obrigado* a obedecer. Você não tinha escolha. Você via a foto e tinha de clicar.

Um amigo o convidou para beber, e você tinha de ir.

Mas você não está mais no Egito. Leia essa frase outra vez.

O mar Vermelho está entre você e seu inimigo. O Faraó está morto. A cruz está entre você e o mundo. O mundo está crucificado para você. Você está crucificado para o mundo (Gálatas 6:14).

Agora alguém outro é o *Kyrios*: Jesus Cristo. O Senhor Jesus Cristo. Por isso, a palavra "Senhor" Jesus não é trivial.

A única coisa que o cristão tem de fazer agora é não deixar o pecado reinar. Temos de evitar o basileuō ("reinar"). Temos de odiar o mal. Se fizermos isso, o mal não terá poder. Ele estará morto como o Faraó e seu exército na praia.

O pecado é um rei destronado.

Temam a Deus, em vez de temer Satanás, o pecado e o mundo.

Se você vive sob o senhorio de Cristo, o pecado não tem mais domínio sobre você.

Pare. Ore. Essa é a batalha.

É disso que se trata.

AGORA OUTRO É O KYRIOS: JESUS CRISTO.

PONTOS-CHAVE

① **Foco na morte.** As fórmulas de conversão de hoje se concentram nos "aspectos positivos": o Salvador, a nova vida e uma vida despreocupada. Mas a solução de Deus para o homem começa com outro passo: a morte. Pode ser contraintuitivo, mas é justamente a maneira de descobrir a liberdade que temos nesta nova identidade.

② **Nós nos identificamos com Jesus em Sua morte.** Deus identifica o crente como "em Cristo", assim ocupamos o mesmo lugar com relação a Satanás, ao pecado e ao mundo — o túmulo. É assim que vencemos o mundo. É a única maneira de encontrar a verdadeira liberdade do pecado.

③ **A identificação na morte cria uma nova identidade.** A morte afasta a identidade antiga. Deus deve ser temido acima de qualquer outro deus. Seu novo "eu" está morto para o pecado e unido a Cristo. Satanás foi destronado.

ORAÇÃO

Obrigado, Senhor, por me fazeres uma nova pessoa, por me dares uma nova identidade!

CAPÍTULO 11

A CRUZ E O PECADO

A CRUZ NOS MOSTRA QUANTO DEUS ODEIA O PECADO

Nem mesmo compreendo o meu próprio modo de agir.
— ROMANOS 7:15

Há coisas que odeio e acabo fazendo.
Coisas que quero fazer, e simplesmente não faço.
Senhor, parece tão triste!
Por que eu sou tão ruim,
Quando em meu coração só quero ser como tu?
— KEITH GREEN

Odeio o que faço

"Natha, sou cristã e quero muito ser livre... mas não sou. Sempre caio nos mesmos pecados. Tenho grandes momentos com Deus e daí caio em seguida. Honestamente, até duvido que sou salva. Não tenho mais vontade de ler a Bíblia nem de fazer devocionais. Tenho vontade de desistir".

Infelizmente recebo mensagens similares com frequência.

Mas há outra mensagem que recebo talvez com a mesma frequência: "Bro! Estou livre daquele pecado — do meu vício. Assisti aos vídeos e vejo como Deus está realmente trabalhando em minha vida".

A diferença entre as duas mensagens é provavelmente este capítulo.

Mas antes de entrarmos no conteúdo, é importante entender que a santificação é muito complexa. Ela é diferente para cada um de nós (nós já vimos isso antes), mas isso não muda que, para a maioria dos que leem este livro, este capítulo provavelmente será o mais importante.

Romanos 7 é um dos capítulos mais populares da Bíblia e há uma razão para isso: é um texto que fala do problema da *fraqueza*. Eis o paradoxo: fazemos coisas que odiamos e deixamos de fazer coisas que amamos. É a dor de retornar de um acampamento bíblico e cair de novo na velha rotina de pecados. Pecar, mesmo sabendo muito bem que Jesus morreu para levar, em seu lugar, o julgamento. Mesmo sabendo que Deus identificou você com o Senhor Jesus em Sua morte. Talvez já esteja ciente de tudo isso... e ainda assim não esteja livre.

> *"Miserável homem eu que sou! Quem me libertará do corpo sujeito a esta morte?"* (Romanos 7:24 NVI)

E assim, as dúvidas continuam a se acumular:
Será que realmente temo ao Senhor, apesar de amar um pouco o pecado? Será que ainda sou um incrédulo?
Hoje você terá respostas.
Eu quero lhe mostrar, pela Bíblia, onde está a sua verdadeira identidade. Para isso, vamos falar da serpente de bronze, da função da Lei, da anatomia do ser, da localização de sua verdadeira identidade e, finalmente, do poder que faz tudo isso funcionar.
Há muito a descobrir — então vamos lá!

A serpente de bronze

Por que raios começar esse assunto com uma serpente de bronze? Qual a relação? Vamos ver. A serpente de bronze mostrou ao povo de Israel a *raiz* de seus problemas. E é disto que precisamos também: atacar o cerne de nossos fracassos. Muitas vezes, o que nos ajuda é olhar para o lado negativo, ou seja, o que acontece quando não entedemos a raiz do problema.

Se você não entende a raiz do problema, irá pensar que é autossuficiente.

O contexto histórico está no livro de Números. Naquela época, Israel viu um inimigo vindo em sua direção — assim como o pecado às vezes aparece de surpresa em nossa vida. Como Israel reagiu?

"Então, Israel fez voto ao Senhor, dizendo: Se, de fato, entregares este povo nas minhas mãos, destruirei totalmente as suas cidades." (Números 21:2)

Parece familiar?
"Eu nunca mais farei isso": você já disse algo parecido?
Parece legal, mas é seu orgulho falando. Você subestima a força que ainda está em seu corpo: *O pecado*. E com certeza cairá novamente.

> **Se você não entender a raiz do problema, você vai cometer erros de principiante, mesmo depois de grandes vitórias.**

Seguindo com o povo de Israel, o que aconteceu na sequência?
Israel, com a ajuda de Deus, venceu a batalha. Então *"partiram do monte Hor, pelo caminho do mar Vermelho"* (Números 21:4). Vamos parar aqui. Por que o "caminho do mar Vermelho" é mencionado? Porque eles realmente voltaram para o mar Vermelho. Tinham acabado de obter uma grande vitória, mas algo dentro deles os puxava de volta para o lugar que haviam deixado para trás.
Eles haviam recentemente passado da escravidão para a liberdade... mas agora estavam flertando com o mal. Em seu coração, estavam voltando para o Egito.
E o resultado foi tão óbvio quanto triste.
Eles caíram na mesma lógica equivocada de quando estavam diante do mar Vermelho.
Compare estas duas passagens bíblicas:

Antes: *"Disseram a Moisés: Será, por não haver sepulcros no Egito, que nos tiraste de lá, para que morramos neste deserto? Por que nos trataste assim, fazendo-nos sair do Egito?"* (Êxodo 14:11)

Depois: *"E o povo falou contra Deus e contra Moisés: Por que nos fizestes subir do Egito, para que morramos neste deserto, onde não há pão nem água? E a nossa alma tem fastio deste pão vil."* (Números 21:5)

E qual foi a solução de Deus para esses reclamões? Ele lhes mostrou a raiz do problema. Talvez você tenha se perguntado por que Deus lhe permite cair tantas vezes no mesmo pecado. É porque Ele quer que você entenda o seu problema e aprenda a lição. Ele quer que você perceba o verdadeiro problema. A raiz. O cerne. Ele quer que você odeie o pecado. Que você tema a Deus.

Se você não entende a raiz do problema, Deus irá mostrá-la a você de uma forma dolorosa.

Deus enviou serpentes ao acampamento dos israelitas para mordê-los e assim demonstrar por fora o que acontecia por dentro. Quando você cai repetidamente no mesmo pecado, Deus está falando com você. Os pecados revelam externamente o que acontece no interior. Você está subestimando a raiz do problema.

O pecado em sua forma original: a serpente! A velha serpente do jardim. É como se Deus estivesse dizendo: *Você pode ter saído do Egito, mas o Egito ainda está em você!*

Em Romanos, Paulo fala do *"pecado que habita em mim"*. Veremos isso mais adiante. Aqui, a lição para Israel foi eficaz (picadas de serpentes venenosas tendem a chamar nossa atenção):

"Havemos pecado, porque temos falado contra o Senhor e contra ti; ora ao Senhor que tire de nós as serpentes."
(Números 21:7)

Isto não nos descreve também? — *"Por favor, Senhor, tire de mim este vício!"*.

Interessante que Deus não fez com que as serpentes desaparecessem imediatamente. E Ele também não removerá o pecado de você. Porque seu vício em "X" não é o problema. Se o Senhor, sem mais nem menos, o removesse, você encontraria um outro vício em menos de 24 horas.

Não, Deus chega à raiz, e a raiz é o pecado.

A maneira como Deus lidou com o problema dos filhos de Israel é de tirar o fôlego e fará com que você odeie ainda mais o pecado.

A cruz de Cristo ataca a raiz do problema

Se não houvesse pecado, não haveria problemas no mundo. Você concorda? Portanto, a raiz de todos os problemas é o pecado. Por isso Deus atacou a raiz do problema: o pecado.

E isso foi terrível: *Jesus* se tornou pecado.

Jesus virou aquela serpente de bronze. João 3:14 diz:

> *"E do modo por que Moisés levantou a serpente no deserto, assim importa que o Filho do Homem seja levantado."*

Jesus voluntariamente se tornou algo que Deus odeia eternamente: o pecado.

> *"Aquele que não conheceu pecado, ele o fez pecado por nós; para que, nele, fôssemos feitos justiça de Deus."* (2 Coríntios 5:21)

Jesus se tornou pecado.

Eu não ousaria escrever isso se não estivesse escrito na Bíblia.

① Jesus não apenas suportou nossos pecados *(Páscoa)*.

② Jesus não apenas destruiu o rei dos pecadores *(mar Vermelho)*.

③ Jesus *tornou-se* pecado e o condenou no próprio corpo, por meio da morte.

A serpente é o símbolo do pecado — e Cristo se tornou pecado. E com essa nova identidade, Ele teve de enfrentar a santidade de Deus. Como se Ele fosse a fonte de todo o mal. Tremo ao escrever isto. Nosso amado Senhor Jesus Cristo teve de enfrentar a "bola de fogo colossal".

É impossível compreender a profundidade da cruz, mas isso significa que Deus lidou com o *seu* pecado — sem reservas. Deus odiava tanto o pecado que estava disposto a se tornar homem e morrer para apagar cada centímetro dele.

Você pode estar se perguntando: "Mas, se tudo já foi pago, por que ainda *quero* pecar?".

Não, você não quer pecar. E vamos ver por quê.

A Lei como ferramenta

O problema é que, de vez em quando, você ainda *ama* o pecado. Algo em você ainda *gosta* do pecado... do prazer do pecado. É por isso que precisamos falar sobre o pecado no singular. O pecado como *um princípio*. Como uma força motriz em sua vida. Como a tendência de querer cruzar a linha só porque ela existe. De quebrar as regras porque existem regras — estabelecidas por outra pessoa — a quem não queremos nos submeter.

E não é um problema exclusivo dos adultos. Basta observar as crianças. Você diz: "Não coma o bolo".

Adivinhe? Elas não conseguem... e em pouco tempo não há mais bolo. Lembra alguém?

Portanto, Deus aqui está chegando à raiz de quem somos. E, para isso, usa uma ferramenta. Um microscópio para olhar por dentro nós. Esse microscópio é a Lei. Você já deve ter ouvido falar que a Lei é como um espelho — o que é correto —, mas também é um microscópio.

Deixe-me explicar rapidamente a diferença:

- A Lei em Romanos 1—3 descobre os pecados. As ações erradas. É como um *espelho* que mostra quão sujos estamos. A solução para nossos pecados é o sangue de Cristo — ou, na ilustração do Antigo Testamento, o sangue do cordeiro da Páscoa.
- A Lei em Romanos 5 revela nossa identidade pecaminosa em Adão, o primeiro transgressor. É como um *teste de DNA*. Ela prova que somos da família rebelde de Adão. A solução para os pecadores é a morte, a união com Cristo na morte — o mar Vermelho.
- A Lei em Romanos 7 nos ajuda a identificar a localização do pecado em nós. É como um *microscópio*. A solução é a condenação do pecado em carne e osso — a serpente de bronze.

Mais adiante, veremos como isso funciona em detalhes, mas imagino que talvez a diferença entre *pecado* e *pecados* ainda não esteja clara.

"Pecados", no plural, são *ações* ou pensamentos.

"Pecado", no singular, é o *princípio*.

Vamos tentar entender isso com um exemplo simples: as rugas. As rugas são o "inimigo" número um de muitos humanos quando envelhecem. Mas as rugas são apenas um sintoma.

A força motriz por trás das rugas é uma lei — a segunda lei da termodinâmica, de acordo com a qual tudo se decompõe.

Portanto, se a traduzíssemos por "pecados" e "pecado", seria assim:

- Pecados → Rugas (o sintoma)
- Pecado → A segunda lei da termodinâmica (a força motriz por trás do sintoma)

Desse modo, para descobrir o pecado não devemos nos concentrar nos "pecados", nos sintomas, mas na lei/princípio por trás deles, ou seja, na tendência de amar o pecado. E a Lei será nossa ferramenta:

> "Que diremos, pois? É a lei pecado? De modo nenhum! Mas eu não teria conhecido o pecado, senão por intermédio da lei; pois não teria eu conhecido a cobiça, se a lei não dissera: Não cobiçarás." (Romanos 7:7)

Não usaremos a Lei como um espelho para ver a "decadência" externa, mas como um microscópio, para ver o que está causando a decadência por dentro: o pecado.

É doloroso. Mas cura.

No final, você conhecerá melhor sua identidade. É incrível!

O que sua identidade é e o que não é

Acabamos de ver a Lei como um microscópio. Agora vamos olhar através dela — e dentro de nós mesmos. O que é mal em nós e o que não é? Para viver no temor do Senhor precisamos odiar o mal (e amar o bem). Assim, é importante distinguir entre os dois.

Em Romanos 7, Paulo olha para o próprio corpo e o analisa. Ele inicia suas reflexões com a pergunta-chave: *"A Lei (que era boa) me trouxe a morte?"*. Ele poderia perguntar: *"A Lei foi ruim para mim?"*. A resposta imediata é:

> *"De modo nenhum! Pelo contrário, o pecado, para revelar-se como pecado, por meio de uma coisa boa, causou-me a morte, a fim de que, pelo mandamento, se mostrasse sobremaneira maligno."* (Romanos 7:13)

Isso significa: "Não! A culpa é do pecado". Todo o processo de usar a Lei como microscópio é ótimo, por dois motivos:

- Ele revela o pecado ("para que o pecado se mostrasse como pecado").
- Ele faz o pecado reagir e, assim, o torna ainda mais visível ("causou-me a morte").

Fantástico!

① Portanto, o *pecado* é algo que vemos sob o microscópio.
② A *carne* é outro termo usado em Romanos 7. Mas não precisamos do microscópio para isso, porque "carne" significa o *corpo*.
③ E depois há essa coisa estranha chamada eu: "Eu sou. Eu faço. Eu tenho. Eu acho". Essa é a *identidade*.

Mas Paulo parece meio confuso no início. Ele está tentando descobrir o que é essa identidade e onde ela pode ser *encontrada*.

A fim de seguir seu raciocínio, devemos entender como Paulo usa o pronome "eu" — *ego*, em grego. Ele usa uma forma gramatical que existe tanto no grego quanto no latim, em que o sufixo indica quem praticou a ação, sem a necessidade de mencionar o pronome pessoal [como o sujeito oculto, em português, que pode ser determinado pela flexão número-pessoa do verbo ou por sua presença em uma oração antecedente]. Mas no grego, de forma especial, os pronomes pessoais podem ser usados por razões enfáticas.

Ex.: no grego você também pode falar "eu como" com apenas uma palavra (como). O final da palavra é que mostra quem (se eu, ou você, ou ele, ou ela, etc.) está comendo.

(eu) **como**   *(tu)* **comes**   *(ele)* **come**
ἐσθίω   ἐσθίεις   ἐσθίει

Por que isso é importante? Porque se o escritor grego põe o pronome supérfluo "*eu*" (ego) na frente do verbo, ele está enfatizando a identidade. O grego, por exemplo, diria apenas "como", mas quando acrescenta o pronome — "*eu como*" — ele quer enfatizar a identidade: "*eu* estou comendo, não você".

<u>**Eu** como</u> <u>**Eu** sou</u>
ἐγώ ἐσθίω   ἐγώ εἰμι

Podemos ver outro exemplo dessa forma grega de se expressar quando o Senhor, após a ressurreição, diz aos Seus discípulos que Ele estava realmente lá e que era realmente Ele que estavam vendo: "*Vede as minhas mãos e os meus pés, que sou eu mesmo*" (Lucas 24:39).
Ele poderia ter dito: "Eis que *sou*".
Mas Ele disse: "Sou *eu* mesmo!".
Ou: "Sou *realmente* eu aqui".
Essa maneira de falar é a chave para entender Romanos 7.
O apóstolo usa o pronome estrategicamente para mostrar o que ele é — e o que não é. Voltemos ao microscópio. Paulo olha através da Lei (o microscópio) para os próprios desejos.
Sua descoberta: ele quer fazer a vontade de Deus. "*Admito que a Lei é boa*" (Romanos 7:16). Mas então ele vê as ações de seu corpo e como são antagônicas:

Eu <u>quero</u> fazer o bem.
Eu <u>faço</u> o mal.

Estranho, não é? É como se um técnico de TI olhasse para o computador e, de repente, sem sua intervenção, um programa se abrisse. Ou o cursor se movimentasse por conta própria. Qual seria a conclusão do técnico de TI? "Tem um vírus no sistema".
Foi exatamente o que Paulo percebeu: "<u>Eu tenho um vírus</u>".
A diferença entre querer e fazer o leva à conclusão dos versículos 17-20: quem age e faz coisas nele não é mais o eu, e sim um vírus, que Paulo denomina "o pecado que habita em mim".
O pecado como um vírus, como um parasita.
O pecado como um princípio.

"A lei do pecado".

Meu amigo, esta é uma grande descoberta, mas que tem um gostinho amargo. Amargo porque o pecado está *em* você.

Mas a boa notícia é que o pecado *não* é você.

Quando seu corpo peca, não é *você* quem peca, mas o pecado em você.

Por que isso é tão importante?

Porque, se o pecado é sua identidade, então você *tem* de pecar. Se você *é* alcoólatra, você tem de beber. Mas se você está morto com Cristo, você adquiriu uma nova identidade. Você não é mais um alcoólatra, mesmo que tenha se embriagado ontem. Parece paradoxal, mas é o que Paulo está dizendo: "O que me embebedou ontem não fui eu (*ego*), mas o pecado que habita em mim".

Paulo aumenta o grau da lente do microscópio e descobre, no versículo 23, que essa "lei do pecado" habita "em meus membros". Portanto, o pecado está no corpo.

Mas espere! Se o pecado está no corpo e exerce certo controle, como que ele pode ser separado de mim?

Do eu?

Onde está a identidade?

Onde está o "novo homem"?

Para isso, precisamos olhar mais profundamente para quem você é: seu espírito, sua alma e seu corpo.

Entendendo o espírito, a alma e o corpo

> *Graças te dou, visto que por modo assombrosamente maravilhoso me formaste...*
>
> — SALMO 139:14

As plantas são corpo.

Os animais são corpo e alma.

Os seres humanos são corpo, alma e espírito.

Isso significa que o ser humano é composto de três partes.

Em 1 Tessalonicenses 5:23 nós lemos:

"...o vosso espírito, alma e corpo sejam conservados íntegros e irrepreensíveis..."

Mas a Bíblia também descreve o homem como composto de duas partes: um homem exterior e um homem interior (Romanos 7:22; 2 Coríntios 4:16; Efésios 3:16).

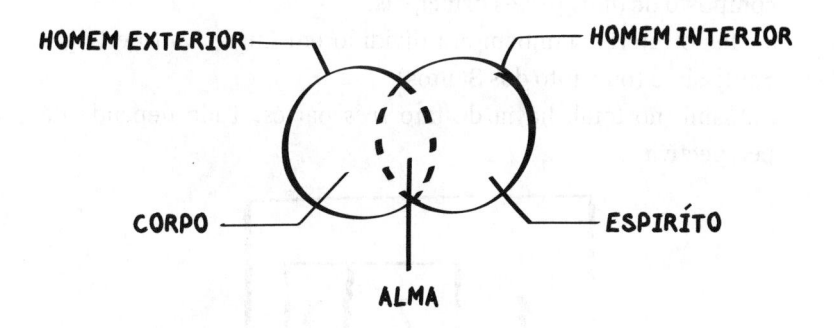

HOMEM EXTERIOR — **HOMEM INTERIOR**

CORPO — **ESPIRÍTO**

ALMA

Ambas as definições são corretas e ajudam a entender onde está nossa identidade. Vamos dar uma olhada mais de perto na criação do homem. Gênesis 2:7 diz:

"Então, formou o Senhor Deus ao homem do pó da terra e lhe soprou nas narinas o fôlego de vida, e o homem passou a ser alma vivente."

Isso significa que Deus tomou a terra e com ela *formou* o ① *corpo* do homem. E Deus declarou que o mundo material criado, inclusive o corpo humano, era *"muito bom"* (Gênesis 1:31).

Portanto, podemos concluir que o *corpo* é bom.

O segundo componente do homem não é material nem palpável. Deus lhe *soprou* nas narinas o *"fôlego de vida"*. Um sopro divino, um vento, um espírito de vida. O homem, portanto, é mais que apenas um corpo. Ele tem um componente invisível, espiritual,

dado por Deus. O ato de Deus soprar o espírito no corpo humano
② fez com que o homem se tornasse "alma vivente".

Mas, afinal, o ser humano é composto de duas partes (espírito e corpo) ou de três partes (espírito, alma e corpo)? A resposta é: ambos.

Explico apelando para outra ilustração bíblica. Nosso corpo é chamado de templo do Espírito Santo. E como era o Templo na Bíblia? Havia o pátio exterior e o próprio Templo. Portanto, era composto de *duas* partes principais.

Mas o interior também era dividido em Lugar Santo e Lugar Santíssimo (ou Santo dos Santos).

Assim, no total, havia de fato *três* partes. Tudo depende de perspectiva.

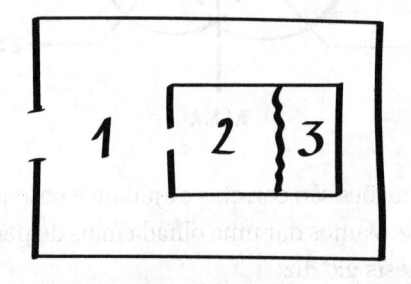

Os mal-entendidos mais comuns vêm do fato de que as palavras "alma" e "espírito" são usadas quase que intercambiavelmente, além de terem características semelhantes. No primeiro capítulo de Lucas, por exemplo, Maria que diz: *"Minha alma engrandece o Senhor, e meu espírito se alegra em Deus, meu Salvador"*.

A mesma ação é atribuída à alma e ao espírito.

Podemos dizer que alma e espírito são como as duas faces de
③ uma moeda. O espírito descreve a vida interior do homem em conexão com Deus, enquanto a alma descreve a mesma vida, mas em conexão com o corpo e o mundo material. O espírito é a parte invisível do homem que se conecta com Deus por meio do Espírito Santo, enquanto a alma é, assim como o espírito, intangível,

"imaterial", e conectada com a terra e com o mundo exterior por meio do corpo e seus órgãos sensoriais.

Voltando à imagem do Templo, o pátio era a parte visível e acessível, enquanto o Santo dos Santos era o lugar onde Deus habitava. O Lugar Santo ficava entre ambos. Vejamos como isso se relaciona com o pecado, com nosso corpo e com nossa identidade.

Quando Adão pecou, o pecado veio ao mundo e a morte espalhou seu reinado a todos os homens, porque todos pecaram (Romanos 5:12-14). O homem morreu no momento em que pecou. Morreu fisicamente? Efésios 2:1-2 diz:

"Ele vos deu vida, estando vós mortos nos vossos delitos e pecados, nos quais andastes outrora."

Mortos, mas ainda fisicamente vivos. Isto deixa claro que aqui se fala de morte espiritual. O componente invisível do homem morreu. Mais especificamente, o espírito. Porque a alma (vontade, mente e emoções) ainda estava ativa, como se vê na sequência do texto:

"...entre os quais também todos nós andamos outrora, segundo as inclinações da nossa carne, fazendo a vontade da carne e dos pensamentos..." (Efésios 2:3)

Portanto, a mente ainda estava ativa, mas o homem estava perdido e sem esperança.

Assim, quando alguém nasce de novo, ele também nasce do Espírito (João 3:3-6). É como ressuscitar espiritualmente dos mortos. É assim que funciona: A pessoa recebe o Espírito (Romanos 8:15) e em seguida o Espírito de Deus começa a se comunicar com nosso espírito (Romanos 8:16). Assim como os casais se tornam fisicamente uma só carne, o crente se torna um espírito com o Senhor (1 Coríntios 6:17).

Isso é *epignose*.
A relação íntima que Deus quer com os humanos.
E, com esse conhecimento sobre nossa anatomia, voltemos à nossa pergunta:
Onde minha identidade está localizada?

O verdadeiro poder de viver o temor do Senhor

Recapitulação rápida:

- O corpo é bom.
- O pecado está no corpo.
- Mas o pecado é diferente do *"eu"*.

Então, onde está o "eu"? Onde está minha identidade, se não está no corpo?
A identidade está no Espírito. Romanos 8:9 é claro: *"Vós não estais na carne, mas no Espírito."* O que define o cristão é sua nova identidade no Espírito.

Paulo diz: *"No... homem interior, tenho prazer na lei de Deus"* (Romanos 7:22). Portanto, o homem interior é 100% novo. Perfeito. Mas o problema está no homem exterior, no corpo, por causa da *"lei do pecado que habita em meus membros"*.

Paulo descreve esse estado como *"miserável"*.
Internamente perfeito — externamente ainda com pecado.
Internamente, temos o Espírito de adoção (Romanos 8:15).
Externamente, ainda esperamos pela adoção: a redenção de nosso corpo (Romanos 8:23).

Por isso Paulo exclama com muita propriedade: *"Miserável homem que eu sou! Quem me libertará do corpo sujeito a esta morte?"* (Romanos 7:24 NVI).

O corpo não é o problema — ele é muito bom.
O "eu" não é o problema — ele é perfeito no Espírito.
O "corpo da morte" é o problema. O "corpo com pecado".

É isso que Paulo odeia. É o que *você* odeia quando cai em pecado. Você odeia o que está *em* seu corpo.

E você sabe como se chama essa condição? O temor do Senhor.

Você odeia o mal — em você. A experiência de Romanos 7 é nada menos que Deus nos ensinando o temor do Senhor no dia a dia. A odiar o mal na prática. É o conhecimento íntimo, a *epignose*. Começamos a sentir o mesmo que Deus sente com relação ao mal e ao pecado. Isso é santificação.

Mas como podemos vencer o mal? Como não pecar nos próximos 60 segundos? A Bíblia diz: "*pelo temor do S*ENHOR *os homens evitam o mal*" (Provérbios 16:6).

Não por alguma estratégia, não por seguir algum programa.

Não indo à igreja, nem mesmo lendo muito a Bíblia ou orando bastante.

Não, você não vai conseguir!

Só Deus pode.

E a boa notícia é: o Espírito de Deus está agora em você.

Mas apenas saber isso é conhecimento intelectual. *Gnose*. Se você quer ver esse conhecimento ativo em sua vida, ele precisa se tornar *epignose* — conhecimento íntimo. Conhecimento por experiência. Conhecimento prático. Você precisa temer a Deus na prática, ou seja, separar-se radicalmente de qualquer obstáculo ou de qualquer coisa que possa fazê-lo cair. Mas você não tem poder para isso. A carne é fraca (Mateus 26:41), mesmo que o espírito humano esteja disposto e queira vencer. Precisamos de um poder externo, pois, por causa do pecado no corpo, somos fracos. Precisamos de uma fonte de poder divina dentro de nós.

Precisamos do Espírito Santo em nós.

Jesus Cristo foi exaltado à direita de Deus e recebeu do Pai a promessa do Espírito Santo — e Ele a derramou sobre todos os que lhe obedecem (Atos 5:32). Ou seja, todo aquele que está coberto pelo sangue (Egito) e identificado na morte com seu novo Senhor (mar Vermelho). Podemos finalmente viver o temor do Senhor. Agora temos a força.

"*...andai no Espírito e jamais satisfareis à concupiscência da carne.*" (Gálatas 5:16)

João diz que esse novo "eu" não pode mais pecar porque é nascido de Deus. E Paulo acrescenta em 2 Coríntios 5:17 diz:

"*E, assim, se alguém está em Cristo, é nova criatura; as coisas antigas já passaram; eis que se fizeram novas.*"

É o cumprimento da promessa de Ezequiel 36:26-27 (ARC):

"*E vos darei um coração novo e porei dentro de vós um espírito novo; e tirarei o coração de pedra da vossa carne e vos darei um coração de carne. E porei dentro de vós o meu espírito e farei que andeis nos meus estatutos, e guardeis os meus juízos, e os observeis.*"

Como cristão, você tem um coração novo — um coração que não tem duas vontades: exatamente o que Deus queria no Antigo Testamento. Para usar mais uma vez a analogia do Templo, significa que o pecado está no pátio, não mais no santuário.

Amigo, você consegue entender o que isso significa? Deus nos deu um coração novo, um novo "eu".

Tudo é novo. Estamos *no Espírito*.

Essa é nossa nova identidade.

PONTOS-CHAVE

① **Há uma anatomia espiritual.** O ser humano pode ser visto como composto de duas partes (homem interior e homem exterior) ou de três partes (espírito, alma e corpo). Mas, como o homem é uma unidade, é por vezes difícil distinguir onde está a nova identidade — o novo eu.

② **A Lei ajuda a encontrar nossa nova identidade.** Ao comparar nossa vontade interior com a Lei, como expressão objetiva da vontade de Deus, percebemos que nosso homem interior agora se deleita com a vontade de Deus. Se estamos pecando, é com nosso homem exterior e contra nossa vontade interior. Portanto, entendemos que nosso homem interior foi de fato transformado — morrer espiritualmente com o Senhor Jesus e ressuscitar com Ele nos transformou. Assim, mesmo com o pecado ainda em nosso corpo, ele não é mais parte de nossa identidade.

③ **Nossa nova identidade está no Espírito.** Deus agora, por meio do Espírito, nos ajuda a viver o temor do Senhor e em santidade. Por meio de uma conexão íntima. Ele nos guia, nos ajuda, nos sustenta e nos faz crescer — de glória em glória.

ORAÇÃO

Obrigado, Senhor, por minha nova identidade no Espírito. Obrigado por estares mais próximo de mim, por meio do Espírito, mais perto que meu amigo mais próximo. Enche-me com o Espírito e separa-me do mal e do pecado.

CAPÍTULO 12

NOSSA CRUZ DE CADA DIA

VIVENDO NA SOMBRA DA CRUZ E ODIANDO O PECADO

...apresenteis o vosso corpo como sacrifício vivo...
— Romanos 12:1 (A21)

A casa vazia

Separado de um mundo pecaminoso (Egito).
Separado de minha identidade como pecador (mar Vermelho).
Separado do pecado em mim (serpente).
Separado, sim... mas para quê?

A separação na Bíblia nunca é o fim, mas um meio para atingir um fim.

Israel foi separado do resto das nações para mostrar a excelência de Deus.

Josué separou-se do povo e ficou na Tenda do Encontro (Tenda da Congregação) a fim de estar na presença de Deus.

Neemias reconstruiu um muro para a construção do altar.

O temor do Senhor é odiar o mal para fazer o bem.

Não devemos apenas odiar o mal; devemos *fazer o bem*.

Se você cancelar sua assinatura da Netflix sem preencher o vazio com atividades espirituais, garanto que logo estará apelando para o YouTube. Jesus ilustrou esse fenômeno na parábola da casa vazia. Ele disse que um homem é como uma casa. Quando um demônio deixa uma casa, ele pode eventualmente voltar. E, se encontrar a casa "*desocupada, varrida e em ordem*", as coisas vão piorar. O demônio trará outros sete demônios, mais perversos que ele, e tornará a condição atual muito pior que a anterior (Mateus 12:43-45).

A lição é simples: não fique vazio.

O plano de tirar o povo de Israel da terra do Egito nunca foi o objetivo final — Deus queria levá-los "*a uma terra que mana leite e mel*" (Êxodo 33:3, ARC). *Longe do Egito*, para a Terra Prometida. A jornada pelo deserto não era em si o objetivo final de Deus. Israel tinha que aprender a odiar o mal — e grande parte da jornada pelo deserto foi sobre isso. Mas para Deus o destino final era a Terra Prometida. Importava tirá-los do Egito, passando pelo mar Vermelho e atravessando o Jordão. Portanto, se você quer crescer na fé e entrar na "terra que mana leite e mel", você precisa passar por mais uma etapa: a do rio Jordão.

O Jordão

Tanto a travessia do mar Vermelho quanto a travessia do Jordão descrevem a obra de nosso Senhor na cruz, mas de ângulos diferentes. Vejamos como a Bíblia os une e quase os vê como um só.

> *"Porque o S*ENHOR*, vosso Deus, fez secar as águas do Jordão diante de vós, até que passásseis, como o S*ENHOR*, vosso Deus, fez ao mar Vermelho, ao qual secou perante nós, até que passamos."* (Josué 4:23)

> *"O mar viu isso e fugiu; o Jordão tornou atrás."* (Salmo 114:3)

> *"Converteu o mar em terra seca; atravessaram o rio a pé; ali, nos alegramos nele."* (Salmo 66:6)

Percebe como o mar e o rio estão intimamente ligados? E a metáfora vai ainda mais longe: Israel entrou no mar Vermelho, mas não os vemos sair.

> *"Os filhos de Israel entraram pelo meio do mar em seco; e as águas lhes foram qual muro à sua direita e à sua esquerda."* (Êxodo 14:22)

Da perspectiva de Deus, eles ficaram nas águas do mar Vermelho até saírem no Jordão. A Bíblia também não diz que eles entraram no Jordão. Apenas que saíram.

> "<u>Subiu, pois, do Jordão</u> o povo no dia dez do primeiro mês; e acamparam-se em Gilgal, do lado oriental de Jericó."
>
> (Josué 4:19)

O rio Jordão tem grandes semelhanças com o mar Vermelho. Ambos estavam transbordando (Josué 3:15 diz que transbordou "em ambas as margens"), e ambos eram um grande obstáculo. Então Israel entrou nas águas da morte no mar Vermelho e saiu no Jordão na ressurreição. Esses dois corpos de água representam os dois lados da obra de Cristo.

Descendo — A passagem de Israel pelo mar Vermelho é uma imagem de nossa identificação com Cristo, que foi à morte por nós.

Emergindo — A travessia do Jordão fala da fé em nossa ressurreição com Cristo.

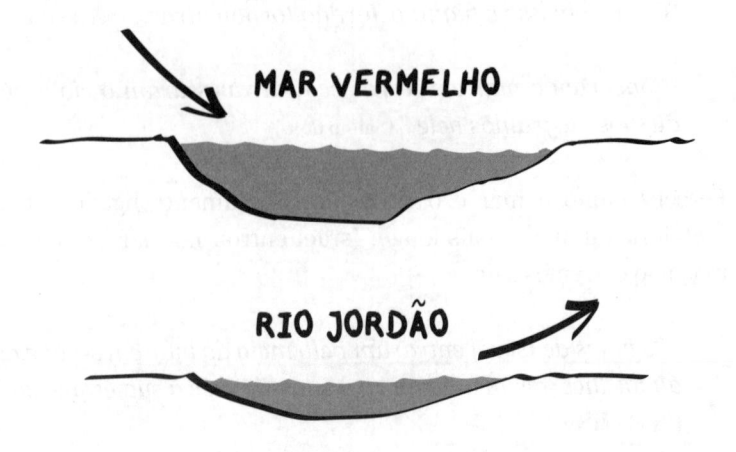

Durante a travessia do mar Vermelho, as águas (morte) *estavam muito presentes*. Eram como paredes. Durante a travessia do Jordão, as águas (morte) *não eram nem visíveis*. Elas haviam parado a quilômetros de distância (Josué 3:16).

Todos esses detalhes indicam que a travessia do Jordão fala da morte de Cristo, mas com um foco especial em Sua ressurreição. Isso é muito importante, porque o cristianismo não se refere apenas à morte. Sim, a morte é central, e a cruz é o centro da história.

Mas depois da cruz vem a *ressurreição*.

Paulo afirma:

"Se Cristo não ressuscitou, é vã a nossa pregação, e vã, a vossa fé..." (1 Coríntios 15:14)

Esqueça o temor do Senhor. Esqueça a separação e a luta pela santidade. O apóstolo diz que:

"Se a nossa esperança em Cristo se limita apenas a esta vida, somos os mais infelizes de todos os homens" (1 Coríntios 15:19); e, *"se os mortos não ressuscitam, 'comamos e bebamos, porque amanhã morreremos.'"* (1 Coríntios 15:32)

Voltemos ao Egito para comer pepinos, melancias, alhos-porós, cebolas e alhos.

Mas não é o caso!

Cristo ressuscitou!

E, da mesma forma que Deus nos identificou com a morte de Cristo no mar Vermelho, identificou-nos também com a vida de Cristo na ressurreição! Romanos 6:5 diz:

"Porque, se fomos unidos com ele na semelhança da sua morte, certamente, o seremos também na semelhança da sua ressurreição."

Agora pergunto: você conhece Cristo "na semelhança da Sua ressurreição"?
Não o Jesus de Nazaré, mas o Cristo exaltado no céu.
Veja, muitos cristãos se concentram na vida de Jesus Cristo aqui na terra. No Carpinteiro.
Quando Maria encontrou o Senhor após Sua ressurreição, quis manter com Ele o mesmo tipo de relacionamento que tinha antes da ressurreição. Ela quis tocá-lo, como fez quando ungiu Seus pés — quando Ele era o homem Jesus, o rabino de Cafarnaum. Mas Jesus diz a ela que as coisas mudaram. Ele agora fazia parte do mundo da ressurreição. Não era mais deste mundo.
Sim, Ele tinha um corpo que ainda podia comer peixe e pão, porém não fazia mais parte deste mundo.
O mundo o viu pela última vez na cruz. Depois disso, só foi visto pelos crentes. Paulo explica essa mudança de relacionamento na carta aos Coríntios:

> "Assim que, daqui por diante, a ninguém conhecemos segundo a carne; e, ainda que também tenhamos conhecido Cristo segundo a carne, contudo, agora, já o não conhecemos desse modo." (2 Coríntios 5:16 ARC)

Meu amigo, isso é muito importante! É a chave para viver uma vida no poder de ressurreição. Uma vida de vitória.
Se você conhece Jesus apenas como "o bom Nazareno" então você não será nada mais do que um bom religioso. Você provavelmente terá a tendência de cair em legalismo e a ver Cristo como um guru. Uma espécie de celebridade influente do primeiro século. Pode até mesmo ver a Bíblia como uma versão atualizada e moderna da Lei.
Mas Cristo ressuscitou.
E isso muda *tudo*.
Temos um relacionamento com o Cristo ressuscitado.

2 Coríntios 5:15 diz:

"Ele morreu por todos, para que os que vivem não vivam mais para si mesmos, mas para aquele que por eles morreu e ressuscitou."

Também costumamos citar o versículo 17:

"Se alguém está em Cristo, é nova criatura; as coisas antigas já passaram; eis que se fizeram novas."

Por que, de acordo com esse versículo, alguém é uma nova criatura? Por que crê que o Cordeiro morreu? Não! Por que está identificado com a morte de Cristo? Não! Até aqui ele ainda estaria no deserto. Tudo se torna novo *somente* quando a pessoa se identifica com a ressurreição de Jesus Cristo. Quando se faz um com Cristo ressuscitado dos mortos. "Se alguém está em Cristo" significa que você tem todo o seu ser em Cristo. Você está nele, e Ele está em você. Essa é a identificação plena. Esse é o relacionamento mais íntimo que se pode ter. Mas o que fazer para viver isso?

Gilgal

Se você ainda não percebeu, acabamos de entrar na Terra Prometida. Saímos do Jordão e estamos em Canaã. A terra maravilhosa. A terra que "mana leite e mel". Essa é "a boa vida".

No Novo Testamento, é o que conhecemos como "os lugares celestiais". É o melhor lugar onde se pode estar. É quando você fecha os olhos e está na presença do Senhor. Quando você começa a contar suas bênçãos e aproveita o tempo com a bênção.

Para o israelita, as bênçãos eram coisas materiais, como leite, mel, uvas, campos, gado e uma grande família. Para o cristão, são bênçãos espirituais, como ser filho de Deus, herdeiro e selado com o Espírito Santo e ter acesso ao Deus Altíssimo, uma grande família *espiritual* e uma nova identidade.

Leia Efésios — é incrível!

Mas quando os israelitas chegaram a Canaã, não havia apenas leite e mel.

Havia gigantes!

Gigantes que gostavam de massacrar os inimigos — de devorá-los como se fossem leite e mel!

"Ei! Já não tivemos drama suficiente para uma geração?".

Como cristãos, também enfrentamos gigantes. Não gigantes *físicos*. Gigantes *espirituais*.

Então, quais são os inimigos do cristão? Efésios 6:12 explica:

> *"...nossa luta não é contra o sangue e a carne, e sim contra os principados e potestades, contra os dominadores deste mundo tenebroso, contra as forças espirituais do mal, nas regiões celestes."*

O cristão luta contra as forças espirituais.

"Espirituais" remete aos pensamentos, argumentos e ideias que se levantam contra o conhecimento de Deus (2 Coríntios 10:5). Por exemplo, você está tendo um ótimo momento de oração, cantando louvores ou falando de Cristo para alguém... e, de repente, um pensamento maligno vem à sua mente.

Essa é a luta!

Onde ocorre a luta?

Em seu corpo, porque o pecado ainda está nele. Tratamos desse assunto no capítulo anterior.

No passado, você nutria um padrão de pensamento maligno; agora, o Diabo está usando elementos externos com a intenção de desencadear a velha rotina.

É aqui que você precisa de Gilgal.

Gilgal foi o primeiro local a que os israelitas chegaram depois de atravessar o Jordão.

Ali Deus disse a Josué que ele se esquecera de um rito importante — a circuncisão. A circuncisão consiste na remoção do prepúcio masculino. Era um sinal do pacto que Deus fizera com Abraão para separá-lo do mundo. A circuncisão representava o autojulgamento. Era basicamente o temor do Senhor em ação.

Eles deveriam ter circuncidado cada macho, mas haviam se esquecido (Josué 5:2-7).

Segundo Josué 5:9, era o *"opróbrio [desonra, humilhação] do Egito"* (ARC). Basicamente, eles haviam levado o Egito com eles até ali, omitindo esse autojulgamento.

E nós? Também caímos nos pecados do Egito por ter o Egito no coração?

Talvez externamente tenhamos nos separado de certos pecados — não participamos de *raves* nem pecamos em público. Mas... e quando ninguém está olhando?

A circuncisão espiritual deve ser uma rotina diária para o cristão:

> *"Nele, também fostes circuncidados, não por intermédio de mãos, mas no despojamento do corpo da carne, que é a circuncisão de Cristo..."* (Colossenses 2:11)

Obviamente, essa circuncisão é espiritual, não na carne, como no caso de Israel. É a *"circuncisão feita por Cristo"*. Só seremos circuncidados por Cristo se pusermos essa circuncisão em prática e condenarmos tudo que venha do pecado — o temor do Senhor é odiar o pecado.

Como é isso na prática? Os efésios, por exemplo, jogaram fora todos os seus objetos de idolatria.

Colossenses 3 nos dá uma longa lista do que isso significa:

> "*Agora, porém, despojai-vos, igualmente, de tudo isto: ira, indignação, maldade, maledicência, linguagem obscena do vosso falar. Não mintais uns aos outros, uma vez que vos despistes do velho homem com os seus feitos e vos revestistes do novo homem que se refaz para o pleno conhecimento, segundo a imagem daquele que o criou...*" (Colossians 3:8-10)

Parece uma lista que ainda relevante para os dias de hoje, não é mesmo?

Viver o temor do Senhor é rejeitar o mal na teoria e na prática. Você apresenta seu corpo como sacrifício diário, e, em vez de ser um "corpo de morte", ele se torna uma ferramenta de Deus para iluminar a vida! Romanos 6:13 diz: "*oferecei-vos a Deus... como instrumentos de justiça.*"

Qual foi a consequência da circuncisão? A Páscoa foi celebrada. O quê? A Páscoa? O início? Sim! Eles puderam realmente aproveitar a vitória sobre o Egito porque a viveram agora também na prática. A separação do mal levou-os a celebrar.

O temor gerou alegria.

E mais uma coisa aconteceu:

> "*No dia imediato, depois que comeram do produto da terra, cessou o maná, e não o tiveram mais os filhos de Israel; mas, naquele ano, comeram das novidades da terra de Canaã.*"
> (Josué 5:12)

Eles deixaram de comer a comida do deserto (leia a lista de Colossenses 3 mais uma vez), porque estavam livres para se banquetear com as coisas boas que a Terra Prometida fornecia. Eles não mais desejavam leite: queriam alimentos sólidos. Haviam alcançado seu objetivo e agora podiam tomar posse da terra... e Deus lhes daria a vitória onde quer que pusessem os pés. Você quer viver uma vida vitoriosa? Aqui está o padrão! Sempre que os Israelitas voltassem a Gilgal (e lembrassem do ato da circuncisão), eles teriam vitória. Todas as vezes. Tema ao Senhor e você vencerá. Todas as vezes.

Por que o temor é bom

Já olhamos para o temor do Senhor de muitos ângulos diferentes. Talvez eu tenha conseguido convencê-lo de que o temor do Senhor é realmente importante e está fortemente ligado ao medo. Agora sua primeira reação pode ter sido: "Não gosto disso". Porque em nossa sociedade hedonista o medo é visto como algo inteiramente *negativo*. Mas quero desafiar essa visão. O medo pode realmente ser uma força para o bem. Pode produzir uma transformação. Por isso, quero lhe mostrar seis pontos sobre como o medo/temor pode se tornar até mesmo seu melhor amigo.

1. Proteção

O medo protege você. Sem medo, você provavelmente não viveria por muito tempo. Podemos dizer que o medo é como um cão de guarda. Ele nos alerta sobre ameaças e nos ajuda a tomar decisões sensatas. Quando sentimos medo, entramos automaticamente em um estado de atenção, "prontos para a guerra". Sem medo, não teríamos energia, foco, velocidade ou força para luta nem para fugir. No sentido espiritual, o medo nos ajuda a fugir do mal moral e a combater os falsos ensinamentos.

"Aquele que teme ao SENHOR possui uma fortaleza segura, refúgio para os seus filhos." (Provérbios 14:26 NVI)

2. Motivação

O medo é um grande motivador. Talvez até mais que o amor. Estudos têm mostrado que as pessoas sentem mais dor ao perder R$10,00 que ao perder a oportunidade de ganhar R$100,00. Pode parecer ilógico economicamente, mas é estatisticamente comprovado. O medo de perder é mais forte que o amor de ganhar. Podemos ver isso também no caso de Noé, que, *"movido por santo temor, construiu uma arca para salvar sua família"* (Hebreus 11:7 NVI). A motivação aqui não era o amor, mas o medo. E seu medo não era uma espécie de respeito, mas literalmente o medo de ver toda a sua família morrendo afogada. Para nós, cristãos, também não é só o amor que nos impele a pregar o evangelho. 2 Coríntios 5:11 diz:

"Conhecendo o temor do Senhor, persuadimos os homens..."

Mais uma vez, não estamos falando de respeito. É o medo do terrível juízo de Deus que está por vir. Isso nos motiva a sair e anunciar as boas-novas.

3. Proteção contra a idolatria

O medo nos impede de adorar um falso deus. Foi precisamente o medo de um Deus vingador que trouxe à existência a seita dos fariseus. E é esse medo do mundanismo que ainda hoje transforma muitos cristãos em legalistas.

Existem dois tipos de idolatria: a *liberal* e a conservadora.

A idolatria liberal concebe um deus tão bom que nos deixa fazer o que quisermos. A Bíblia é levada a sério, mas o "espírito" é mais importante. A questão é que inevitavelmente "misturam" o Espírito Santo com o espírito humano, e às vezes até mesmo com a alma. Essa forma de idolatria é muito fácil de contestar, porque seus pensamentos errados são revelados em seus atos ou mesmo em heresias. Nesse caso, basta ler a Bíblia para perceber o que está errado.

Mas há também uma forma *conservadora*. Os conservadores usam um falso temor de Deus para se desligar de Deus... como os fariseus fizeram. Eles não queriam mais ser punidos por Deus e tentaram usar a lógica: "Como podemos tornar impossível que Deus nos castigue? Fazendo com que os mandamentos sejam impossíveis de transgredir!". Assim, adicionaram muitas leis, até que a mais remota possibilidade de transgredir os mandamentos de Deus foi anulada. De certa forma, adicionaram um muro em volta das leis de Deus.

Mas, ironicamente, tal caminho não leva ao verdadeiro temor do Senhor, nem ao conhecimento mais profundo de Deus, nem à intimidade com Ele. Assim como a idolatria liberal, a idolatria conservadora nos torna independentes: "Sou mais que perfeito em minha conduta, por isso não preciso mais dar ouvidos a Deus". Pense em um caminho enganoso. Foram justamente essas pessoas que crucificaram o Senhor Jesus, porque o Senhor, com Seu genuíno temor a Deus, expôs toda a hipocrisia deles.

4. Proteção contra o medo

Temer para não ter medo. Já pensou nisso? Quando sentimos dor, mordemos os lábios. Criamos uma forma de dor para cancelar outra. Transferindo para o temor, significa que Deus quer que o temamos, para que não tenhamos medo de mais nada! Mais uma vez, fica evidente que o temor do Senhor é sobre medo. Veja por que o temor do Senhor remove o medo dos homens:

> "...*não temais o que eles temem... Ao Senhor dos Exércitos, a Ele santificai; seja Ele o vosso temor, seja Ele o vosso espanto.*" (Isaías 8:12-13)

"Não temais os que matam o corpo e não podem matar a alma; temei, antes, aquele que pode fazer perecer no inferno tanto a alma como o corpo." (Mateus 10:28)

5. Comunhão

Já vimos que o temor do Senhor é o início da intimidade com Deus. Por que isso acontece? Porque Deus tem emoções e pode sentir dor. Vemos isso nos dias anteriores ao Dilúvio:

> "Se arrependeu o Senhor de ter feito o homem na terra, e isso lhe pesou no coração." (Genesis 6:6)

Deus protege Seu coração da maldade dos homens, mas Ele o revela aos que são verdadeiros. "Verdadeiros" são aquelas que tratam Deus como Ele realmente é.

E Deus é terrível.

Ele é aterrorizante na forma e maravilhoso em Seu ser.

Tão maravilhoso que sentimos medo quando nos aproximamos de Sua divindade. Os que compreendem isso são pessoas com quem o Senhor pode falar. Ele diz no Salmo 25:

> "A intimidade do Senhor é para os que o temem..."
>
> Ou como diz outra tradução:
>
> "O Senhor Deus é amigo daqueles que o temem..." (NTLH)

Você gostaria de conhecer melhor o Senhor? Tema-o.

Então ele virá até você e dirá: "Não temas".

6. Santificação

Santificação é nos tornarmos cada vez mais como Deus é: santo. Esse era o plano dele desde o início, mas o problema era que o homem se esqueceu de temê-lo. Paulo resume todo o problema da humanidade em Romanos 3:18:

"Não há temor de Deus diante de seus olhos".

O temor do Senhor é a única maneira de desfazer esse mal e dar início à santificação — e também completá-la.
Leiamos 2 Coríntios 7:1:

"Tendo, pois, ó amados, tais promessas, purifiquemo-nos de toda impureza, tanto da carne como do espírito, aperfeiçoando a nossa santidade no temor de Deus."

Portanto, Paulo vê o temor do Senhor como o "coração" da santificação.
Por quê?
Porque o medo nos impede de fazer o mal. É uma constante purificação do mal e uma prática contínua do bem, que nos leva a uma relação cada vez mais profunda com Cristo. E, ao fazer isso, tornamo-nos cada vez mais parecidos com Ele.

PONTOS-CHAVE

① **Separar-se não é um fim em si mesmo.** O temor do Senhor não tem apenas o lado negativo (odiar o mal), mas também o positivo (fazer o bem). A separação deve levar a algo mais.

② **Eliminar certas coisas dará lugar a coisas verdadeiras.** Deus não salvou você do mundo sem lhe oferecer algo novo: o mundo da ressurreição. Isso altera todo o nosso estilo de vida.

③ **Julgar a si mesmo é necessário para desfrutar o poder de ressurreição.** O temor do Senhor deve ser um exercício diário, se quisermos permanecer em um relacionamento profundo com Cristo. Deve ser como Gilgal, um lugar para onde voltamos continuamente.

ORAÇÃO

Senhor, sonda-me e revela, pelo Espírito Santo, se há pecado em mim. Ajuda-me a confessar meus pecados diariamente. Eu te agradeço pelo novo mundo de ressurreição ao qual me apresentaste. Quero viver na alegria da minha salvação!

PARTE IV

A URGÊNCIA:
A HORA DE VER A DEUS É AGORA

CAPÍTULO 13

100 SEGUNDOS PARA A MEIA-NOITE

O RELÓGIO NÃO PARA, ENTÃO VAMOS AO TRABALHO

Van Neistat, irmão mais velho do youtuber Casey Neistat, é também um videomaker talentoso. Em março de 2021, ele publicou um vídeo que chamou minha atenção para um livro de 1997, *The Fourth Turning* [A quarta virada]. De acordo com a editora, "os autores olham para os últimos quinhentos anos e descobrem um padrão evidente: a história moderna se move em ciclos, cada um durando cerca uma vida humana. Cada ciclo é composto de quatro 'curvas' ou 'viradas', que duram cerca de vinte anos e sempre ocorrem na mesma sequência".[32]

Em *The Fourth Turning*, os autores ilustram estes ciclos utilizando uma análise do período pós-guerra. Algo assim:

- Alta *(boom econômico após a Segunda Guerra Mundial)*
- Despertar *(anos 60 + verão de amor + Bob Dylan)*
- Desconstrução *(11 de Setembro + guerras no Oriente Médio)*
- Crise *(2008 + Trump + COVID)*

Se esses ciclos se confirmarem, então a mensagem é simples: estamos no meio de uma crise. Isso realmente me fez pensar.

Não que a teoria seja muito convincente. Não preciso ler um livro de 300 páginas para saber que estamos em crise. Basta olhar para as manchetes de hoje. O que chamou minha atenção foi o fato de que mesmo pessoas que não têm fé estão percebendo que uma grande mudança está por vir.

---

32 Disponível em: <https://www.penguinrandomhouse.com/books/174648/the-fourth-turning-by-william-strauss/>

Isso também pode ser visto no relógio do Juízo Final.[33] Um grupo de diretores e cientistas criaram esse relógio simbólico após estudar vários fatores que afetam o estado do planeta Terra. O relógio indica a que distância estamos de uma catástrofe global. Em janeiro de 2020, ele foi movido para seu ponto mais próximo da meia-noite desde a Guerra Fria. O título que deram foi:
100 segundos para a meia-noite. A última vez que o ponteiro chegou tão perto do número 12 foi quando os EUA e a União Soviética testaram suas primeiras armas termonucleares.
O mundo "sente" que a mudança está chegando.

Agora antes de tocar a trombeta do "Jesus está voltando", deixe-me dizer mais uma coisa importante. Você pode ler os próximos capítulos e, espero, ficar bem-motivado, *ainda que não concorde* com tudo que eu disser (com relação ao futuro). Independentemente se você crê que a vinda do Senhor Jesus é iminente (não apenas próximo, ou "um dia", mas realmente talvez hoje!) ou não, ainda podemos partir o pão e continuar conversando juntos. Mas sem dúvida — todos concordamos que *grandes mudanças* estão por vir... ou pela vinda do Rei, ou, no mínimo, com o crescimento da inteligência artificial. Ou é o estabelecimento do Reino ou testemunharemos o surgimento de novas estruturas de poder. Em todos os casos, precisamos estar perto de Cristo se quisermos nos manter de pé. Precisamos temer a Deus para não temer outras coisas e passar a fazer concessões. Precisamos ver Deus, para que possamos ver o futuro. Independentemente de como definimos os detalhes desse futuro.
Amém!?

Ainda não acabou!

Estamos quase no fim, mas *ainda* não acabou!
Isso é importante porque você pode ter lido este livro até aqui e achado que tudo faz sentido — só que saber tudo isso não o

---

[33] Disponível em: https://thebulletin.org/doomsday-clock/>

animou *em nada*. Na verdade, teve o efeito contrário: te deixou desesperado! Você não vê apenas a escuridão do futuro à sua frente, mas também a escuridão de seu passado.

Meu amigo, sei que é difícil.

É frustrante quando você finalmente vê a solução e não consegue mais lutar. Quando percebe que deveria ter estudado a Palavra de Deus desde criança, mas não o fez, e hoje não consegue nem mesmo ler a Bíblia por mais de cinco minutos. Quando você finalmente alcançou certa liberdade, percebe que já tem 25 anos e os melhores anos ficaram para trás. Agora tem um trabalho que consome todo o seu tempo. Ou tem uma família para sustentar e não tem mais ânimo para preparar sermões nem para passar tempo ajudando as pessoas à sua volta. Ou, tragicamente, chegou aos 70 anos e caiu a ficha: "Desperdicei minha vida. Agora que vejo a solução, não posso fazer mais nada".

A pior coisa para um ser humano é perder a vida eterna.

A segunda pior coisa é *desperdiçar sua vida terrena*.

<u>Mas há esperança!</u>

Ainda não terminou. Acredite em mim. Ou melhor: acredite na Bíblia!

Vamos à história de Sansão, o último juiz no livro dos Juízes. Sim, este também foi um ponto de inflexão. O último ciclo. Deus lhe deu um poder incrível, mas ele o desperdiçou! Toda a sua vida foi dedicada ao prazer! Um hedonista piedoso, por assim dizer. Prazer + Deus. Diversão + a Bíblia. Mulheres + o povo de Deus. No último capítulo de sua vida, ele foi jogado na prisão — cego. Na prisão de sua própria luxúria. Mas a prisão não foi a pior coisa. O pior foi a cegueira, porque era irreversível! Como um cego pode lutar? Talvez você esteja se perguntando isso também.

"Como Deus pode usar zé-ninguém como eu?".

Sansão pelo menos *sabia* que estava cego. Mas lembra-se do capítulo 8, onde eu disse que a cegueira é importante? Paradoxalmente, Sansão enxergou as coisas com clareza justamente quando estava cego. Jacó nunca viu tão claramente como quando perdeu a visão. Até Paulo precisou ficar cego para perceber seu erro. Posso imaginar Sansão sentado na masmorra pensando sobre sua situação, sobre Deus e sobre sua identidade. Ele odiava sua vida.

Mas as coisas ficam ainda piores.

Sansão é levado para um templo. Em uma situação normal, o que ele teria feito? O mais provável é que ficasse olhando para as mulheres ou para a beleza do templo, que era o orgulho dos filisteus. Mas agora ele estava cego. Tinha morrido para essas coisas. Como diz Romanos 6:11:

"Assim também vós considerai-vos mortos para o pecado..."

Sansão teve de aprender da maneira difícil que não podia vencer o pecado.

Os filisteus furaram seus olhos, mas estar cego agora se tornou uma bênção. Ele não era mais distraído pela beleza nem por qualquer coisa que acontecesse ao seu redor. Não lemos mais que "Sansão *viu* e caiu".

Quando a visão se foi, Sansão começou a ouvir.

E o que ele ouviu?

Ele ouviu como zombavam do Deus único e verdadeiro e como se referiam a Sansão pela sua verdadeira identidade: um inimigo. Se não quisermos aprender sobre nossa identidade pela boca de Deus, aprenderemos pela boca dos inimigos. E isso dói.

É como vinagre sobre uma ferida. Sansão é até mesmo obrigado a dançar ao som de suas zombarias.

Sansão diz para si mesmo: "Sabe de uma coisa? Já estou farto! Odeio minha vida e quero me matar. Todo o meu sistema de ideias estava errado e entrou em colapso". Você sabe o que é isso?

É a solução.

A solução é a morte.

Sansão tem um *insight*:

E se eu morrer? E se eu não quisesse mais ser um juiz famoso? E se eu desistisse da minha vida para lutar pela vitória de Deus? E se colocar para fora o que estou sentindo por dentro: que todo o sistema filosófico (todo o pensamento) dos filisteus acabar em mim? E se eu destruir este templo?.

Toda a elite estava presente. Líderes militares, religiosos e políticos. Todos estavam reunidos no templo. Sansão havia pensado que todas as suas chances tinham acabado, mas no fundo do poço percebeu: "Esta é a maior chance da minha vida!". Nunca alguém dera de graça tal oportunidade. Ele seria capaz de eliminar todo o sistema filisteu com um só golpe.

Assim, Sansão orou, e por sua palavras podemos deduzir o que se passava no coração dele. Ele clamou a *Yahweh Adonai*. Antes disso, tratava Deus por "tu" e o descrevia como Elohim. Elohim significa "o bom Senhor-Deus". Era um relacionamento bem distante.

Mas aqui ele diz: "YAHWEH".

Esse é o Deus que busca um *relacionamento*. O Deus que se relaciona com o ser humano.

E, em seguida, ele diz: "ADONAI".

Esse termo significa "Senhor". *Kyrios*. Ele reconhece que de agora em diante Deus é Senhor em seu coração. Deus está sentado no trono interior de Sansão! Ele se separa do mal dentro dele, morre para si mesmo e de repente *conhece* o Senhor, o *Kyrios*, outra vez! O temor do Senhor é o princípio do conhecimento.

E qual foi o resultado? A Bíblia registra:

"*E foram mais os que matou na sua morte do que os que matara na sua vida.*" (Juízes 16:30)

Caro leitor, obviamente não estou defendendo uma ação kamikaze. Mas o kamikaze espiritual pode mudar *tudo*. Se depois de tudo que vimos você desistir de sua vida para si, sem dúvida o restante de sua existência será mais eficaz que qualquer coisa que você tenha feito até hoje. Não é tarde demais. Tire um tempo para orar. Entregue o resto de sua vida. Chegou a hora!

É a última milha. O último quilômetro. E Deus precisa de pessoas que se rendam inteiramente a Cristo nesses últimos metros.

Deus precisou de Sansão. Deus precisa de *você*.

Mas só se você se render. Agora.

"Temam a Deus e honrem o rei"

É hora de viver temendo a Deus. Por três razões. Porque estamos quase no fim. Porque ainda não acabou. Porque logo teremos de tomar uma decisão importante: *curvar-se aos poderes terrenos ou seguir o Senhor*.

Quem vive em um país cristão há muito tempo geralmente não costuma levantar essa questão. Mas à medida que os povos se tornam mais ímpios e cada vez mais poderosos, a nossa cruz vai se tornando mais visível outra vez. Por quê?

O que é a cruz, afinal?

A cruz é o lugar que o mundo tinha para nosso Senhor. Ele foi crucificado por nossos pecados, mas da perspectiva do mundo Ele foi crucificado por ser uma ameaça ao governo. Sua acusação era: "O rei dos judeus". Se nós, como cristãos, às vezes estamos dispostos a aceitar dois senhores, o mundo certamente não está.

O mundo quer *toda* a sua atenção. *Toda* a sua lealdade.

E fará o que for preciso para obtê-las.

Portanto, se estamos tentando evitar a questão e ser diplomáticos em nossos procedimentos, isso só irá prorrogar o problema. Deixe-me perguntar: *suas ações são baseadas no temor do Senhor ou no medo da repreensão?*

Temos de *temer* o Senhor e *honrar* o rei. Temer a Deus e respeitar os governos.

Não o contrário. Mas tenho a impressão de que, por termos mudado nossa definição de "temer a Deus" para "respeitar a Deus", nossos medos simplesmente adquiriram um novo objeto. Quero incentivá-lo a aprender a temer o Senhor na vida diária, pois isso o ajudará a superar todos os outros medos que nos cercam nesta época de crise.

Leve a sério as palavras de Isaías:

> *"Não chamem conspiração a tudo o que esse povo chama conspiração; não temam aquilo que eles temem, nem se apavorem. O SENHOR dos Exércitos é que vocês devem considerar santo, ele é que vocês devem temer, dele é que vocês devem ter pavor Não chamem conspiração tudo o que esse povo chama conspiração; não temam aquilo que eles temem, nem se apavorem.* <u>*Ao Senhor dos Exércitos é que vocês devem considerar santo, a ele é que vocês devem temer*</u>*, dele é que vocês devem ter pavor."* (Isaías 8:12-13 NVI)

Nossa lealdade deve ser devotada somente a Ele: Deus, nosso Temor!

PONTOS-CHAVE

① **Estamos quase no fim!** Agora é *"all-in"* — tudo pelo Senhor. Concentre-se no que deve fazer.

② **Mas ainda não acabou!** Talvez você tenha desperdiçado sua vida até agora. Mas não é tarde demais. Pense em Sansão, que desperdiçou tudo e teve sua maior vitória nos últimos segundos de sua vida. Mas isso exigiu a vontade de perder a vida, e a vitória veio por meio da morte.

③ **"Temam a Deus e honrem o rei".** Tenha cuidado para não temer as coisas erradas. Seu medo revela onde está seu foco diário. Assegure-se de não estar dando poder às coisas erradas em sua vida.

ORAÇÃO

Senhor, quero dar tudo nestes últimos quilômetros. Faz com que meu coração tenha temor a ti, em amor santo, e que nenhum outro medo conquiste meu coração e minha mente. Tu és o maior, me salvaste do inferno e da morte, e desejo ser fiel, aconteça o que acontecer! Ajuda meu frágil corpo, pelo Teu Espírito Santo!

CAPÍTULO 14

O RETORNO

INTENSIFIQUE SUA ENERGIA

A doutrina da segunda vinda de Jesus foi tradicionalmente o foco principal da teologia cristã: ela foi uma força motriz para as missões, tornou-se foi uma fonte de esperança para os cristãos que sofriam e ajudou a moldar o culto cristão.[34]

— CHRISTIANITY TODAY

Na década de 1950, em um estudo realizado em Harvard, o Dr. Curt Richter colocou alguns ratos em uma piscina para registrar por quanto tempo conseguiam nadar. Em média, os ratos desistiam depois de 15 minutos e afundavam. Mas logo antes de se afogarem (devido à exaustão) os pesquisadores retiravam os pequenos animais da água e os secavam. Deixavam-nos descansar alguns minutos e os colocavam de novo na água para um segundo teste.

Chute: quanto tempo os ratos nadaram na segunda tentativa? (Lembre-se que eles tinham acabado de nadar até a exaustão apenas alguns minutos antes.) Quanto tempo você acha que aguentaram dessa vez?

Mais 15 minutos? 10 minutos? 5 minutos? Não!

60 horas! Isso mesmo! 60 horas de natação.

Isso é 240 vezes mais tempo.

A conclusão foi que, por *acreditar que seriam resgatados*, os ratos impulsionaram o corpo muito além do que pensavam ser possível.

A *esperança* foi o fator determinante.

Quando Jesus Cristo disse que voltaria *em breve*, Ele sabia o que estava fazendo.

---

34 Disponível em: <https://www.christianitytoday.com/ct/podcasts/quick-to-listen/end-times-apocalypse-2020- pandemic-podcast.html/>

Estava dando *esperança* aos Seus discípulos.

Ontem eu estava conversando com um de meus irmãos pelo telefone, e ele me disse:

Natha, é incrível como você mudou. Você trabalha como um louco. Quero dizer, eu te conheço desde sempre, e você não era o cara mais trabalhador do mundo. Alguma coisa mudou. Quero saber seu segredo: que pílula você tomou?

A mesma "pílula" que os ratos receberam: A esperança.

Neste capítulo, vou passar os ingredientes, para garantir de que seguimos a mesma receita. Quando eu era jovem, não me interessava por profecias. Era um assunto muito complicado, e eu não sabia como relacioná-las com minha fé. Conhecia Jesus, falava dele para os colegas na escola, organizava concertos — enfim, lutava pelo Reino. Mas o Reino *agora* era muito mais importante que o Reino do *futuro*.

Até eu perceber que o "futuro" era "agora".

Essa foi minha "pílula". O pensamento de que muito em breve estarei diante de Jesus Cristo. Aquele que morreu em meu lugar e encarou a "bola de fogo colossal" por mim. Quero correr até Ele, ver Suas mãos e Seus pés e adorá-lo por toda a eternidade. Falei com pessoas ao meu redor e pude ver o fogo se acendendo. Pensar que Jesus voltará *um dia* é diferente de pensar que Ele *voltará em breve*. Agora talvez você esteja se perguntando: "Como eu consigo esse fogo?".

A resposta é — rufem os tambores — viver no temor do Senhor.

Veja, isso não aconteceu até eu perceber que a profecia não consiste em apenas algumas imagens esquisitas do Apocalipse, mas trata de meu futuro próximo. No passado eu pensava: "Eu sei o que está acontecendo agora. Mas não sei nada sobre o futuro. Só sei que acontecerá de qualquer maneira. Então não vou me preocupar com isso agora".

Mas eu estava errado. Quando comecei a estudar as profecias mais seriamente, descobri como a compreensão íntima dos "tempos" está ligada ao temor do Senhor.

"*Eu ouvi, porém não entendi; então, eu disse: meu senhor, qual será o fim destas coisas? Ele respondeu: Vai, Daniel, porque estas palavras estão encerradas e seladas até ao tempo do fim. Muitos serão purificados, embranquecidos e provados; mas os perversos procederão perversamente, e nenhum deles entenderá, mas os sábios entenderão.*"
(Daniel 12:8-10)

Aqueles que se purificarem entenderão!
O temor do Senhor é o princípio do conhecimento profético.
Essa realidade me assustou: "Uau! Se o fim dos tempos está realmente próximo, então preciso me purificar. Porque haverá uma grande operação de sedução e engano".
Em 2 Timóteo 3, somos advertidos de que haverá pessoas incrivelmente inteligentes na igreja que enganarão a muitos com coisas incríveis. Não é algo que simplesmente *acontecerá*.
Não: será tudo orquestrado. E eu poderia ser um dos iludidos.
Hoje, mais do que nunca, é vital "estar certo".
Há pessoas que sabem tudo sobre profecia e ainda vivem em pecado profundo.
Um erro absurdo.
Os fariseus sabiam tudo sobre a vinda do Messias. Sabiam até mesmo o nome da aldeia onde ele nasceria (Mateus 2:5), mas não o reconheceram, porque não o conheciam. E não o conheciam porque não temiam a Deus. Eles amavam o dinheiro (Lucas 16:14); eram hedonistas enrustidos.
Essa é a razão pela qual afirmo: a pureza moral é muito mais importante que o brilhantismo intelectual.
Vamos pensar mais um pouco sobre isso.

O temor do Senhor é a chave no final

Quer você acredite no fim dos tempos, quer não, quer o fim dos tempos tenha alguma relevância para você, quer não, uma coisa é certa: o temor do Senhor é a chave na hora da mudança. Ele é fundamental nos momentos que definem a história, nos tempos finais de um ciclo, como vimos no capítulo anterior — a despeito de ser a última crise ou não.

Deixe-me dar-lhe alguns exemplos:

Quando o Dilúvio chegou, era necessário que Noé e sua família estivessem separados do resto da humanidade.

Quando Sodoma e Gomorra foram julgadas, o salva-vidas de Abraão (e mais tarde de Ló) foi o fato de estarem separados.

No final do Antigo Testamento, tudo estava indo por água abaixo. Era o fim de uma era. Os arrogantes eram tidos como abençoados. Os criminosos prosperavam, mas o pior era isto: os que tentavam a Deus escapavam impunes (Malaquias 3:15).

Mas havia um grupo apontado por Deus como diferente. E que qualidade os distinguia?

> "Então, os que temiam ao Senhor falavam uns aos outros; o Senhor atentava e ouvia; havia um memorial escrito diante dele para os que temem ao Senhor e para os que se lembram do seu nome." (Malaquias 3:16)

O temor do *Senhor*.

Eles estavam separados do ambiente pecaminoso e arrogante e se comunicavam entre si. O resultado? Intimidade com Deus!

> "Eles serão para mim particular tesouro, naquele dia que prepararei, diz o Senhor dos Exércitos; poupá-los-ei como um homem poupa a seu filho que o serve." (Malaquias 3:17)

Vemos o mesmo princípio no Novo Testamento.

Primeiro o temor do Senhor:

"Por isso, retirai-vos do meio deles, separai-vos, diz o Senhor; não toqueis em coisas impuras; e eu vos receberei."

Depois a intimidade com Deus:

"...serei vosso Pai, e vós sereis para mim filhos e filhas, diz o Senhor Todo-Poderoso." (2 Coríntios 6:18)

Essa intimidade é a coisa mais doce que você pode saborear.
Mesmo quando você for expulso.
Mesmo quando você for cancelado.
Em João 9, um cego é expulso da sinagoga. Adivinhe quem ele encontra do lado de fora? Jesus.
Ele está entre que confessam o *verdadeiro* nome de Jesus e aguentam as consequências. Portanto, o temor do Senhor é a chave para a sobrevivência.
Mas os próximos meses podem não ser apenas um tempo de *sobrevivência*, mas de *prosperidade*. Talvez você fique desapontado por estar vivendo o fim de um ciclo. Não! É emocionante e é uma honra. Na verdade, pode ser o melhor momento da história para se viver.
No próximo capítulo, veremos por quê.

PONTOS-CHAVE

① **O retorno de Cristo é a esperança cristã.** Não há esperança maior que o pensamento de que logo veremos nosso Senhor Jesus Cristo. Essa ideia deve nos motivar a agir com urgência todos os dias!

② **O temor do Senhor é a chave para entender as profecias.** A profecia não é apenas intelectual. Também é importante separar-se do mal a fim de obter uma visão da profecia.

③ **Nunca desista.** Independentemente de sua idade, posição ou experiência, agora é o momento de agir.

ORAÇÃO

Senhor, espero em ti como um vigilante espera pela manhã. Gostaria que já estivesses aqui. Quero estar contigo, na Tua presença, para sempre. Ensina-me a viver no Teu temor. Quero entender as coisas, não ser um tolo. Ajuda-me a trabalhar com paixão por todos aqueles que colocaste ao meu redor, pelo meu próximo e por qualquer um que se interponha no meu caminho. Eu espero por ti.

CAPÍTULO 15

AME O VERDADEIRO REAVIVAMENTO

NUNCA HOUVE UM TEMPO COMO ESTE

Imaginando que você lê a uma velocidade média, adivinhe quantas pessoas já morreram desde que você começou a ler este livro? Neste momento, você já leu mais de 50 mil palavras. Como a velocidade média de leitura é de 250 palavras por minuto, você levou cerca de 200 minutos para chegar a este capítulo.

Infelizmente, 1,8 pessoa[35] morre a cada segundo.

Faça os cálculos: são 108 pessoas morrendo a cada minuto.

Assim, durante esses 200 minutos de leitura, podemos dizer que 21.600 pessoas de todos os cantos do mundo morreram enquanto você lia este livro. (Para deixar claro, sou grato que você esteja lendo. Por favor, não pare! Essa conta é apenas para ilustrar um ponto e criar um senso de urgência.)

É chocante saber que a cada minuto 108 pessoas morrem e entram na eternidade — na presença de Deus. Isso deveria nos incentivar a dizer às pessoas quem Deus realmente é!

Vamos um pouco mais longe: você sabia que hoje existem desproporcionalmente mais pessoas vivas que em todos os séculos da história da humanidade? O "campo missionário" (população global total) do século XV era de cerca de 460 milhões de pessoas.[36] Hoje a população mundial é de 7,9 *bilhões*.[37]

Esse número é quase vinte vezes o de apenas quinhentos anos atrás.

---

35 Disponível em: <https://www.medindia.net/patients/calculators/world-death-clock.asp/>

36 Disponível em: <https://www.statista.com/statistics/1006502/global-population-ten-thousand-bc-to-2050/>

37 Disponível em: https://www.worldometers.info/world-population/#:~:text=7,9%20Bilhões%20(2021),Nações%20estima%20elaborado%20por%20Worldometer/>

Isso significa que devemos empreender um esforço gigantesco na divulgação do evangelho.

Infelizmente, como vimos no capítulo 2, os números atuais são bem diferentes. Mas há uma gota de esperança. Deixe-me explicar por que vejo duas grandes "janelas" de oportunidade.

A oportunidade no tempo

Estamos em uma época incrível para se viver. Na verdade, talvez seja o momento mais emocionante da história da Igreja ou mesmo da história da humanidade. Pense nisso. A grande maioria das pessoas no céu serão humanos dos séculos 20 e 21. Ou seja, se você quiser "obter uma recompensa enorme", já está largando na *pole position* — porque tal oportunidade existe. (Eu sei que não se trata do tamanho do galardão... mas ainda assim é incrível pensar nisso).

Há tantas pessoas no mundo... e você e eu podemos conduzi-las ao Senhor!

Basicamente, temos uma oportunidade de vencer em nosso tempo. E quão grande será a vitória de Cristo!

Mas qual a chave para essa vitória? Você!

"Eu?", você deve estar pensando.

Sim, você! Não se preocupe, ainda estou ciente de que sem Deus não podemos fazer nada. Mas ainda assim você é a melhor pessoa para ajudar nesse tipo de problema. Por que tenho tanta certeza? Porque Deus criou você para viver justamente neste tempo tão importante da história humana.

Ele viu você.

Sua identidade, seus pontos fortes e suas fraquezas.

Deus colocou você neste mundo "para um momento como este". A rainha Ester ouviu essas palavras quando estava arriscando a vida pelo povo de Deus (Ester 4:14). Talvez você também o faça. Então, como Mardoqueu fez por Ester, deixe-me torcer por você também!

Pense em sua vida agora como uma corrida de revezamento. Que honra incrível correr o último percurso! Deus poderia ter feito *um bilhão* de outros seres humanos, mas fez você. Ele sabia que estes tempos seriam difíceis e então criou *você*! Ele decidiu deixá-lo correr a última milha. Que honra!

Talvez você esteja pensando: "Mas quem sou eu?".

Não faça como Gideão.

Ou como Moisés, que se desculpou: "Eu não sei falar".

Porque não se trata de você. É sobre o Senhor. A batalha é do Senhor. O Senhor nunca precisou de um exército ou de heróis para iniciar um avivamento: sempre foram *poucos* homens, porém tementes a Deus, que Ele usou — com grandes resultados.

Ele usou um homem, Noé, para salvar a raça humana.

Ele usou um homem, Davi, para libertar Israel de Golias.

Foi como um pobre homem que o Senhor Jesus Cristo veio para salvar o mundo e trazer salvação aos pecadores.

Quando você lê a história do evangelho, percebe que o Senhor Jesus não reuniu um *exército* para alcançar o mundo. Em vez disso, formou uma *comunidade* bem pequena. Ele dedicou praticamente todo o Seu tempo a doze homens... doze homens falíveis! Mas eles não se concentraram nas própria falhas, e sim em Deus.

E, por terem assumido essa postura, esses 12 homens mudaram o mundo.

Talvez Deus queira trazer um reavivamento. Foi o que aconteceu no último ciclo da história de Israel. Um grande reavivamento teve início pouco antes da vinda do Messias: o movimento liderado por João Batista.

Acontecerá a mesma coisa logo antes da segunda vinda do Senhor?

Não sei, mas essa é minha oração. Se acontecer, nós estaremos esperando por Ele? Ou estaremos dormindo, como a maioria do povo de Israel? Ou será que o rejeitaremos, como os fariseus rejeitaram João Batista e depois ao próprio Cristo?

Não conheço o futuro, mas Deus certamente tem uma ou duas "cartas na manga". Vamos orar como se tudo dependesse de Deus, e trabalhar como se tudo dependesse de nós.

Essa é minha "pílula". Essa é minha paixão.

Trabalho como louco porque sei que, mesmo chegando "atrasado" à festa, ainda terei minha recompensa.

Pense na parábola dos trabalhadores na vinha (Mateus 20:9). Alguns começaram a trabalhar uma hora antes do fim do expediente, mas, *por graça*, receberam o mesmo pagamento que os demais! Nós temos um Deus de misericórdia! O último será o primeiro. Mesmo que você seja fraco ou jovem na fé, um "desajeitado"... não muda nada: contamos sempre e somente com a graça e a misericórdia de Deus! Pense na loucura de imaginar que o Senhor Jesus virá na semana que vem — e que você ainda receberia a recompensa total se *começasse a trabalhar agora!*

Leia de novo... você entendeu? ENTÃO VÁ COM TUDO!

A oportunidade da tecnologia

Segundo um artigo na revista *Forbes*, "mais de 2,5 quintilhões de bytes de dados são criados todos os dias, levando em conta o ritmo atual, mas esse ritmo só está acelerando com o crescimento da Internet das coisas (IoT)".

Só para se ter uma ideia, o tráfego global de dados por segundo é de 130 mil *gigabytes*. Você usaria essa quantidade de dados se assistisse a vídeos durante 9 anos consecutivos. Essa é a quantidade carregada (*uploaded*) a cada segundo!

"O número de usuários de *smartphones* cresceu 2,3% no último ano, um aumento de 117 milhões em 12 meses."[38]

São quase 10 milhões de novos usuários por mês!

O *Hootsuite Digital 2021 Report* revela que atingimos o número de 5,27 bilhões de usuários da Internet, o que equivale a pouco

---

[38] Disponível em: <https://www.forbes.com/sites/bernardmarr/2018/05/21/how-much-data-do-we-create-every-day-the-mind-blowing-stats-everyone-should-read/?sh=40422aa160ba/>

menos de *67% da população mundial.*
Isto mesmo: 67% da população mundial!
É uma oportunidade incrível. A barreira para a distribuição de conteúdo é inimaginavelmente baixa. Alguns anos atrás, era preciso passar pelos porteiros das estações de rádio, das redes de TV ou dos estúdios de cinema. Hoje qualquer um pode criar algo e distribuí-lo para o mundo por meio do Spotify, do YouTube e de outras plataformas.

Os *softwares* agora são menos complicados, e qualquer instrução necessária pode ser facilmente acessada nos tutoriais do YouTube. A Internet é para nós o que a invenção da imprensa gráfica foi para a Reforma.

É também uma *grande* oportunidade para o evangelho. Trata-se uma ferramenta maravilhosa para o cristão que anseia por um reavivamento. No entanto, por ser tão fácil, há também um lado negativo: o evangelista, o "pregador do reavivamento" pode se transformar em um oportunista.

O que quero dizer é que a obra do evangelho é difícil.

É como dar à luz uma pessoa. Nunca se vê uma mulher dar à luz sem passar por uma longa fase de preparação e muita dor. Da mesma forma, conduzir alguém a Cristo significa dor. E a Internet não mudará nada a respeito disso. Mas pode nos dar a *ilusão* de que estamos trabalhando duro, quando na verdade somos ineficientes.

É o que acontece quando nos concentramos nos artifícios, não nos resultados.

Pensamos nos *posts* compartilhados, nos *likes* e nas visualizações, em vez de atentar para o número de almas salvas, resgatadas, transformadas.

Assim, ao invés de uma ferramenta, a Internet pode se tornar uma distração. Ela pode transformá-lo de um revivalista que trabalha duro em um oportunista que está usando a facilidade da Internet para escapar justamente do trabalho duro.

Essa é a diferença. Os oportunistas estão *on-line* porque

enxergam grandes possibilidades. Os revivalistas estão *on-line* porque têm um chamado (Romanos 10:15). Lembre-se: nem tudo que pode ser feito deve ser feito. Os oportunistas dizem "sim" a qualquer colaboração ou convite, enquanto os revivalistas escutam o que Deus tem a dizer. Os oportunistas estão focados em estatísticas, enquanto os revivalistas se concentram em transformações reais. Os oportunistas trabalham para a audiência dos homens, enquanto os revivalistas trabalham para a audiência de um só: Deus.

Sei que é difícil, mas estou preocupado com você.

Quero que você vá para o céu e ouça as palavras: "Muito bem".

Não quero que você ouça: "Você estava muito ocupado, mas sem foco".

Leio relatórios sobre número de cliques e — por saber como a mídia social funciona — sei que certos ministérios estão apenas alimentando uma "tribo cristã" que já vive dentro de uma bolha, enquanto os não alcançados permanecem inalcançados. Escondidos atrás de números. Muitos estão construindo impérios midiáticos, mas não foram chamados para essa obra. É por isso que tantos ministérios fracassam miseravelmente. Por não terem sido chamados, facilmente ficam deslumbrados com números crescentes e com os elogios dos que vivem na bolha.

É compreensível. Ter mil visualizações parece muito melhor que evangelizar dez pessoas na rua.

Mas esses números não significam absolutamente nada. Muitas vezes, são avaliadas de uma forma bem diferente da que normalmente imaginamos.

Aqui está meu conselho.

Concentre-se em seu crescimento espiritual, não em seu crescimento no Instagram. Criei minha empresa utilizando a Internet e trabalhei com os melhores especialistas em marketing dos Estados Unidos. O que aprendi com os mentores e com anos de experiência pessoal foi o seguinte: conteúdo é o que importa. Muitos sabem que o conteúdo é importante, mas ainda se concentram em artifícios, como o *design*, um estúdio chique e a câmera de última geração. E todos nós caímos nessa. Mas o *design* é apenas o traje do rei. O verdadeiro rei é o conteúdo. Porque quem se importa com um rei bem-vestido, mas sem valor? Ninguém. É por isso que você às vezes vê um conteúdo de ótima aparência, mas praticamente sem visualizações.

- Para o faraó, Moisés *parecia* apenas um pastor de ovelhas um tanto desleixado — mas o conteúdo era bom.
- João Batista tinha uma *aparência* muito estranha (roupa de pelo de camelo e cinto de couro) — mas o conteúdo era bom.
- Jesus "...*não tinha aparência nem formosura; olhamo-lo, mas nenhuma beleza havia que nos agradasse*" (Isaías 53:2) — mas o conteúdo era bom.

Você sabe por que o conteúdo deles era bom?
Porque eles foram enviados. Enviados por Deus. A única coisa que torna "bom" o conteúdo cristão é Cristo. Há bom conteúdo quando o "Grande Criador de Conteúdo" decide quem vai falar. Quem fica diante da câmera.
Romanos 10:15 pergunta:

"*Como pode alguém pregar a menos que seja enviado?*"

Quem não for enviado falará muito, mas nenhum resultado *espiritual* será obtido.
Deus escolhe Seus trabalhadores.
Deus fala à humanidade por meio de Sua Palavra, que é pregada por mensageiros escolhidos. João Batista referia-se a si mesmo como "uma voz". Efésios 4:8 diz que quando Cristo foi para o céu "*deu dons aos homens*".
Os dons eram na verdade homens. Não apenas as palavras que proferiam, mas toda a sua personalidade.

Portanto, o que realmente importava era a preparação desses homens. Jesus concentrou Seus três anos de ministério não em escrever um bom livro, mas em formar doze homens. Doze dons para a humanidade.

Portanto, querido leitor, seu tempo de preparação com Deus é a coisa mais importante, se você quiser um ministério (*on-line*). As pessoas precisam de Deus. Se você não levar Deus a elas, melhor parar por aqui. Todos os homens de Deus que fizeram uma diferença real na história têm uma coisa em comum — creio que você já adivinhou o que é: eles temiam a Deus. Eles se separaram do mal e valorizaram a Palavra acima de tudo.

Portanto, antes de querer estar *on-line* e "mudar o mundo", pense nas palavras de John Wesley, um homem que literalmente mudou o mundo em sua geração:

> *Dê-me cem pregadores que não odeiam nada além do pecado e não desejam nada além de Deus; isso por si só abalará as portas do inferno e mudará o mundo.*

Você está diante da maior oportunidade de seu tempo e tem a melhor ferramenta em sua mão. Não odeie nada além do pecado nem deseje nada além de Deus. Assim, se Deus permitir, teremos o maior reavivamento da história da humanidade.

PONTOS-CHAVE

① **Você tem uma oportunidade única.** Nunca o campo missionário foi maior, e você está aqui e agora, especificamente em uma época como esta. Abrace a oportunidade e comece a trabalhar.

② **Você tem algo que as gerações passadas não tinham: a tecnologia à sua disposição.** Nunca antes tivemos as ferramentas, as plataformas ou um alcance tão amplo para anunciar a mensagem do evangelho. Então vamos lá!

③ **Concentre-se no crescimento espiritual.** É a coisa mais importante. Se você está espiritualmente abastecido, não deixará de transbordar "coisas boas".

ORAÇÃO

Senhor, tens visto a oportunidade enorme que está diante de nós. Mas também conheces a oferta infinita de prazer que recebemos. Ajuda-me a viver no temor do Senhor, a separar-me do supérfluo para usar cada minuto de minha vida em prol do teu Reino.

CAPÍTULO 16

ODEIE O FALSO REAVIVAMENTO

O VERDADEIRO RENASCIMENTO DESMASCARA
O FALSO RENASCIMENTO

Ok, a tecnologia de hoje criou uma possibilidade real de reavivamento. Infelizmente, sempre há um efeito colateral: um falso renascimento. Por quê? Podemos ver na Bíblia (e muitas vezes na história) que todo reavivamento sofreu oposição.

Sempre que Deus começa a trabalhar, o Diabo também se torna ativo. Vejamos alguns exemplos *bíblicos*. Deus criou o homem e o instruiu sobre a vida. O Diabo imediatamente contra-atacou com suas instruções e teorias também (Gênesis 3:1). Deus realizou grandes milagres por meio de Moisés. Satanás copiou alguns deles por meio de Janes e Jambres (2 Timóteo 3:8; Êxodo 7:8-13,22; 8:7,18). O reavivamento no tempo de Esdras foi combatido por inimigos infiltrados na obra de construção do Templo (Esdras 4). Quando nosso Senhor andava sobre a terra, houve uma intensa oposição demoníaca por meio de pessoas possuídas. O início da igreja foi marcado por contra-ataques abertos e velados: Pedro enfrentou Simão, o feiticeiro (Atos 8), Paulo enfrentou Elimas (Atos 13), João combateu o gnosticismo (1 João), e assim por diante.

Em tempos mais recentes, a história tem mostrado que o reavivamento muitas vezes provoca também um falso reavivamento.

1 A reforma em 1517 foi a causa direta de dois contra-movimentos: a criação da Companhia de Jesus (os jesuítas), em 1539, cujo objetivo era desfazer a Reforma; os Profetas de Zwickau, que em 1522 introduziram um espiritualismo: supostas revelações diretas do Espírito Santo que de modo sutil minavam a autoridade das Escrituras.

2. O Segundo Grande Despertar, de 1790 a 1840, deu também início ao mormonismo (1830).

3. O Terceiro Grande Despertar, nos anos de 1850 a 1900, deu início à organização Testemunhas de Jeová (1870).

O último reavivamento, o Movimento de Jesus, do final da década de 1960 e início dos anos de 1970, foi fortemente atacado — e finalmente sufocado — por atividades paralelas e demoníacas. Richard F. Lovelace, professor de história da igreja, escreve:

> Ao Movimento de Jesus, que às vezes parecia uma colcha de retalhos de religiosidade carnal, seguiu-se um circo de seitas ocultistas e orientais que prometiam plenitude e realidade espiritual. Universidades que haviam sido impregnadas por um novo testemunho evangélico agora estavam se afogando em propaganda mística.[39]

Acho que o maior perigo para a igreja não é a falta de reavivamento, e sim o falso reavivamento. Quando não há reavivamento, ansiamos por ele e nos pomos de joelhos. Mas o falso reavivamento extingue a necessidade de um reavivamento real. Você nem sequer ora mais por um reavivamento verdadeiro, porque vive um reavivamento falso — que para você é real.

A Bíblia adverte contra o falso cristianismo. Paulo afirma que no final dos tempos alguns se apresentariam com *"aparência de piedade, mas negando o seu poder"* (2 Timóteo 3:5). À primeira vista, eles parecem cristãos, mas negam o verdadeiro poder. Você pode ler na biografia de alguém no Instagram: *"Evangelista"*; *"Jesus salva"*, *"Guerreiro do Reino"*, mas quando olha o conteúdo, percebe que o verdadeiro temor do Senhor estará faltando. Parece muito mais um dos "amantes de si mesmo, amantes do dinheiro, orgulhosos, etc." previstos pelo apóstolo.

---

[39] Dynamics of Spiritual Life [lançado em português com o título Dinâmica da vida espiritual].

Espero que o último parágrafo não tenha feito você lembrar de alguém.

Então, o que fazer quanto aos falsos revivalistas?

Nada.

A Bíblia simplesmente diz: "*Evite tais pessoas*" (2 Timóteo 3:5). Evite consumir conteúdo que você ache estranho. Não participe de eventos que lhe pareçam estranhos. Se forem verdadeiros, Deus se manifestará. Caso contrário, serão desmascarados em breve. Como? Não faço ideia, mas o Senhor irá esclarecer as coisas, como fez com Janes e Jambres.

Os dois milagreiros fizeram oposição a Moisés enquanto ele pregava o verdadeiro arrependimento e o reavivamento a Israel. Usaram sua capacidade de realizar milagres para anular um movimento de Deus. Mas chegou a hora em que tiveram de se render à verdade. Da mesma forma, o Senhor esclarecerá as coisas. A Bíblia diz a respeito desses falsos religiosos:

> "*Eles, todavia, não irão avante; porque a sua insensatez será a todos evidente, como também aconteceu com a daqueles.*"
> (2 Timóteo 3:9)

A chave para discernir o real do falso é temor do Senhor e a fidelidade às Escrituras. Foi a lógica que Paulo mostrou a Timóteo, que passava por uma situação semelhante à de nossos dias.

Ele basicamente diz a Timóteo: *Não sabemos em todo esse caos quem é falso e quem é verdadeiro. Tema o Senhor em sua vida pessoal e prática e não correrá o risco de se desviar. Aproxime-se de pessoas que também têm o propósito de temer o Senhor.*

Aqui estão suas palavras exatas:

> "*Foge, outrossim, das paixões da mocidade. Segue a justiça, a fé, o amor e a paz (pessoal) com os que, de coração puro, invocam o Senhor (grupo).*" (2 Timóteo 2:22)

Fugir do mal. Seguir o bem.

Esse é o temor do Senhor, que leva automaticamente o cristão a se separar de pessoas que adoram um Jesus diferente. Fugir do mal (do que é maligno) e buscar o bem (as coisas justas diante de Deus) trarão clareza ao seu mundo.

É nessa clareza que se aprende a separar o bem do mal da maneira *correta*.

Critérios errados de separação

É importante lembrar que existe a boa separação e a separação ruim ou errada.

A boa separação flui do genuíno temor do Senhor.

A má separação flui da falta de temor. Separar a luz da escuridão é bom. Mas separar a luz da luz é ruim — Deus odeia essa separação (Provérbios 6:19; Malaquias 2:16).

Para evitar uma separação errada, precisamos definir o mal.

É preciso definir o que é bom e o que é ruim.

Mas há um problema: às vezes as coisas ficam cinzentas, nebulosas. Não com Deus, mas em nossa percepção limitada.

Vamos analisar alguns motivos. Espero que possa ajudá-lo.

Nenhum de nós tem a verdade completa. Todos nós vemos as coisas como em um espelho, todos nós sabemos em parte; temos um conhecimento parcial (1 Coríntios 13:12). Então o que fazer quando ouvimos algo que não está de acordo com a Bíblia?

Precisamos diferenciar pessoas de doutrina.

Pessoas. Há uma diferença entre falsos mestres e pessoas que ensinam falsas doutrina. Os falsos mestres são pessoas como Himeneu (2 Timóteo 2:17). Ensinam doutrinas erradas e sabem muito bem o que estão fazendo. Essas pessoas devem ser evitadas. Mas também há pessoas como Apolo (Atos 18:26). São pessoas que possuem dons incríveis, mas conhecem *apenas parte* da verdade. Elas precisam ser orientadas, a fim de que ponham a Escritura no centro — como fizeram Áquila e Priscila com o Apolo.

Doutrina. A maioria das doutrinas cristãs são fáceis de entender, de conciliar e de interpretar, se acreditarmos literalmente na Palavra de Deus. Mas certas doutrinas não são muito claras.

A Bíblia faz distinção entre verdades *fundamentais* e verdades *periféricas*. Mateus 23:23 explica isso:

> *"Ai de vós, escribas e fariseus, hipócritas, que dão o dízimo da hortelã, do endro e do cominho* (verdades *periféricas), mas têm negligenciado os preceitos mais importantes da Lei: a justiça, a misericórdia e a fé; devíeis, porém, fazer estas coisas, sem omitir aquelas!*

As verdades centrais dizem respeito às realidades *espirituais*.
As verdades periféricas são sobre coisas *materiais*.

Por favor, note que eu *não* disse que devemos negligenciar as verdades periféricas. Mas há uma ordem de prioridade e de foco.

Outra passagem sobre verdades periféricas é Romanos 14, onde são chamados *"assuntos controversos"* — nesse caso, são temas cinzentos, nebulosos.

Os falsos profetas declaram que tudo é periférico e discutível.

Devido à velocidade de nosso tempo e à presença constante de falsos mestres na Internet, tem-se a impressão de que as doutrinas fundamentais vão se tornando periféricas.

Portanto, se você quiser ficar com a verdade e descobrir o que os cristãos consideram essencial, basta ler as confissões.

Esses documentos não são perfeitos, mas dão uma boa noção do que os cristãos que vieram antes de nós consideravam as principais doutrinas do evangelho.

As verdades centrais dizem respeito a coisas como:

- a doutrina sobre a pessoa de Cristo (1 João 4:1-3);
- a autoridade da Bíblia (2 Timóteo 3:16; Apocalipse 22:18);
- o evangelho que Paulo pregava (Gálatas 1:6-9).

As verdades periféricas dizem respeito a como:

- alimentos e bebidas;
- feriados;
- vestuário;
- horário dos cultos.

Devemos ter muito cuidado com as questões sobre as quais rixamos com nossos irmãos. (Leia esta frase novamente!)
Precisamos usar nossa energia limitada em batalhas que realmente importam. Os pastores não devem lutar por coisas secundárias enquanto o rebanho está espiritualmente morrendo de fome. Deus odeia isso. Tema o pecado da separação errada. Antes de erguer o punho contra nosso irmão, devemos lembrar que estamos diante do Deus que criou, salvou e que defenderá esse irmão.
Iremos dar conta de cada palavra que sair de nossa boca.
Então vamos temer e viver em paz. Aprendamos uns com os outros, em humildade.

Critérios corretos de separação

Há e deve haver uma separação do mal. O temor do Senhor é exatamente isso. E a separação de maus pensamentos é inseparável da separação de pessoas que espalham esses pensamentos.
Essas pessoas *parecem* piedosas, mas são falsas.
O que devemos fazer?
João lembra: "Eles saíram de nós, mas não eram dos nossos" (1 João 2:19).
Pedro alerta: "[Eles] iludem os instáveis" (2 Pedro 2:14).
Paulo acrescenta: "Foge também destes" (2 Timóteo 3:5).

Honestamente, isso é incrivelmente complicado nesta época em que o engano corre solto. Na Internet, é muito fácil para os falsos professores estudarem certas comunidades para adotar suas doutrinas e estilos. Também é muito mais fácil visar certas comunidades e atacar seus pontos fracos. E como os falsos mestres falam por vídeos, você sempre os verá sob uma luz perfeita. Raramente perceberá seus pontos fracos.

Mas como detectar uma verdade *seriamente* distorcida? (Não me refiro à verdade periférica.) Quero dizer, como saber se algo está errado em *sua essência*? Através das lentes da Bíblia e do Espírito. Mas hoje as coisas se complicam ainda mais, porque alguém pode concordar 100% com você e ainda estar errado.

Para que isto faça sentido, precisamos voltar um pouco.

Para começar, precisamos entender a forma atual de pensar — o *Zeitgeist*. A maioria das pessoas hoje provavelmente inventaria uma palavra extravagante como "pós-modernismo". Se você acha que vivemos em um mundo pós- moderno, permita-me desafiar essa visão. Acho que entramos em uma nova era.

O *metamodernismo*.

Vamos ver por que e como essa era começou a partir de dois outros movimentos.

Aqui está, de forma abreviada, a evolução desses movimentos:

- modernismo
- pós-modernismo
- metamodernismo

1. A filosofia *moderna* sustenta que a ciência é o caminho a seguir e libertará a humanidade. Revolução Industrial! Viva! A máquina é a verdade! Depois vieram duas guerras mundiais, e a humanidade descobriu que a máquina não é a verdade, porque a máquina matou mais humanos que qualquer outra coisa. Os filósofos tornaram-se cínicos.

[2] O resultado foi o *pós-modernismo*. Ele tem sido popular nas últimas décadas, especialmente nas universidades. Mas ser cínico e viver sem nenhuma verdade também não é realmente moderno. Então, por que não escolher o caminho do meio? Assim nasceu o metamodernismo.

[3] A filosofia *metamoderna* é um novo tipo de filosofia que começou com o surgimento da Internet e das mídias sociais. É um ponto de vista que combina a *moderna* crença no progresso com a crítica *pós-moderna*. O metamodernismo é muitas vezes ilustrado com um pêndulo movendo-se constantemente entre as duas crenças. Entre criação e destruição, esperança e dúvida, otimismo e realismo. Para simplificar, vou dar um exemplo de "verdade" simulando a reação dos proponentes das três visões de mundo a esta frase: *"Jesus é a verdade"*.

- O modernista diria: *"Você está errado. A ciência é a verdade"*.
- O pós-modernista responderia: *"Não posso saber se você está certo. Ninguém sabe a verdade. Existe uma verdade?"*.
- O metamodernista diria: *"Você está 100% certo. Jesus é a verdade. Adorei como você disse isso. Eu não poderia tê-lo dito melhor"*. Mas dois minutos depois ele poderia falar com um budista e dizer: *"Sinto-me iluminado pelo budismo. Para mim, é a religião que realmente atinge o âmago da questão"*. E ele não teria problemas em viver com essas duas visões de mundo opostas.

Loucura, não?
O metamodernismo é a exploração do meio-termo.
É abraçar duas ideias opostas ao mesmo tempo. O metamoderno não equilibra as ideias antagônicas, como em um paradoxo, mas fica oscilando entre elas, enquanto o cinismo permanece no centro e a sinceridade põe em ação seu plano de fuga. Infelizmente, essa forma de pensar *não* está do lado de fora das portas da igreja.

Talvez você pense como eu: *É uma loucura, e é cada vez mais comum esse tipo de comportamento. As pessoas concordam com duas opções, embora sejam opostas. Concordam com dois pregadores, embora um contradiga o outro.*
É uma completa desconexão da realidade.
É a mistura de dois opostos em um coquetel.
A verdade e o oposto da verdade. A luz e a escuridão. O calor e o frio. Esse é o auge da mentalidade laodiceiana. É a igreja hipóxica.

Da teoria à realidade

É extremamente difícil detectar o mal em tal contexto. Enquanto o modernista diz que você está errado e o pós-moderno declara que não se importa, o metamoderno é mais difícil de ser identificado.

Como todos podem ter "sua verdade", o metamodernista concordará 100% com você.

Ele não irá debater com você.

É assim agora. As pessoas hoje em dia assistem a vídeos de dois mestres totalmente antagônicos... e são fãs de ambos. Elas nem se lembram mais que coisas opostas não podem coexistir. Os metamodernistas misturam as coisas sem se preocupar com a lógica ou com a verdade.

Então como podemos pregar o evangelho sob essa visão de mundo?

Não pregando sobre coisas boas. Por quê? Porque todos estarão de acordo. Nada de positivismo. As pessoas vão gostar.

Não, só há uma maneira. Em um mundo onde tudo é bom, o "ódio ao mal" será a fórmula separadora, o conceito que irá acabar com a festa da desilusão. Quando os israelitas estavam dançando bêbados ao redor do bezerro, a entrada da Lei pôs fim à festa.

Precisamos temer — odiar o mal — se quisermos ser eficazes no confronto com o metamodernismo.

Só o temor do Senhor pode iniciar uma nova era de verdadeiro conhecimento de Deus.

Mas a pregação por si só não o fará. Os cristãos precisam viver o temor do Senhor. Em um mundo desiludido, a *realidade* faz toda a diferença. O metamodernismo concorda com todas as *teorias*. Mas qualquer teoria será destruída pela realidade de um estilo de vida temente a Deus.

Como cristãos, devemos mudar nosso estilo de vida e viver separados do mal.

Como resultado, o metamodernista religioso verá a realidade, e essa será a pregação mais poderosa que já ouviram... e viram.

Eles precisam ver Deus.

Talvez você seja o único que pode tornar isso possível.

Na Parte V vou mostrar como você pode fazer isso.

PONTOS-CHAVE

① **O verdadeiro reavivamento provoca também um falso reavivamento.** Vários exemplos na história mostram que, quando Deus cria algo bom, o Diabo sutilmente cria uma imitação maligna. O temor do Senhor é a chave para distinguir entre ambos.

② **Cuidado com o falso temor do Senhor.** O temor do Senhor é odiar o mal. Não odiar o bem. Mas não seja precipitado em julgar pessoas, movimentos e ministérios.

③ **Critérios corretos (bíblicos) nos ajudarão a distinguir entre verdades fundamentais e verdades periféricas.** Fuja da ambiguidade do metamodernismo, e terá progresso em áreas fundamentais.

ORAÇÃO

Senhor Jesus, dá-me a alegria de estar em Tua presença. Trabalhe primeiramente em mim. Crie um avivamento verdadeiro. Dá-me amor por meus irmãos e sabedoria para discernir se as coisas são más. Dá-me paciência para enfrentar as dificuldades, como o fizeste quando andavas aqui nessa terra, e guia-me por meio do Espírito Santo.

PARTE V:

AS TÁTICAS:
COMO VER DEUS NO DIA A DIA

CAPÍTULO 17

ODEIE O MAL

UMA FÓRMULA BEM PRÁTICA PARA DEIXAR DE CAIR (SEMPRE) NO MESMO PECADO

Alguns acreditam que comprar uma esteira é uma boa ideia para deixar o corpo em forma.

Mas em poucos dias eles percebem que *correr* todo dia em uma esteira é o que deixa o corpo em forma.

Há uma grande diferença.

Saber tudo sobre o poder do temor do Senhor não vale de nada se você não o praticar diariamente. Para ajudá-lo a começar, quero apresentar alguns conceitos comprovados, que você pode implementar agora mesmo. Eu os dividi em duas seções:

① Odeie o mal.
② Faça o bem.

Parece simples, certo?

Nesta parte do livro, veremos como podemos odiar o mal na prática (neste capítulo) e fazer o bem todos os dias (no capítulo 18). A primeira parte será sobre o ódio, e a segunda, sobre *fazer o bem*. Vamos começar explicando por que o ódio é bom, depois como é possível odiar efetivamente o pecado e então estaremos prontos para a faxina.

Por que o ódio é bom

No outro dia, assisti a um vídeo chocante. Personagem X, faminto, está devorando sua refeição. De repente, personagem Y entra desesperadamente em cena, com uma violência quase que descontrolada, e começa a espancar X — então X foge assustado.

E eu gostei!

Não é estranho? Parece cruel, certo? Mas tenho certeza de que você teria a mesma reação. Por quê? X era um urso, a refeição era um cachorrinho e Y uma mulher desesperada tentando resgatar seu pet.

Essas informações dão uma cor muito diferente a essa pequena história. De repente, o ódio contra X (o urso) parece lógico e até nobre.

Temos a inclinação natural de pensar que o amor e o ódio não estão ligados. Está errado. O amor e o ódio estão mais ligados entre si do que você imagina.

Neurologicamente, o ódio e o amor são intimamente relacionados. Pesquisadores da UCL (University College London) descobriram que o cérebro é praticamente incapaz de distinguir entre o amor e os estímulos de ódio.[40] Por isso, não é incomum que certos relacionamentos rapidamente se transformam de amor em ódio. Tomemos como exemplo a história bíblica de Amnon e Tamar. Amnon amava Tamar, mas depois de dormirem juntos, ele passou a odiá-la:

> "Então a paixão de Amnom se transformou em profundo desprezo, e seu desprezo por ela foi mais intenso que a paixão que havia sentido." (2 Samuel 13:15 NVT)

Veja como o ódio ("desprezo") e o amor ("paixão") podem estar próximos.

Além disso, o ódio e o amor também estão racionalmente ligados um ao outro. Não podemos amar a verdade sem odiar a mentira. Não podemos amar a vida sem odiar o câncer, a AIDS e outras doenças.

Isso significa que quem ama também *deve odiar*.

Pense na história do urso. A mulher amava seu cãozinho e atacou fisicamente um urso. Seu amor pelo cãozinho expressou-se como ódio ao urso.

---

40 Disponível em: <https://www.independent.co.uk/news/science/scientists-prove-it-really-is-a-thin-line-between- love-and-hate-976901.html/>

3) Finalmente (e mais importante), o ódio e o amor estão *biblicamente* relacionados. O Antigo Testamento, por exemplo, está cheio do dualismo de ódio e amor, que Amós resume nesta frase: "odiar o mal e amar o bem" (Amós 5:14-15). Vemos essa conexão de maneira muito clara também no Novo Testamento, onde o amor literalmente encapsula o temor do Senhor:

> "O *amor* seja sem hipocrisia.   O TEMOR DO SENHOR
> Detestai o mal, apegando-vos ao bem.
> **Amai-vos** cordialmente uns aos outros com *amor* fraternal, preferindo-vos em honra uns aos outros."
>
> (Romanos 12:9-10)

Percebe como "amar" e "odiar o mal" andam de mãos dadas? Pode parecer contraintuitivo, mas amar envolve odiar. Com isso em mente, podemos entender as palavras do Senhor Jesus, quando disse que, para amá-lo, devemos *odiar* as demais coisas (Lucas 14:26).

Talvez essa nova luz o incomode um pouco. "Uau! Quer dizer que como cristão tenho ordens para odiar?".

Talvez você nunca tenha visto o ódio como parte de sua identidade.

Talvez você tenha comprado o pensamento atual do mundo, segundo o qual todo ódio é ruim. Ainda assim, foi o que acabamos de ver na Palavra de Deus. Devemos odiar porque Deus também odeia. Em Apocalipse 2:6, Deus diz:

> "Tens, contudo, a teu favor que odeias as obras dos nicolaítas, as quais eu também odeio...".

Deus *também* odeia.
Se Ele não odiasse, Ele não seria amor.

Outra questão interessante: sempre que alguém ficava cheio do Espírito Santo, o ódio era a consequência.

Exemplos:

- Jesus atacou verbalmente as falsas tradições.
- Paulo combateu o legalismo.
- João Batista denunciou o casamento ilícito de Herodes.

A verdade paradoxal é simples: se você não está disposto a odiar, a ser um hater, você não está pronto para ser servo de Deus.

A lógica do pecado

> Se você conhece o inimigo e não conhece a si mesmo, não precisa temer o resultado de cem batalhas. Se você conhece o inimigo e conhece a si mesmo, não precisa temer o resultado de cem batalhas. Se você se conhece, mas não conhece o inimigo, para cada vitória ganha sofrerá também uma derrota. Se você não conhece nem a si mesmo nem ao inimigo, você sucumbirá em todas as batalhas.
>
> — SUN TZU (A arte da guerra)

Para odiar efetivamente o pecado, você precisa conhecer sua lógica *(sim, o pecado tem uma lógica)*.

O pecado é na verdade "uma coisa".

Vimos que o pecado *está em cada cristão,* mas é distinto da identidade do cristão. O pecado tem vida própria. Estranho, não? Demorei muito tempo para descobrir isso também.

O pecado não é apenas um conceito: é um inimigo real. É um inimigo que está em nós e é mais forte que nós mero humanos.

É por isso que não podemos combater o pecado. Não devemos "mortificar o pecado". Em vez disso, devemos nos considerar mortos para o pecado. Em Romanos 6:11, lemos:

> "Assim também vós <u>considerai-vos</u> mortos para o pecado, mas vivos para Deus, em Cristo Jesus."

Para aprofundar nosso conhecimento, temos de entender melhor essa peste chamada pecado. Precisamos saber contra o que lutamos — e veremos que realmente existe toda uma lógica por trás disso tudo.

O pecado não é como Deus, cujos pensamentos são superiores aos nossos pensamentos, mas é muito semelhante ao Diabo: invisível, mas podemos ver através dele (2 Coríntios 2:11).

Vamos voltar a história de Sansão, na qual essa lógica é exposta de maneira bem clara:

> *"Sansão foi a Gaza, e viu ali uma prostituta, e coabitou (passou a noite) com ela."* (Juízes 16:1)

Ele foi, ele viu, e ele consumiu.

Esses são os três passos do padrão do pecado.

No Novo Testamento, encontramos esse padrão explicado em Tiago 1:14-15:

> *"Ao contrário, cada um é tentado pela sua própria cobiça, quando esta o atrai e seduz. Então, a cobiça, depois de haver concebido, dá à luz o pecado; e o pecado, uma vez consumado, gera a morte."*

Nesses dois versículos, encontramos três passos óbvios para a queda — quase como uma equação matemática.

Se você entender isso, então saberá quando ligar o alerta e "abortar a missão".

Para ilustrar como isto se aplica na prática, vamos usar a pesca como nosso exemplo. Imagine alguém pescando com uma vara de pesca — com um anzol e uma isca.

Vamos nos colocar no lugar dos peixes, aplicando a sequência e a lógica encontrada em Tiago 1:14.

Passo 1: A pré-condição
Cada um é tentado...

O peixe nada pelo lago e pensa que está completamente seguro. O anzol não pode fazer nada com ele! Mas... então por que os peixes são pescados? Porque o perigo não vem apenas de um anzol fora do peixe, mas de algo dentro do peixe. Há um desejo interno que atrai o peixe — como um ímã — para a isca (no anzol). E *essa* é a pré-condição.

Você deve entender que tem um "ímã" em seu corpo. Existe algo dentro de você que funciona contra você. No capítulo 11, vimos que é "o pecado que habita em você". Todo ser humano, inclusive os cristãos, tem esse imã enquanto ainda estiver neste corpo. É por isso que Tiago diz "*é tentado*" — no presente. É algo que acontece continuamente. Mas é também algo passivo. "Cada um é tentado" significa que não é mais *você*, e sim algo estranho em você que é tentador — "o pecado que habita em você".

Etapa 2: A luxúria
...pela sua própria cobiça...

Vemos aqui o que acontece em seu corpo — e é simplesmente fascinante.

No grego, a palavra que traduzimos por "desejo" ou "cobiça" é ἐπιθυμία (epithymia) e não é necessariamente um desejo ruim. É o tipo de desejo que temos quando sentimos fome, sede, vontade de fazer sexo, e assim por diante. Mas aqui lemos que cada um é atraído pelo *próprio* desejo. Tiago 3:2 diz que *"Porque todos tropeçamos em muitas coisas..."*. Há muitas maneiras de cair.

Voltando ao nosso exemplo, você é o peixe que está nadando e de vez em quando vê um anzol diferente descendo para atraí-lo. Uma cor diferente, um tamanho diferente, um sabor diferente...

Mas uma coisa é certa: o Diabo sabe *exatamente* do que você gosta e o que tenta você.

Por quê? Porque ele observa você. Ele sabe exatamente quais imagens você olhará duas vezes quando está no Instagram, as mensagens que irá salvar no WhatsApp (e de quem) e os sites que você visita quando está sozinho. Se o Google e o Facebook coletam mais de 40 mil pontos de dados, quanto mais o mundo invisível!

Satanás sabe qual anzol escolher para você — e quando. E ele o jogará em sua direção, para seduzi-lo.

Passo 3: A isca
...o atrai e seduz.

Para nos tentar, o Diabo não irá aparecer na esquina com uma coisa feia e desagradável. Não, ele vai criar algo sob medida... *"feito para você".*

O que isso significa para nós? Sun Tzu disse muito bem:

> Se você não conhece nem a si mesmo nem ao inimigo, você sucumbirá em todas as batalhas.

É por isso que somos derrotados com tanta frequência.
Somos muito autoconfiantes. Não conhecemos a nós mesmos.
E o inimigo faz a festa.

Especialmente na era da Internet, o Diabo tem turbinado seu método de ataque. Significa que, se no passado os jovens tinham de lutar contra o vício em cigarros, hoje eles estão lutando contra a diamorfina (heroína) distribuída gratuitamente na porta de casa.

Então a isca tentadora é jogada na água, nas cores e formas mais perversas que você possa imaginar. Feita <u>sob medida</u> para cada um de nós. É baseada em anos de dados, com um algoritmo atualizado continuamente.

E quem fornece as informações?
Você.
Diretamente do seu celular.
E você acha que pode resistir?
Sério?

O Diabo sabe exatamente o que estamos fazendo e usa nossos sentidos — especialmente nossos olhos. Como Ló olhou para Sodoma e viu as planícies irrigadas perto do rio Jordão. Ou como Davi, que saiu para o terraço e viu Bate-Seba tomando banho.

Mas claro que não só os olhos. De repente, você ouve a canção que costumava ouvir quando estava em um relacionamento... e isso estimula seus pensamentos. Quando isso acontece, o "objeto de prazer" — a isca — toma conta e consome nossos pensamentos.

Nesse momento, esquecemos o temor do Senhor. Não é que odiamos a Deus, apenas que nessa hora esquecemos que Ele existe. Esquecemos todas as coisas belas que poderíamos desfrutar com Ele. Todas as outras árvores do jardim.

Só queremos *uma* coisa.

Essa árvore.

Por quê? Porque a tentação veio sob medida para nós!

Isso sobrecarrega nossos sentidos.

Desbloqueia nossos desejos.

Já estamos perto o suficiente para tocar.

É encantador.

O coração bate mais forte.

E... *Nhac!* Você dá uma mordida.

"*Então, a cobiça, depois de haver concebido, dá à luz o pecado; e o pecado, uma vez consumado, gera a morte.*"
(Tiago 1:15)

A partir desse momento, pode esquecer... é *game over*.

Quando a mulher concebe, nasce um bebê.

Quando o assunto é pecado, o desejo leva à concepção e o resultado será o pecado.

Talvez você esteja se perguntando: "Ok, mas em que ponto ainda posso parar? Em que momento ainda posso dizer 'não'? Quando eu sentir a tentação ou um desejo ardente? Até que ponto ainda tenho esse poder?".

Como parar?

Para responder a essa pergunta, precisamos nos aprofundar ainda mais na lógica e no processo do pecado. Precisamos focar no primeiro ponto: a pré-condição — cada um é tentado.
Nesta fase, há três passos para a queda.

- **Local** — Onde ocorre o pecado potencial.
- **Gatilho** — O acionador do próximo passo.
- **Ação ou comportamento** — O ponto onde "cruzamos a linha".

A história de Sansão (Juízes 14:1) é um exemplo poderoso de como isso aconteceu repetidas vezes.

- Sansão foi a Timna (local), viu uma mulher (gatilho) e a tomou para si (ação).
- Sansão entrou numa vinha (local), viu mel (gatilho) e comeu (ação).
- Eva estava ao lado da árvore proibida (local), viu que a árvore era boa (gatilho) e tomou o fruto e comeu (ação).

Percebe o padrão? Local, gatilho e ação.

Mas agora vem a ironia. Normalmente, para nós é muito claro quando *outros* estão flertando com o desastre. Mas quando chega nossa vez, sempre pensamos: "*Eu* posso parar no estágio do gatilho. Não há problema em olhar. Não vou tocar. Vou só chegar um pouco mais perto da borda, mas não vou cair do penhasco".

Somos meio besta não? Isso é autoengano!

Nós nos enganamos... e derrotamos a nós mesmos. Somos muito autoconfiantes. E esse era exatamente o problema de Sansão. Ele pensava que tinha tudo sob controle. Estava se afogando em autoconfiança. E isto é o que Tiago quer que temamos: o ponto de onde não há mais retorno. O momento em que somos atraídos nos leva à concepção! A partir desse ponto, é apenas questão de tempo.

Mas como interromper o ciclo do pecado?

Para começar, esteja ciente de que você não o conseguirá por conta própria. Além de a isca ser incrivelmente deliciosa, ainda há o pecado dentro de você. O ímã. Luxúria por fora e por dentro: uma combinação mortal.

Portanto, não há como sair dessa sozinho. É impossível. Paulo diz: "...*não temos confiança alguma na carne*" (Filipenses 3:3 NBV).

Vencer antes da luta

Quando realmente compreendemos o poder do pecado, chega a ser assustador. Você pode até pensar: *"Nunca vou conseguir. Vou perder todas as batalhas desde o início!"*. Parece uma atitude derrotista, mas na verdade é a solução!

A maneira de vencer é não entrar na batalha.

Por exemplo, Davi no duelo contra Golias. Golias era o mais alto dos filisteus. Um gigante. Será que Davi lutou? Não. Ninguém quer *lutar* com um gigante. É interessante que foi justamente o que Saul sugeriu. Ele era forte e alto também. Um guerreiro. E isso guiou seu pensamento. "Rapaz, pegue esta armadura, vá lá e acabe com a raça daquele fanfarrão".

Davi hesitou e logo percebeu: *"Nunca vou vencer desse jeito!"*. E como ele lutou?

Ele nunca deixou que isso se tornasse uma guerra. Como ele fez isso? Em dois passos.

1. Primeiro: ele se preparou.

> "*...revistam-se do Senhor Jesus Cristo e não façam nada que venha a satisfazer os desejos da carne...*" (Romanos 13:14 NAA)

Davi tirou sua munição (cinco pedras lisas) da água. Esta é uma imagem da palavra de Deus (Efésios 5:26). O cristão consciente da própria fraqueza não busca confiança *em si mesmo* nem em *outros homens*, mas na Palavra de Deus.

Nossa força para a batalha vem da Palavra de Deus, em comunhão diária *antes* da batalha. Davi procurou na água e encontrou as pedras *antes* de enfrentar o gigante.

Pedras que não estão no bolso não têm valor. *O conhecimento bíblico que você não tem não o ajudará em tempos de dificuldade.* Você precisa se preparar *agora*, não começar quando as bombas explodirem sua porta.

2 Segundo: Davi manteve distância de Golias.

Golias queria uma briga acirrada. Ele gritou: *"Venha aqui, e darei sua carne às aves do céu e aos animais do campo!"* (1 Samuel 17:44). Num ringue, Davi teria sido despedaçado. Por isso ele rejeitou a armadura de Saul. Sua estratégia era a *distância*. Ele escolheu uma funda, uma arma de arremesso. Com ela ele podia manter distância. E tão importante quanto a distância, com a funda ele precisava ser o *primeiro* a atacar. Tinha de atirar a pedra antes que Golias se aproximasse, ou seria um homem morto. Davi atirou primeiro; a pedra acertou o crânio de Golias e o derrubou antes mesmo de o gigante saber o que havia acontecido.

Muitos cristãos hoje, por algum motivo, pensam que podem flertar com Golias.

Eles se aproximam do gigante — vão para perto do mal. Como Sansão, pensam: "Eu consigo lidar com isso".

Não! A solução é a *distância*! Distância do mal.

Esse é o temor do Senhor!

É fugir do mal.

Como fazer isso? Não deixe que Golias se aproxime. Você não pode deixar que as coisas evoluam para um combate corpo a corpo. Você deve tomar a iniciativa!

Você só vencerá a batalha se não deixar que ela se torne uma batalha.

Paulo *não* diz aos Gálatas: *"Entrem em luta corpo a corpo com o pecado, e não irão satisfazer os desejos da carne".*

Mas diz: *"andai no Espírito"*. Ou seja, concentrem-se em algo completamente diferente. Vivam uma vida completamente diferente e *"jamais satisfareis a concupiscência da carne"* (Gálatas 5:16).

Seu foco não deve ser a luta contra o pecado.

Você nem deveria estar perto do pecado!

Fique perto do Senhor, e Ele lutará por você. Depois que você realmente entender isso, sua perspectiva mudará e será fácil de implementar.

Amputação radical

Aron Ralston estava escalando os estreitos cânions de Utah sozinho. De repente, a rocha suspensa que ele escalava se soltou, esmagando seu braço direito e prendendo-o contra a parede do cânion.

Ele estava preso no deserto do cânion Blue John.

Ele tinha apenas uma pequena mochila, com um litro de água de água, dois burritos e algumas barras de chocolate. Estava com fones de ouvido e com uma câmera de vídeo, mas não tinha telefone celular — e mesmo que tivesse, ali não encontraria nem um rastro de conexão. Para piorar, ele havia saído para sua caminhada sem dizer a ninguém aonde estava indo. Após beber toda a água e de futilmente tentar empurrar a pedra de 350 quilos, ele lentamente começou a entrar em estado de delírio. Ele tinha de decidir entre morrer ou tomar uma medida drástica: amputar o próprio braço.

E ele fez o impensável.

Pegou a pequena faca de seu kit de ferramentas.

E amputou o próprio braço.

Mas isso lhe salvou a vida.

Precisou ficar 127 horas naquela condição de aprisionado para chegar a esse ponto. O ponto de querer mais a vida que o braço.

Acredito que a maioria das pessoas não mudam <u>porque não estão desesperadas o suficiente</u>.

Sim, amariam ser livres, mas não a ponto de fazer verdadeiros sacrifícios.

Aron queria viver. Mesmo que isso significasse viver apenas com um braço.

Ele estava disposto a sacrificar o braço antes de sacrificar a vida.

Quanto vale sua liberdade para você?

A liberdade exige um sacrifício doloroso. Jesus sabia disso e usou exatamente o exemplo de cortar uma mão em Mateus 5:30:

> "E, se a tua mão direita te faz tropeçar, <u>corta-a e lança-a</u> de ti; pois te convém que se perca um dos teus membros, e não vá todo o teu corpo para o inferno."

Jesus não estava falando de automutilação, mas de um ato que podia dar uma sensação parecida: a luta contra o pecado.

Agora vamos juntar a ideia da amputação radical com a separação do mal, que discutimos no capítulo anterior. Se você realmente quer ser livre, precisa criar uma esfera onde o pecado não seja capaz de atiçar seus desejos. E, para fazer isso, você precisa ser radical.

Livre-se de *tudo* que o leva diretamente ao pecado. Corte. Deixe cair. Abandone. Se você não sabe o que isso poderia ser, aqui estão alguns fatos comprovados. Perguntei a mais de 6 mil dos jovens que assistiram à minha série de palestras sobre o *temor do Senhor* o que mudou na vida deles. Seguem as respostas mais comuns:

DO QUE EU ME SEPAREI	EM QUE ISSO ME AJUDOU
AMIZADES DO MUNDO	CONSUMO DE ÁLCOOL
MÚSICA SECULAR	FALSA IDEIA DE AMOR / TRISTEZA
SNAPCHAT	CERTOS PECADOS
PLAYSTATION	FALTA DE TEMPO EM SILÊNCIO

DO QUE EU ME SEPAREI	EM QUE ISSO ME AJUDOU
SÉRIES	DESPERDÍCIO DE TEMPO
INSTAGRAM	DESPERDÍCIO DE TEMPO
INSTAGRAM	TENTAÇÃO SEXUAL
FESTAS NO FIM DE SEMANA	FALTA DE PROGRESSO NA MINHA VIDA DE FÉ
ROMANCES CRISTÃOS	PORNOGRAFIA
FACEBOOK	FALTA DE TEMPO PARA LER BONS LIVROS
JOGOS	TER UMA VIDA FORA DO MEU QUARTO
NETFLIX	DESPERDÍCIO DE TEMPO E TENTAÇÃO SEXUAL
TELEVISÃO	EXPECTATIVAS ESTÚPIDAS
CONCURSOS DE CANTO	FOCO EM COISAS TERRENAS
MEU CARRO	FALTA DE TEMPO PARA DEUS
WHATSAPP	FOMO* E ANSIEDADE
IGREJA LIBERAL	FALTA DE COMUNHÃO COM DEUS
YOUTUBE	FALTA DE COMUNHÃO COM DEUS
DISNEY	EXPECTATIVAS ESTÚPIDAS
WHATSAPP	DISTRAÇÕES CONSTANTES
INSTAGRAM	FALTA DE COMUNHÃO COM DEUS
AMIZADES DO MUNDO	FALTA DE PROGRESSO NA MINHA VIDA DE FÉ
FILMES	FALSA IMAGEM DA VIDA E DESPERDÍCIO DE TEMPO

* Síndrome *Fear Of Missing Out* (Medo de ficar de fora).

Espero que essa lista o inspire na faxina de sua vida. Se você está sentindo falta de um exemplo bíblico para esse tipo de ação, leia Atos 19:17-20 e veja o que os crentes de Éfeso fizeram:

> "...veio temor sobre todos eles, e o nome do Senhor Jesus era engrandecido. Muitos dos que creram vieram confessando e denunciando publicamente as suas próprias obras. Também muitos dos que haviam praticado artes mágicas, reunindo os seus livros, os queimaram diante de todos. Calculados os seus preços, achou-se que montavam a cinquenta mil denários. Assim, a palavra do Senhor crescia e prevalecia poderosamente."

O temor do Senhor veio sobre todo aquele povo, e eles queimaram *tudo* que os impedia de seguir a Deus.

Convertido na moeda de hoje, o valor das obras queimadas era superior a $1.000.000 (um milhão de dólares americanos). É uma quantia insana de dinheiro.

Mas leia o que acontece logo em seguida:

> "Assim, a palavra do Senhor crescia e prevalecia poderosamente."

Houve crescimento espiritual.

Quanto vale para você seu crescimento espiritual? Sei que pode ser muito doloroso, mas se você quiser começar com algo que tenha maior impacto, comece por isto:

1 Corte (radicalmente) seu consumo de mídia.

2 Acabe com toda relação tóxica.

Ao reduzir o consumo de mídia, você terá mais tempo para consumir coisas que importam e terá uma visão correta do mundo.

Ao cortar relações com certo tipo de pessoas, o tipo de pessoa que você é mudará também.

Quando me tornei um seguidor de Cristo, isso mudou meus relacionamentos. Foi realmente doloroso, mas hoje louvo a Deus por isso. A Bíblia diz:

> "*Não se deixem enganar: 'As más companhias corrompem os bons costumes'.*" (1 Coríntios 15:33 NVI)

É impossível conviver com certas pessoas e não se tornar semelhante a elas.

Mude seus padrões de consumo, mude seus contatos e você dará um grande passo à frente.

PONTOS-CHAVE

① **Ódio e amor pertencem um ao outro.** Neurologicamente, ódio e amor estão intimamente ligados. Ódio e amor também estão logicamente conectados. Quem ama também deve odiar. Na Bíblia, o ódio sempre acompanha o amor.

② **O pecado tem uma lógica: não é algo que "simplesmente acontece".** Há três passos óbvios: local, gatilho e ação. Em vez se sentir confiante em lugares perigosos, mantenha distância do pecado. Isso requer uma iniciativa inteligente.

③ **Tome a iniciativa.** Faça uma faxina em sua vida. Quero incentivá-lo a fazer duas coisas: cortar seu consumo de mídia e acabar com relacionamentos espiritualmente tóxicos.

ORAÇÃO

Senhor Jesus, ajuda-me a odiar o mal e a amar o bem. Ajuda-me a fazer as duas coisas com paixão. Sabes quantas vezes me coloco em perigo desnecessariamente e depois caio. Ensina-me a ser obediente e a manter distância do pecado por meio de teu Espírito. Abre meus olhos para as áreas que precisam de mudança na minha vida. Dá-me a força necessária para fazer essas mudanças também.

CAPÍTULO 18

FAÇA O BEM

OS PRIMEIROS PASSOS DE UM CHAMADO SUPERIOR

Não ame o sono, para que não empobreças; abre os olhos e te fartarás do teu próprio pão.

— PROVÉRBIOS 20:13

Se você realmente quer mudar sua vida, faça do temor do Senhor seu estilo de vida. Talvez você se surpreenda se eu disser que não se trata apenas de coisas "malignas". Há também coisas legítimas que podem nos aprisionar:

> "...desembaraçando-nos de todo peso e do pecado que tenazmente nos assedia, corramos, com perseverança, a carreira que nos está proposta..." (Hebreus 12:1)

Hebreus ordena que abandonemos todo pecado, sim. Mas também nos manda deixar de lado "todo peso" para poder correr.

Se você conversar com um atleta, descobrirá que ele tem uma dieta bem rigorosa. Ele tem permissão para comer o que quiser? Claro. Mas não vai ganhar uma medalha olímpica com essa atitude. É uma coisa, ou outra. Ou você consome o que quiser e fica aquém de seus objetivos, ou se disciplina para conseguir algo melhor.

Há coisas que são legítimas, porém não o ajudarão em nada. Apenas deixarão você mais sobrecarregado.

Quando você incorpora esse tipo de percepção a todas as dimensões de sua vida, as coisas começarão a andar. Menos é mais. Concentrar-se nas coisas essenciais irá capacitá-lo a eliminar as coisas que não são importantes.

Parece que estou advogando por um pouco de minimalismo,

não é? Algo bastante em voga no momento. Na verdade, acho que a tendência humana ao minimalismo é claramente imputável ao temor do Senhor. No entanto, claramente sem Deus.

Torne-se um minimalista espiritual e deixe que o temor do Senhor seja um princípio essencial a guiá-lo em todas as áreas de sua vida. Como diz Michael Card em uma canção, você aprenderá a conhecer "a liberdade que encontramos a partir das coisas que deixamos para trás".

Um novo começo para o Espírito

Quando comecei a pregar sobre o temor do Senhor e a orientar muitos jovens nesse processo, descobri algo que me surpreendeu: muitos não lutam tanto para "se livrar de coisas", e sim contra o vácuo, o vazio que a separação criava.

O que vou fazer com todo esse tempo livre?

Como exemplo, um jovem contou-me que deixou de jogar mais de seis horas de videogame por dia! (Começava às sete da noite e só parava à uma da madrugada.) Agora ele tinha seis horas extras à sua disposição e não sabia o que fazer com todo esse tempo. Mesmo seguindo meu conselho de ir para a cama às 22 horas, ele ainda tinha três horas para preencher.

Para esta geração, três horas são uma eternidade... uma eternidade que o pecado está doidinho para preencher.

Simplesmente convocar o cristão a se separar de coisas não é o objetivo de Deus. Esse ato deve ser imediatamente seguido por uma ação positiva. Isso significa preencher o vazio com boas atividades. Preencher o vazio com Deus. Nós já falamos disso no capítulo 12, com o exemplo bíblico dos demônios (Mateus 12:45).

Portanto, se você está empenhado em se desfazer de algumas coisas, abrir espaço em sua vida e se reabastecer com o bem, quero mostrar-lhe como fazer isso no espírito, na alma e no corpo.

Seu *espírito* precisa de comida.

Esse alimento é a Palavra de Deus.

No início, será difícil, porque você tem um passado hedonista. Você terá dificuldade em trocar vídeos divertidos ou músicas por livros com sentenças longas e complicadas.

Para facilitar e ajudar nessa transição, temos alguns vídeos incríveis, que o ajudarão a mergulhar no texto bíblico muito mais rapidamente. Você pode encontrá-los aqui:

Constatei os benefícios disso ao vivo, quando conheci Robert (22) e Matthew (23), dois jovens da Áustria, um país bem católico. Eles se converteram há 2 anos, e não havia nenhum grupo de crentes ou igreja evangélica em sua região onde eles pudessem se congregar. Mas eles encontraram os vídeos do Crosspaint e começaram uma verdadeira "caça ao tesouro" bíblico. Fiquei surpreso quando vi o conhecimento profundo que já possuíam da Bíblia... uma compreensão mais profunda da Palavra que muitos filhos de crentes com 25 anos.

Ainda ontem, em uma conversa, um conhecido me disse que um jovem começou a ler a Bíblia com nossos vídeos. Em apenas três meses, já estava participando de conversas profundas sobre a Bíblia com pessoas que seguem a Cristo há vários anos.

Não desanime.
Abra a Palavra!
Estude as Escrituras!
Você encontra ferramentas incríveis na Internet.

Um novo começo para a alma

Com relação à sua alma, mantenha-se em contato com pessoas que temem ao Senhor. Não é saudável apenas se separar da igreja por algum motivo e ficar em casa se alimentando de vídeos no YouTube. Mais cedo ou mais tarde, você cairá em doutrinas erradas e acabará desenvolvendo hábitos pouco saudáveis para um cristão.

Na carta aos Hebreus, somos incentivados a nos reunir, ainda mais que "o Dia" está se aproximando (Hebreus 10:25). Ou seja, se você entendeu que o Senhor voltará em breve, *não* se esconda em seu *bunker,* mas saia e vá se encontrar com outros cristãos.

Torne-se uma influência saudável também para os outros. Assuma a responsabilidade. Há muitos jovens precisando da influência de um bom irmão mais velho. Seja o ombro no qual alguém possa se apoiar. Talvez você ajude alguém do seu círculo a se juntar a um grupo de jovens. Mas não siga sozinho.

Um novo começo para o corpo

O exercício físico é importante. Nos tempos de Paulo, era perfeitamente normal um cristão caminhar vários quilômetros para participar de um estudo bíblico. Hoje você pode passar um dia inteiro sem dar mais de cem passos.

Lendo a Bíblia, entendemos que não fomos feitos para isso.

O corpo humano foi feito para cultivar um jardim, não para passar o dia sentado diante do computador. Entretanto, é assim que o mundo funciona hoje nos ditos "países desenvolvidos". Precisamos de uma rotina saudável, senão o Diabo usará as deficiências de seu corpo para induzir você a pecar.

Outro ponto é que o autocontrole (domínio próprio), ensinado com veemência em gerações anteriores, hoje é completamente ignorado. Portanto, precisamos nos esforçar e nos acostumar com coisas que outras gerações faziam quase que naturalmente.

Na questão do corpo, sugiro que você atente para cinco coisas:

- exercício físico;
- sono suficiente;
- boa alimentação;
- interações sociais;
- estudo bíblico matinal.

Se você fizer isso, irá muito longe.

Por que alguns não saem da casca?

"Você não acredita no que seria capaz de fazer se não tivesse medo...", disse Sheryl Sandberg, COO do Facebook. Essa empresa, por sinal, cresceu tanto e está tão à frente das outras que os legisladores norte-americanos chegaram à conclusão que ela cresceu *demais*.

Talvez você não saiba, mas o motivo número um pelo qual as pessoas ficam "atoladas" é o medo.

Medo — a razão de não se conseguir fazer as coisas.

Mas há um caminho certo e um caminho errado no temor.

E o temor do Senhor nos ajuda justamente a temer de maneira saudável: ou seja, a levar uma vida espiritualmente produtiva. Vamos pensar nisso juntos.

1. O primeiro motivo é o **medo do fracasso**. Você pode pensar que não avançou muito em sua vida por falta de ideias ou informações. Mas isso é apenas metade da verdade. A informação é basicamente onipresente na Internet e de fácil acesso, graças ao Google, mas ainda assim muitos jovens estão "andando em círculos", sobrecarregados de informações e sempre pensando que precisam de mais. Eles se preocupam demais porque o medo do fracasso os paralisa.

O medo de fracassar poderia ser definido como o medo de não fazer tudo certo na primeira tentativa. Os super-pensadores não querem passar vergonha na frente dos outros (e de si mesmos), por isso hesitam tanto. Eles querem ter tudo perfeitamente pronto, para que tudo funcione bem na primeira vez.

Um bom exemplo é a comunicação de hoje. De acordo com uma pesquisa recente realizada no OpenMarket, 75% dos *millennials* optam por enviar mensagens de texto, em vez de falar.[41] Pode haver várias razões para isso, mas acho que uma das principais é que as mensagens de texto podem ser mais perfeitas que o áudio e que as conversas telefônicas reais. Em uma conversa real, tudo acontece em tempo real, sem chance de correção. Seu ouvinte tem de ouvir seus pensamentos imperfeitos, seus "umms" e "uhhhs" e sua fala entrecortada. As mensagens de texto permitem que a mensagem seja enviada *somente* depois que estiver perfeita, e mesmo assim ainda é possível reeditá-la ou apagá-la.

Sabe o que é isso? O medo do homem.

Para o cristão temente a Deus, esse tipo de medo, o medo de errar, não deveria ser um problema.

Por quê? Como alguém que está "em Cristo", você sabe que é *perfeito* no Espírito, mas que seu corpo e sua experiência humana serão *imperfeitos* até você chegar no céu. Essa atitude deve ter influência tanto em sua criatividade quanto em seus empreendimentos intelectuais. <u>*A busca da excelência no reino terreno não é mais o objetivo principal.*</u>

O progresso não consiste em "não cruzar a linha" (Lei), mas no avanço de uma relação íntima e diária com nosso Senhor Jesus (graça).

A única coisa que deve nos impedir de começar qualquer coisa é o medo de fazer o mal. Caso contrário, devemos ser corajosos e dispostos a falhar várias vezes, porque não estamos mais sob a Lei, mas sob a graça.

[2] O segundo motivo é a **preguiça**. A preguiça também é um <u>medo</u>. Interessante, não é? Provérbios 22:13 expõe a lógica do preguiçoso:

---

[41] Disponível em: <https://www.openmarket.com/blog/millennials-prefer-text-over-talk/>

"Diz o preguiçoso: Um leão está lá fora; serei morto no meio das ruas."

A preguiça, portanto, é o medo do desconforto. E é um grande problema hoje em dia — quase se tornou um estilo de vida. Nos séculos anteriores, era um "pecado capital"; hoje é até mesmo incentivada em filmes e propagandas por meio de personagens "brilhantes, mas preguiçosos", que não se esforçam para nada e ainda assim realizam grandes coisas.

Na vida real, ser preguiçoso significa que você vai falhar miseravelmente nas coisas que importam.

Como cristãos, devemos <u>combater vigorosamente a preguiça</u>, pois é o começo de muitos outros males. Devemos ter *medo* de não trabalhar, porque a preguiça é a única coisa de que o Mestre acusa o "servo mau" de Mateus 25.

Como fazemos isso? Não deixando o corpo ditar nossas ações, mas permitindo ao Espírito conduzir nosso corpo.

> *"Porque, se viverdes segundo a carne, caminhais para a morte; mas, se, pelo Espírito, <u>mortificardes os feitos do corpo</u>, certamente, vivereis. Pois todos os que são guiados pelo Espírito de Deus são filhos de Deus."* (Romanos 8:13-14)

Parece fácil, mas é uma verdadeira batalha. Ironicamente, é uma batalha que se luta ao não lutar. Você luta andando no Espírito.

Mas se separar de certas coisas e odiar no espírito o que seu corpo ama... se sentirá como se você estivesse morrendo. Pode ser difícil, mas eu quero encorajá-lo! Você cresceu em um mundo de prazeres, com distrações desconhecidas às gerações anteriores.

Mas, meu amigo, a recompensa é grande!

E Deus o está incentivando, como um pai na lateral do campo:

> *"Nunca falte a vocês o zelo, sejam fervorosos no espírito, sirvam ao Senhor."* (Romanos 12:11 NVI)

Deixe-me mostrar como afastar esse tipo de medo e combater a preguiça que nos prende.

Vamos começar juntos

Já que é difícil começar, por que não fazê-lo agora mesmo, *juntos*? A *prevenção* é o segredo para viver uma vida em santidade. Nem entrar na zona de perigo. Por isso, vamos à prática, para ver como implementar o temor do Senhor em nossa vida diária. A chave é fazer do temor do Senhor uma rotina.

Você pode estar pensando: "Se todos são diferentes, como todos poderão seguir o mesmo plano?"

E lá vamos nós outra vez: você resistindo, em vez de começar. Não espere por uma solução perfeita e sob medida para você. Não precisa quebrar a cabeça e procurar empecilhos, apenas vá em frente. O que veremos nas próximas páginas é um modelo que funciona para 70% das pessoas. Depois de começar, você poderá personalizá-lo e aumentar essa margem para uns 90%. Nada será perfeito, mas o importante é começar. Só no céu alcançaremos os 100% (santo só no céu).

Vamos lá!

Rotina física diária

> **Se você quer brilhar, levante-se enquanto ainda está escuro.**
>
> Gênesis 28:18; Êxodo 24:4; 1 Samuel 1:19; Jó 1:5;
> Marcos 1:35; 2 Crônicas 29:20; Salmo 57:8; 119:147

Uma rotina física diária poderia ser assim:

22h00 Cedo para dormir, cedo para levantar. Vá para a cama às 22h00. Não importa se você (ainda) não consegue dormir nesse horário. Basta começar, e seu corpo irá se acostumar. Antes de encostar a cabeça no travesseiro, confesse todos os pecados de hoje, de que está ciente e peça que Deus sonde seu coração e revele pecados escondidos, se houver.

6h00 Se você foi para a cama às 22h00, acordar às 6h00 é exponencialmente mais fácil. Talvez não no primeiro dia, mas depois de uma semana não será difícil (alguns podem levar mais tempo para se acostumar). Sei também que muitos têm problemas para sair da cama, então aqui está meu conselho: ponha o despertador do outro lado do quarto — <u>longe da sua cama</u>. Isso irá obrigar você a se levantar.

Quando estiver de pé, entre no banheiro e beba um copo de água à temperatura ambiente. Isso irá mantê-lo desperto o suficiente para caminhar até a cozinha. Faça um bom café.

Se você quer brilhar, passe um tempo na presença de Deus
Mateus 6:6, Êxodo 33:11

6h10 Reserve um lugar para *fazer a sua leitura <u>todas as manhãs</u>*. Essa leitura matinal não é o estudo bíblico. O estudo bíblico deve ser estruturado, a leitura matinal — mais conhecida como devocional — nem sempre precisa ser. Esse momento devocional é para falar com Deus sobre a Bíblia. Comece por reconhecer a grandeza de Deus.

Ele é o Criador, aquele que nos dá vida, segundo após segundo.

Reconheça o amor de Deus. Agradeça a Deus pela cruz. Alegre-se no Senhor — por seu nome estar escrito no céu. Leia uma parte da Escritura, e ore sobre ela.

Beba um pouquinho de seu café. Continue a falar com o Senhor. Deixe a Palavra impregnar sua mente. Leia quanto quiser — ou o pouco que quiser. <u>A quantidade não é o objetivo</u>, mas sim a qualidade. Trata-se de um "tempo de qualidade" com seu Deus. Essa é a parte mais santa do dia. É o momento em que ninguém pode tocá-lo. Você está nos "lugares celestiais".

(As próximas partes também podem ser feitas ao longo do dia ou no final do dia.)

6h40 Agora comece o seu estudo bíblico. Vá para a passagem de hoje.

Se você quer brilhar, lustre o templo

1 Coríntios 6:19; 1 Timóteo 4:8

7h30 Bora fazer um pouco de exercício físico? Treinamento cardíaco e muscular. Mas a parte importante é transpirar. Sem entrar em todos os detalhes relacionados a isso, Deus disse que parte da maldição do homem seria suar. Acho saudável suar pelo menos uma vez por dia.

Para encontrar uma boa rotina de exercícios, basta uma pesquisa no Google (ou peça alguns conselhos a seu amigo fitness). Comece com pouco (bem pouco) e vá aumentando. *A persistência é a chave,* então não exagere.

Se você fizer estas três coisas — exercício físico, momento devocional e estudo bíblico — sua vida mudará drasticamente nos próximos três meses. Eu garanto. Tente. Ajuste as coisas aqui e ali até encontrar uma rotina que funcione para você. E continue até que essa rotina se torne algo automático, um hábito.

Rotina de estudo bíblico

Antes de tudo, encontre um lugar tranquilo. Isso é importante, porque há um traidor em você, o pecado, que adora usar os sentidos do corpo para distraí-lo. Não dê oportunidade à carne — isso significa *não a todas as distrações!* Até mesmo o Senhor Jesus procurou lugares desertos, apesar de ser *sem* pecado. Portanto: deixe seu smartphone em outra sala. Sim, *em um cômodo diferente.* Ore para que o Senhor abra seu coração e lhe dê as forças necessárias para se concentrar durante 60 minutos — ou pelo tempo que você determinou.

Sugiro começar com uma vista panorâmica (da Bíblia). Quando tiver o quadro completo em mente, ficará bem mais fácil colocar os tópicos individuais em seu devido contexto. Paulo incentiva

Timóteo a ter uma visão panorâmica da sã doutrina, que considerava o padrão:

"Mantém o padrão das sãs palavras que de mim ouviste com fé e com o amor que está em Cristo Jesus." (2 Timóteo 1:13)

Concentre-se principalmente em obter essa visão geral dos livros principais: Gênesis, Mateus, Atos e Romanos. Minha dica para começar é: assista a nossos vídeos (p. 272) e transfira as notas para sua Bíblia. Depois de um tempo, você poderá estudar um livro por conta própria.

Tudo isso é útil, mas há sempre dor no desenvolvimento de uma nova disciplina. Você terá de sentar, ler, fazer seu trabalho. Outra coisa: é realmente importante você *entender* o que está lendo. Se você continuar lendo a Bíblia sem compreendê-la, ela se tornará muito seca e você acabará desistindo.

Para garantir que isso não aconteça, aqui está uma dica. Chamo "caça ao tesouro da Bíblia". Foi o que realmente mudou minha visão da Bíblia...

Foi a descoberta de que a Bíblia é coerente. O que quero dizer com isso? Quando os cientistas de séculos anteriores foram em busca de leis físicas, eles fizeram isso porque acreditavam no *Legislador*. Acreditavam que o universo tinha uma ordem e que era possível encontrar leis.

O mesmo se aplica à Bíblia — e é fascinante. A Bíblia não é apenas um punhado de frases espalhadas pelas páginas, mas um livro coeso de temas abrangentes. Depois que descobri isso, minha Bíblia passou de um livro seco e cheio de leis a um livro de leis. Não me refiro à lei do Sinai. Mas *um livro cheio de princípios, padrões, etc., e tudo isso diz algo sobre Deus.*

Assim, ler minha Bíblia se tornou mais uma caça ao tesouro.

E um dos tesouros que encontrei foi justamente o "temor do Senhor", e isso mudou minha vida. Você não teria este livro nas mãos se eu não tivesse encontrado esse tesouro.

Não é um tema isolado, mas um assunto recorrente em toda a Bíblia. E há muitos outros: "luz", "amor", "alegria", "água", "montanhas", "redenção", e assim por diante.

Comece a caça de tesouros!

Espero que isso realmente o ajude a começar. Se você se separar diariamente do pecado, buscar a presença de Deus pela manhã com a Palavra de Deus, exercitar-se para se manter em forma e estudar intensamente a Bíblia, então, meu amigo, a Bíblia diz que você será *abençoado*. Você será automaticamente uma bênção para os outros.

"Bem-aventurado o homem que não anda no conselho dos ímpios, não se detém no caminho dos pecadores, nem se assenta na roda dos escarnecedores. Antes, o seu prazer está na lei do Senhor , e na sua lei medita de dia e de noite. Ele é como árvore plantada junto a corrente de águas, que, no devido tempo, dá o seu fruto, e cuja folhagem não murcha; e tudo quanto ele faz será bem-sucedido." (Salmo 1:1-3)

Irmão, isso é tudo que desejo para você.

Você precisa deixar a cidade para ver as estrelas.

Mas quando o fizer verá coisas que nem pensou que fossem possíveis.

Paulo é a prova.

Ele viu a glória do Senhor Jesus e depois sofreu mais que qualquer outro.

O preço que você está disposto a pagar prova o valor do objeto.

Quando você dá tudo por Deus, você está mostrando que Deus é tudo para você.

Se nós perguntássemos ao apóstolo: *"Paulo, o que você viu lá em cima no céu? Quanto que Cristo vale para você?"*.

Ele nos responderia com uma lista.

Uma lista das dificuldades que ele sofreu porque tinha apenas o Senhor Jesus diante de seus olhos:

Cinco vezes recebi dos judeus trinta e nove açoites.
Três vezes fui golpeado com varas,
uma vez apedrejado,
três vezes sofri naufrágio,
passei uma noite e um dia exposto à fúria do mar.
Estive continuamente viajando de uma parte a outra,
enfrentei perigos nos rios,
perigos de assaltantes,
perigos dos meus compatriotas,
perigos dos gentios;
perigos na cidade,
perigos no deserto,
perigos no mar
e perigos dos falsos irmãos.
Trabalhei arduamente;
muitas vezes fiquei sem dormir,
passei fome e sede,
e muitas vezes fiquei em jejum;
suportei frio e nudez.
Além disso, enfrento diariamente uma pressão interior,
a saber, a minha preocupação com todas as igrejas.

Isso era quanto o Cristo glorificado no céu valia para ele.
Custou muito caro levar a tocha do evangelho ao Ocidente. E a tocha só continuará a ser carregada se esta geração estiver disposta a pagar o preço. <u>Diariamente.</u>
Hoje não há prazer.
Amanhã, glória *eterna!*

Jesus até a morte

Gostaria de terminar o livro com uma pequena história. Sobre meu irmão David. Um cara engraçado e divertido de estar por perto. Ele tem o talento de fazer de qualquer pessoa um amigo em questão de minutos, provavelmente por ser muito bom em "sentir as pessoas" e fazê-las se sentir amadas ao mesmo tempo.

Sua empatia também o ajudou a destacar-se na música. Raramente conheci alguém que pudesse tocar piano daquela maneira e escrever músicas tão cativantes.

Mas esse talento quase lhe arruinou a vida.

Alguns colegas do ensino médio perceberam seu talento durante um projeto escolar e o levaram para a banda deles... e para os bares. Alguns anos mais tarde, ele formou sua banda de de *funk-'n'-roll*, e a vida "era boa e divertida". Por fora, tudo parecia ótimo, mas por dentro as coisas estavam um pouco fora de controle. E foram piorando até que ele teve uma overdose de drogas. Ele sobreviveu, mas os efeitos da experiência fizeram-no temer o próprio corpo. Então ele começou a reavaliar sua vida.

Ao mesmo tempo, sua banda começou a decolar, e as músicas já tocavam nas estações de rádio regionais.

Ele tinha de tomar uma decisão.

<u>Pela graça de Deus</u>, ele rejeitou o hedonismo e escolheu o temor do Senhor.

Ainda posso vê-lo chorando no sofá.

O sonho da banda havia acabado, mas o pesadelo de uma vida desperdiçada também tinha ido embora.

Ele estava de volta.

Mais tarde, estudamos juntos em Genebra, e pude ver como o Senhor começou a santificar sua vida.

Ele se separava cada vez mais das coisas más e começou a fazer o bem, trabalhando em si mesmo e aprimorando sua autodisciplina. O Espírito o despertou para alcançar as pessoas e usar seu talento, dado por Deus, para conduzir outras pessoas a Cristo.

Ele usava cada segundo para falar de Jesus às pessoas, geralmente as mais pobres. Isso o levou das ruas da Suíça para as favelas da Índia, onde serviu por vários anos.

Em 2019, para minha grande alegria, ele retornou à Europa.

Foi como uma volta para casa. Era como se nunca tivéssemos passado anos sem nos ver. Discutíamos novamente os mesmos tópicos e trocávamos experiências. Festejamos especialmente a ideia de que Jesus logo iria voltar e de como seria ótimo encontrá-lo enquanto trabalhávamos para Ele (Lucas 12:43).

Durante o primeiro lockdown do coronavírus, ele criou um pequeno canal no YouTube. Foi um momento intenso para ele e para mim. Espiritual e fisicamente. Mas conseguimos passar por ele.

A maneira como David me encorajou mostrou a grandeza de sua alma.

Então, no dia 13 de julho de 2020, David dirigia para seu estúdio no YouTube, a fim de gravar um último sermão antes das merecidas férias. Como de hábito, ele parou a alguns quilômetros do estúdio para orar sozinho. Enquanto se levantava da oração para continuar seu caminho, um estranho familiar se aproximou dele. Sim, porque embora David nunca o tivesse visto, seus olhos carinhosos pareciam muito familiares. Quando ele tomou David nos braços, nada parecia estranho.

Não, na verdade foi um abraço de boas-vindas ao lar depois de uma longa jornada.

David viu as mãos furadas e ouviu uma voz conhecida dizer:

"Muito bem, servo bom e fiel; você tem sido fiel no pouco. Entre na alegria de teu Senhor."

O coração de David parou de bater. A missão foi cumprida.

Ele estava em casa.

O corpo de David foi encontrado sem sinais de luta. Ele tinha morrido de um ataque cardíaco fulminante. Ele deixou um buraco enorme em muitos de nós, e penso nele todos os dias. Em uma dessas ocasiões, lembrei que David tinha vivido a maior parte de sua vida adulta do outro lado do planeta, mas veio morrer a apenas alguns quilômetros de onde ficava o antigo estúdio de sua banda.

No mesmo lugar onde Satanás havia tentado tirá-lo da estrada, Deus celebrou a maior vitória da vida de David. O lugar do qual ele havia se separado foi o mesmo onde o mestre finalmente o encontrou. Ele viu seu Senhor, exatamente como havia sonhado — a caminho do ministério.

David queria usar sua *vida* para alcançar muitas almas na Alemanha, mas Deus usou sua morte para conseguir isso. *(Percebe o padrão?)* Sua morte alcançou mais de 100 mil pessoas em todo o mundo. Incrédulos descobriram o Senhor e cristãos voltaram a dedicaram a vida a Jesus.

Desejo que você escolha o temor do Senhor.

Que você o conheça de novo e o sirva — radicalmente — até o fim da vida. Você nunca se arrependerá.

Meu irmão serviu seu Senhor até o último suspiro...

E você?

Obrigado

Primeiramente, a toda a "família Crosspaint": suas orações, contribuições e doações tornaram este livro possível!
Henni, minha alma gêmea, por todo o seu amor, ajuda e sacrifícios. *Todos os dias.*
Corny, meu "parceiro no crime", por seu apoio criativo e incansável.
Joas, meu irmão, por liderar o projeto de escrever um livro em três meses.
Jesse, por afinar a mensagem durante o processo de redação.
Tim, pelos desenhos e por toda ajuda prática.
GT, pelo brilhante trabalho na divulgação e trabalho pré-venda do livro.
Nico, pelas pesquisas importantes.
Sylvia e Marianne, por estarem sempre presentes, prontas para ajudar.
Chris, por nossa amizade de longa data.
Philipp, por praticar Provérbios 27:17 ao longo dos anos.
Tom, por sua ajuda no trabalho de mídia social.
Caro, Johanna e Philipp, pela edição.
Luc, Eckhard, Jens, Lukas e Manal, pelo feedback.

CROSSPAINT ONLINE:

VÍDEOS QUE EXPLICAM A BÍBLIA, WORKBOOKS, CURSOS E SÉRIES.

Youtube:
crosspaint

Instagram:
crosspaint.por

crosspaint
www.crosspaint.tv

Obra originalmente publicada em alemão sob o título
Überrascht von Furcht, por Natha
Copyright © 2022 Crosspaint
Rue du Pechevaux 7, 2606 Corgémont – Switzerland
Todos os direitos reservados.

Coordenação editorial: Adolfo A. Hickmann
Tradução: Thomas Spieker
Revisão: Adolfo A. Hickmann, Judson Canto
Projeto gráfico e capa: Cornelius Vom Stein, Tim Gutsche
Diagramação: Cornelius Vom Stein, Elizabeth Barrera

Dados Internacionais de Catalogação na Publicação (CIP)

BUBENZER, Nathanael

Surpreendido pelo temor — a chave indispensável para uma vida com Deus

Tradução: Thomas Spieker — Curitiba/PR, Publicações Pão Diário

Título Original: *Überrascht von Furcht*

1. Discipulado 2. Vida cristã 3. Fé 4. Espiritualidade

Proibida a reprodução total ou parcial sem prévia autorização por escrito da editora. Todos os direitos reservados e protegidos pela Lei 9.610, de 19/02/1998. Permissão para reprodução: permissao@paodiario.org

Exceto quando indicado o contrário, os trechos bíblicos mencionados são da edição Almeida Século 21 (A21) © 2008 Editora Vida Nova.

Publicações Pão Diário
Caixa Postal 4190
82501-970 Curitiba/PR, Brasil
publicacoes@paodiario.org
www.publicacoespaodiario.com.br
Telefone: (41) 3257-4028

Código: Q1832
ISBN: 978-65-5350-369-4

1.ª edição: 2023
Impresso no Brasil